Der Menschenrechtsschutz in drei ausgewählten frankophonen Staaten Afrikas: Togo, Senegal und Kamerun

Europäische Hochschulschriften
Publications Universitaires Européennes
European University Studies

Reihe II
Rechtswissenschaft

Série II Series II
Droit
Law

Bd./Vol. 3888

PETER LANG
Frankfurt am Main · Berlin · Bern · Bruxelles · New York · Oxford · Wien

Kafui Ayaba Sandra Afanou

Der Menschenrechtsschutz in drei ausgewählten frankophonen Staaten Afrikas: Togo, Senegal und Kamerun

PETER LANG
Europäischer Verlag der Wissenschaften

Bibliografische Information Der Deutschen Bibliothek
Die Deutsche Bibliothek verzeichnet diese Publikation in der Deutschen Nationalbibliografie; detaillierte bibliografische Daten sind im Internet über <http://dnb.ddb.de> abrufbar.

Zugl.: Heidelberg, Univ., Diss., 2002

D 16
ISSN 0531-7312
ISBN 3-631-51392-5

www.peterlang.de

Vorwort

Denkt man an all die negativen Stichworte im Zusammenhang mit der Menschenrechtssituation auf dem afrikanischen Kontinent, so hat man als afrikanische Juristin das Bedürfnis, einen Beitrag zur Information über die historische Entwicklung und die Hintergründe der derzeitigen Situation zu leisten.

Als ich mein Projekt Herrn Professor Dr. Rüdiger Wolfrum vorstellte, war er sofort bereit, die Betreuung der Arbeit zu übernehmen. An dieser Stelle möchte ich mich für seine freundliche Unterstützung und für seine konstruktiven und kritischen Ratschläge bedanken.

Mein Dank geht außerdem an Frau Dipl. Übers. Annette Zimmermann und an Frau Dipl. Übers. Karin Thomas, die diese Arbeit begleitet haben.

Ferner gilt mein Dank allen Mitarbeiterinnen und Mitarbeitern der verschiedenen nationalen Menschenrechtsorganisationen (ONDH, HURCLED, GF2D, u.a.) in Togo, Senegal und Kamerun, die mir bei meinen Recherchen behilflich waren.

Die Heinrich-Böll-Stiftung hat diese Arbeit durch ein Promotionsstipendium gefördert. Für diese Unterstützung möchte ich mich besonders bei Frau Ingrid Spiller und Frau Christiane Bornstedt bedanken.

Die Arbeit ist meinen Eltern und meiner Familie gewidmet.

Für den Inhalt trägt allein die Autorin die Verantwortung.

Inhaltsverzeichnis

Abkürzungsverzeichnis

ACAFEJ	Association Camerounaise des Femmes Juristes
ACAT	Action des Chrétiens pour l'Abolition de la Torture
AEF	Afrique Equatoriale Francaise
a. F	alte Fassung
AI	Amnesty International
AMDH	Association Mauritanienne des Droits de l'Homme
AMRK	Amerikanische Menschenrechtskonvention
AOF	Afrique Occidentale Francaise
Aufl.	Auflage
BMS	Bloc des Masses Sénégalaises
C.A.E.D.H.U.	Centre Africain pour l'Education aux Droits Humains
CAR	Comité d'Action pour le Renouveau
CFD	Collectif des Forces Démocratiques
C.I.C	Code d'instruction criminelle
CIJ	Commission Internationale des Juristes
CIRC	Comité International de la Croix Rouge
CNDH	Commission Nationale des Droits de l'Homme (Togo)
CNDHL	Comité National des Droits de l'Homme et des Libertés (Cameroun)
CNGOAD	Conseil des Organisations Non Gouvernementales d'appui au Développement
C.N.T.T.	Confédération Nationale des Travailleurs du Togo
CNTS	Confédération Nationale des Travailleurs du Sénégal
C.P.P.	Code de procédure pénale
CRIFF	Centre de Recherche, d'Information et de Formation de la Femme Togolaise
CRTV	Office de Radiodiffusion Télévision Camerounaise
CSDH	Comité Sénégalais des Droits de l'Homme (Sénégal)
Ders.	Derselbe
Doc.	Document
ECOWAS	Economic Community of West African States
Ed.	Editions
EMRK	Europäische Konvention zum Schutz der Menschenrechte und Grundfreiheiten

FEDDAF	Femmes, Droits et Développement en Afrique
FIDH	Fédération Internationale des Droits de l'Homme
FNS	Front National Sénégalais
GF2D	Groupe de Réflexion et d'action, Femme Démocratie et Développement
HCR	Haut Conseil de la République
HRDG	Human Rights Defence Group
HURCLED	Human Rights Clinic and Education Center
ICCPR	International Covenant on Civil and Political Rights
IKRK	International Komitee von Roten Kreuz
ILO	International Labour Organization
JORS	Journal Officiel de la République sénégalaise
JORT	Journal Officiel de la République togolaise
JUVENTO	Mouvement de la Jeunesse Togolaise
K.N.C.	Kamerun National Congress
K.N.D.P.	Kamerun National Democratic Party
LCDH	Ligue Camerounaise des Droits de l'Homme
L.T.D.H.	Ligue Togolaise des Droits de l'Homme
L.T.D.H.L.P.	Ligue Togolaise des Droits de l'Homme et des Libertés Publiques
MFDC	Mouvement des Forces Démocratiques de Casamance
M.P.T.	Mouvement Populaire Togolais
MRS	Mouvement Républicain Sénégalais
NEPAD	New Partnership for Africa's Development
NGO	Non- Gouvernmental Organization
OAS	Organization of American States
OAU	Organization of African Unity
OFPRA	Office Français de Protection des Réfugiés et Apatrides
OIP	Observatoire Internationale des prisons
ONDH	Organisation Nationale de Défense des Droits de l'Homme
OUA	Organisation de l'Unité Africaine
PAI	Parti Africain de l'Indépendance
PDS	Parti Démocratique Sénégalaise
PRA	Regroupement Africain
PS	Parti Socialiste
P.U.T	Parti de l' Unité Togolaise
RADDHO	Rencontre Africaine pour la Défense des Droits de l' Homme
RADI	Réseau Africain pour le Développement Intégré
RDPC	Rassemblement Démocratique du Peuple Camerounais
R.P.T.	Rassemblement du Peuple Togolais

SCLF	Swiss Catholic Lenten Fund
SDF	Social Democratic Front
Übers.	Übersetzung
U.C.	Union Camerounaise
U.D.P.T.	Union Démocratique des Populations du Nord
UEMOA	Union Economique et Monétaire Ouest Africaine
UFC	Union des Forces du Changement
UFER	Mouvement International pour l'union Fraternelle entre les Races et les Peuples
UIDH	Union Interafricaine des Droits de l'Homme
UMOA	Union Monétaire Ouest Africaine
U.N.C	Union Nationale Camerounaise
UNO	United Nations Organization
UNTS	Union Nationale des Travailleurs du Sénégal
UPS	Union Progressiste Sénégalaise
VRÜ	Verfassung und Recht in Übersee
ZaöRV	Zeitschrift für ausländisches öffentliches und Völkerrecht

Einleitung

Schwere Menschenrechtsverletzungen, Hungersnot, Elend oder Bürgerkrieg: Wenn vom afrikanischen Kontinent die Rede ist, dann fallen diese Stichworte. Afrika ist der Kontinent mit den meisten im Exil lebenden Menschen, mit den meisten vertriebenen Volksgruppen. Wie erklärt sich aber die hohe Zahl von Menschenrechtsverletzungen auf diesem Kontinent?

So paradox es klingen mag: Die Menschenrechte in Afrika sind in umfassender Weise geschützt. Sehr schnell nach Erlangung der Unabhängigkeit in den sechziger Jahren traten die afrikanischen Staaten den verschiedenen Menschenrechtskonventionen bei. So sind fast alle afrikanischen Staaten Vertragsparteien der Charta der Vereinten Nationen vom 26. Juni 1945, die ihnen den Status als Mitglied der Weltorganisation verliehen hat. Sie haben sich außerdem der Allgemeinen Menschenrechtserklärung vom 10. Dezember 1948 angeschlossen und die beiden internationalen Menschenrechtspakte vom 19. Dezember 1966 über bürgerliche und politische Rechte und über wirtschaftliche, soziale und kulturelle Rechte ratifiziert. Durch diese verschiedenen internationalen Dokumente werden die Staaten offiziell dazu verpflichtet, die Menschenrechte zu achten und zu schützen.

Auch auf regionaler Ebene haben die Staaten Afrikas dem Kontinent am 26. Juni 1981 in Nairobi ein Menschenrechtsschutzsystem gegeben: die „Afrikanische Charta der Menschenrechte und Rechte der Völker". Diese Charta ist am 21. Oktober 1986 in Kraft getreten und folgte auf die Menschenrechtskonventionen Europas (Konvention zum Schutze der Menschenrechte und Grundfreiheiten vom 4. November 1950) und Amerikas (Amerikanische Menschenrechtskonvention vom 22. November 1969).

Die verschiedenen internationalen Konventionen schlugen sich auch in den Verfassungen bzw. Grundgesetzen der afrikanischen Staaten nieder. So heißt es zum Beispiel in der Präambel der senegalesischen Verfassung: „Das senegalesische Volk verkündet feierlich seine Unabhängigkeit und sein Bekenntnis zu den Grundrechten, wie sie in der Erklärung der Rechte des Menschen und des Bürgers von 1789 und in der Allgemeinen Erklärung der Menschenrechte vom 10. Dezember 1948 definiert wurden."[1]

---

1 Herbert Baumann/M. Ebert (Hrsg.), Die Verfassungen der frankophonen und lusophonen Staaten des subsaharischen Afrikas, Berlin 1997, S. 749.

Auch in der Präambel der kamerunischen Verfassung wird das „Bekenntnis zu den Grundfreiheiten, die in der Allgemeinen Erklärung der Menschenrechte, in der Charta der Vereinten Nationen, in der Afrikanischen Charta der Rechte des Menschen und der Völker und in allen internationalen Vereinbarungen …enthalten sind …“[2] bekräftigt. Togo bekennt sich in der Verfassung von Oktober 1992 zu dem Willen, „einen Rechtsstaat aufzubauen, in dem die Grundrechte des Menschen, die politischen Freiheiten und die Würde der menschlichen Person garantiert und geschützt sein müssen“ und erklärt, dass „ein solcher Staat nur auf politischem Pluralismus, den Prinzipien der Demokratie und dem Schutz der Menschenrechte, wie sie in der Charta der Vereinten Nationen von 1945, der Allgemeinen Erklärung der Menschenrechte von 1948 und den internationalen Pakten von 1966, der Afrikanischen Charta der Rechte des Menschen und der Völker … [festgelegt sind,] beruhen kann …“.[3]

Die genannten Staaten verpflichten sich also, die so anerkannten Rechte und Freiheiten innerhalb ihres jeweiligen Staatsgebiets zu achten und zu schützen. Doch entgegen diesen guten Absichten und den auf dem Papier so umfassend gewährten Rechten ist der Staat der Hauptverantwortliche für die Menschenrechtsverletzungen. Dabei ist es der Staat, der sich in den internationalen Menschenrechtsverträgen freiwillig dazu verpflichtet hat, die Menschenrechte seiner Staatsbürger zu achten. Aufgrund dieser auf nationaler und internationaler Ebene eingegangenen Verpflichtungen unterliegt er der ständigen Überwachung im täglichen Umgang mit seinen Bürgern, die hier zu Völkerrechtssubjekten geworden sind.[4]

Man muß allerdings feststellen, dass, obwohl immer seltener die Ansicht vertreten wird, dass Menschenrechtsfragen in die ausschließliche Zuständigkeit des jeweiligen Staates fallen, die staatliche Souveränität eines der Haupthindernisse für die effektive Umsetzung der Mechanismen bleibt, die zum Schutz dieser Rechte geschaffen wurden. So kommt es, dass der tatsächliche Schutz der Rechte weit von dem entfernt ist, was feierlich verkündet wurde. Das Resultat sind zahlreiche bewaffnete Konflikte, mit Vertreibung der Bevölkerung, Not und Elend überall auf dem Kontinent.

Wie sieht zu Beginn des 21. Jahrhunderts die Zukunft der Menschenrechte in Afrika aus? Wie kann man den massiven Menschenrechtsverletzungen in Afrika Einhalt gebieten? Was sind die Ursachen dieser vielen Menschenrechtsverletzungen? Sind die Regelwerke zum Schutz der Menschenrechte in Afrika mit

---

2 Herbert Baumann/M. Ebert (Hrsg.), a.a.O., S. 401.

3 Ibidem, S. 783.

4 Sidiki Kaba, Les droits de l'homme au Sénégal, collection Xaam Sa Yoon, 1997, S. 26.

ausreichenden Durchsetzungsmechanismen zur Gewährleistung der Rechte versehen? Fehlt es an rechtlichen Mitteln und/oder Gesetzestexten?

Um auf diese Fragen eine Antwort zu finden, setzt sich die vorliegende Dissertation mit dem Thema „Der Menschenrechtsschutz in drei ausgewählten frankophonen Staaten Afrikas: Togo, Senegal und Kamerun" auseinander. Wenn auch der französischsprachige Teil Schwarzafrikas aus insgesamt 18 Staaten besteht, soll sich die Arbeit auf die Untersuchung dieser drei Staaten beschränken, da sie repräsentativ für den ganzen französischsprachigen Teil Schwarzafrikas und seine geschichtliche und politische Entwicklung sind. Die Ergebnisse zum Menschenrechtsschutz in diesen drei Ländern lassen sich auf das gesamte frankophone Schwarzafrika übertragen.

Ziel dieser Arbeit ist es, die Wirksamkeit und die tatsächliche Umsetzung der verschiedenen – allgemeinen, regionalen und nationalen – Normen zum Schutz der Menschenrechte und die reale Menschenrechtssituation in diesen drei Ländern des französischsprachigen Teils Schwarzafrikas zu untersuchen. Wir wollen die Gründe für das Scheitern eines wirksamen Menschenrechtsschutzes offenlegen und wirksame Empfehlungen für einen besseren Schutz der Menschenrechte geben.

Der eigentlichen Untersuchung wollen wir jedoch zunächst eine kurze Beschreibung der getroffenen Auswahl und eine Darlegung des Aufbaus der Arbeit voranstellen.

1. Beschreibung der Länder

Togo liegt in Westafrika; es war wie Kamerun bis zum Beginn des Ersten Weltkriegs eine deutsche Kolonie. Nachdem Deutschland den Ersten Weltkrieg verloren hatte, wurden die beiden unter der Aufsicht des Völkerbundes stehenden Kolonien französischer und britischer Verwaltung übergeben. Das Land wurde in zwei Teile geteilt; ein Teil wurde der Goldküste (dem heutigen Ghana) und ein Teil Dahomey (dem heutigen Benin) zugeschlagen. Der dem Mandat Großbritanniens unterstehende Teil wurde zusammen mit Ghana unter dem Namen „Republik Ghana" unabhängig.

Die heutige „Republik Togo" umfaßt daher nur den ehemals unter französischer Herrschaft stehenden Teil, der am 27.04.1960 während der Präsidentschaft von Sylvanus Olympio die Unabhängigkeit erlangte. Drei Jahre nach der Unabhängigkeitserklärung kam es jedoch zu einem Militärputsch, mit dem die Institutionen des jungen Staates wieder in Frage gestellt wurden.[5]

5 Es war der erste Militärputsch seit den Unabhängigkeitserklärungen.

Von 1960 bis heute hatte Togo vier verschiedene Verfassungen: die erste von 1960 bis 1963, die zweite von 1963 bis 1967, die dritte[6] von 1967 bis 1992[7] und die vierte seit 1992. Die Geschichte des Landes war stets von politischer Instabilität geprägt.

Kamerun, das am östlichen Rand Westafrikas gelegen ist, bildete zwischen 1884 und 1916 ein einziges Gebiet; nach 1916 wurde das Land zwischen England und Frankreich aufgeteilt. Der östliche Teil, der unter französischer Verwaltung stand, wurde am 1. Januar 1960 unter dem Namen „Republik Kamerun" unabhängig. Der unter britischer Verwaltung stehende Teil wurde nach dem von den Vereinten Nationen im Februar 1961 organisierten Plebiszit mit der Republik Kamerun wiedervereinigt. Auf diese Weise entstand ein Bundesstaat aus einem französischen Teil und einem englischen Teil mit dem französischsprachigen Präsidenten Ahmadou Ahidjo an der Spitze. Am 20. Mai 1972 wurde der Bundesstaat Kamerun zur „Vereinigten Republik Kamerun" (*République Unie du Caméroun*). Dieser 1972 geschaffene Einheitsstaat wurde vom englischsprachigen Teil der Bevölkerung als illegal, illoyal und verfassungswidrig betrachtet und rief Unzufriedenheit unter den englischsprachigen Einwohnern hervor. 1984 wurde die Bezeichnung „Vereinigte Republik Kamerun" durch den heutigen Namen „Republik Kamerun" ersetzt.

Ungeachtet der Unzufriedenheit des englischsprachigen Landesteiles, und anstatt dass man sich um eine zufriedenstellende Lösung dieses Problems bemüht hätte, wurde zum Schein ein Mehrparteiensystem errichtet (1990-1994), um die Bevölkerung zu besänftigen. Die englischsprachigen Bewohner aber fühlen sich ihres Wahlrechts beraubt, an den Rand der Gesellschaft gedrängt, mit Argwohn behandelt und diskriminiert.[8]

Senegal schließlich war früher eine französische Kolonie, die am 4. April 1960 unter Präsident Léopold Sédar Senghor unabhängig wurde, der bereits 1976 die Demokratisierung seines Landes einleitete.

Die Demokratisierung, die das politische und soziale Leben des Landes erschütterte, führte dazu, dass Léopold Sédar Senghor am 31. Dezember 1980 nach der Hälfte der Amtszeit als Präsident zurücktrat. Wie von der Verfassung vorgesehen, übernahm am 1. Januar 1981 Premierminister Abdou Diouf für die

---

6 Die Dritte Republik umfasst zwei Zeitabschnitte: die Zeit der Ausnahmeregierung von Januar 1967 bis 9. Januar 1980 und die Zeit der verfassungsmäßigen Regierung vom 9. Januar 1980 bis August 1991.

7 In der Zeit zwischen dem 28.08.1991 und dem 14.10.1992 hatte Togo eine Übergangsverfassung.

8 Luc Sindjoun, Mobilisation politique du pluralisme culturel et crise de l'Etat-Nation au Cameroun in: Ibrahima Mane (Hrsg.), „État, Démocratie, Sociétés et Culture en Afrique", Dakar 1996, S. 92.

verbliebenen zwei Jahre der Amtszeit die Amtsgeschäfte.[9] Er wurde durch die Wahlen von 1983 im Amt bestätigt.

2. Gründe für das gewählte Thema

Die Auswahl der Länder erfolgte mit Blick auf die Fragen der politischen Stabilität, der Demokratie und der Nationalen Konferenz (*Conférence nationale des forces vives*)[10].

Wie bereits oben angesprochen, hat Senegal „im Gegensatz zu der überwältigenden Mehrheit der ehemaligen französischen Kolonien eine lange, hundertfünfzigjährige Praxis der Abhaltung von Wahlen und ein demokratisches Leben, das seinesgleichen sucht …“[11]. Dieses Land hat mit der Einführung des Mehrparteiensystems und der Demokratie nicht bis zu den Demokratisierungsbewegungen der neunziger Jahre nach dem Fall der Berliner Mauer gewartet. Unter den Staaten des französischsprachigen Schwarzafrikas ist Senegal ein mehr oder weniger stabiles Land.[12]

Togo[13] hingegen ist ein instabiles Land und befindet sich im Zustand der Diktatur; seine gesamte Geschichte ist von Staatsstreichen, Attentaten und der Vorenthaltung der Grundrechte gezeichnet. Schon im Januar 1963, drei Jahre nach der Unabhängigkeit, erfolgte der erste Militärputsch, bei dem das Militär den Präsidenten Sylvanus Olympio ermordete.

Die Verfassung von 1961 wurde außer Kraft gesetzt und die politischen Parteien aufgelöst; das Land wurde von einer Übergangsregierung regiert. Am 5. Mai 1963 wurde mit der Verabschiedung einer neuen Verfassung die Zweite Republik ins Leben gerufen. Diese Republik, der wirklich an den Freiheiten der Bürger gelegen war, sollte keine Zeit haben, ihre Mission zu verwirklichen, weil bereits am 13. Januar 1967 wieder das Militär die Macht übernahm. Erneut wurde die Verfassung aufgehoben, wurden die Grundrechte außer Kraft gesetzt[14];

---

9 Art. 35 der senegalesischen Verfassung sieht vor, dass im Fall einer Nichtbesetzung des Präsidentenamtes der Premierminister bis zu den nächsten Wahlen die Amtsgeschäfte führt.

10 Die Nationale Konferenz (*Conférence nationale des forces vives*) ist ein neues, von Schwarzafrika im Streben nach Demokratie Anfang der neunziger Jahre ins Leben gerufenes Konzept; die Initiative ging aus von Benin (19.-28. Februar 1990).

11 Sidiki Kaba, a.a.O., S. 66 (eigene Übersetzung).

12 Seit den achtziger Jahren wird Senegal von der Casamance-Krise erschüttert, gleichwohl ist es noch immer ein stabiles Land, ein Rechtsstaat.

13 Die Verfasserin ist selbst Togoerin.

14 Die Außerkraftsetzung der Verfassung erfolgte durch die Notverordnung vom 14. Januar 1967.

nur dauerte es dieses Mal bis zum 9. Januar 1980, bis eine neue Verfassung in Kraft trat.

Die Dritte Republik mit General Gnassingbé Eyadema an der Spitze war gekennzeichnet durch die Vorenthaltung der Grundrechte, schwere Menschenrechtsverletzungen und die Einführung des Einparteiensystems[15]. Erst im Zuge des demokratischen Aufbruchs der neunziger Jahre begann die togoische Regierung mit der Demokratisierung des Landes. Die Regierung willigte in die Einberufung einer Nationalen Konferenz[16] ein, um über die Institutionen der Vierten Republik, die Demokratie und die Menschenrechte zu diskutieren.

So wurde im Oktober 1992 die Verfassung der Vierten Republik verabschiedet, die dem Schutz der Menschenrechte einen wichtigen Platz einräumt. Doch kommt man, trotz der mannigfachen Bemühungen und der Beiträge der Nationalen Konferenz, leider nicht umhin festzustellen, dass sich die Menschenrechtssituation dadurch nicht verbessert hat.

Ohne eine Nationale Konferenz einzuberufen, hat Kamerun das Mehrparteiensystem eingeführt. Theoretisch ist Kamerun ein Land mit einer pluralistischen Demokratie, dessen Verfassung sich zugunsten der Bürger feierlich zu der Mehrzahl der insbesondere in der Allgemeinen Erklärung der Menschenrechte und der Afrikanischen Charta der Menschenrechte und Rechte der Völker enthaltenen Rechte bekennt.

In Wirklichkeit weist dieses Land jedoch alle Merkmale einer Diktatur auf, in der die Bürger für ihre politischen Anschauungen verfolgt werden kön nen. Die kamerunische Regierung macht sich außerdem auch die Stammesunterschiede innerhalb der Bevölkerung zunutze, um ihre Macht zu sichern.

3. Aufbau der Arbeit

Um die gesteckten Ziele zu erreichen, um die verschiedenen Normen zum Schutz der Menschenrechte auf ihre Wirksamkeit und tatsächliche Umsetzung hin zu untersuchen, die Gründe ihres Scheiterns zu analysieren und darauf aufbauend Empfehlungen für einen besseren Menschenrechtsschutz in diesen Ländern und in Afrika insgesamt zu geben, wird die Arbeit folgenden Aufbau haben:

---

15 Einheitspartei ist die am 30. August 1969 in Kpalimé gegründete R.P.T. (*Rassemblement du Peuple Togolais* – Vereinigung des Volkes von Togo).

16 Die Nationale Konferenz fand in der Zeit von Oktober bis April 1991 und vom 8. Juli bis 28. August 1991 statt.

Im ersten Kapitel wird der internationale Menschenrechtsschutz untersucht. Es werden die verschiedenen internationalen Schutznormen und der Stand der Ratifikation der verschiedenen Konventionen durch Togo, Senegal und Kamerun aufgeführt.

Das zweite Kapitel ist dem Schutz der Menschenrechte durch die nationalen Verfassungen gewidmet, da die Menschenrechte nur so weit wirklich existieren können, wie das nationale Recht sie sich auch zu eigen macht[17].

Im dritten Kapitel wird es um die Rolle und die Bedeutung der nationalen Menschenrechtskommissionen im Bereich des Menschenrechtsschutzes gehen. In diesem Kapitel sollen die Arbeitsweise, die Probleme und Schwierigkeiten, denen die nationalen Menschenrechtskommissionen bei ihrer Arbeit begegnen, aufgezeigt und Empfehlungen für eine wirkungsvolle Arbeit dieser Organisationen gegeben werden.

Im vierten Kapitel sollen weitere Mechanismen untersucht werden, die einen Beitrag zum Schutz der Menschenrechte auf nationaler Ebene leisten können und die erst in jüngster Vergangenheit Eingang in die Rechtsordnungen unserer Länder gefunden haben.

Im fünften Kapitel werden die Ursachen des Scheiterns des Menschenrechtsschutzes in den Ländern dargestellt und analysiert.

Im letzten Kapitel schließlich sollen die notwendigen Empfehlungen gegeben werden, um eine Verbesserung der Menschenrechtssituation in Afrika zu erreichen.

17 Mbaye Keba, Les Droits de l'homme en Afrique, Paris 1992, S. 27.

Erstes Kapitel: Der internationale Menschenrechtsschutz

Ein internationaler Schutz der Menschenrechte setzt voraus, dass man sich auf internationaler Ebene darauf verständigt, welche Normen im Bereich der Menschenrechte weltweit oder auf regionaler Ebene Anwendung finden sollen, und sich darüber einig ist, dass Mechanismen für die Umsetzung, die Garantie und die Überwachung der Einhaltung der Rechte geschaffen werden müssen. Den Vereinten Nationen ist es gelungen seit ihrer Gründung die Zahl der internationalen Dokumente mit allgemeinen oder speziellen Vorschriften zu den Menschenrechten zu vervielfachen.

In diesem Kapitel sollen zunächst die verschiedenen internationalen Menschenrechtskonventionen aufgeführt werden, unter Hinweis auf den Stand der Ratifikation der wichtigen internationalen Vertragswerke durch Kamerun, Senegal und Togo.

Zuletzt sollen die Schutzmechanismen der Afrikanischen Charta der Menschenrechte und Rechte der Völker näher betrachtet werden. Hierzu ist anzumerken, dass für die Aufgabe des Schutzes und der Förderung der Menschenrechte die Afrikanische Menschenrechtskommission zuständig ist.

Aus diesem Grund war das afrikanische System des Menschenrechtsschutzes im Vergleich zu dem europäischen und dem amerikanischen System auch das wirkungsloseste, da ein Rechtsprechungsorgan fehlte, das im Fall von Menschenrechtsverletzungen durch einen Mitgliedsstaat vollziehbare Entscheidungen hätte erlassen können. Dies hat dazu geführt, dass mehr als zwei Jahrzehnte lang jede Art von Menschenrechten auf dem afrikanischen Kontinent mit Füßen getreten wurde. Dieser Befund hat die afrikanischen Juristen und Intellektuellen dazu veranlaßt, über die Schaffung eines afrikanischen Gerichtshofs für Menschenrechte nachzudenken. Sie erfolgte am 9. Juni 1998 in Ouagadougou (Burkina Faso), mit der Annahme des Zusatzprotokolls zur Afrikanischen Charta der Menschenrechte und Rechte der Völker durch die Versammlung der Staats- und Regierungschefs der Organisation für Afrikanische Einheit (*Organization of African Unity - OAU*), mit dem der Afrikanische Gerichtshof für Menschenrechte und Rechte der Völker geschaffen wurde. Wenngleich diese Institution noch neu ist und sie ihre Arbeit noch nicht aufgenommen hat, soll gleichwohl der Versuch unternommen werden, die Schutzfunktion dieses neuen afrikanischen Rechtsprechungsorgans zu analysieren.

1.1 Die allgemeinen Menschenrechtsverträge

Es lassen sich zwei Arten von Menschenrechtsverträgen unterscheiden: Die allgemeinen und die speziellen Menschenrechtsverträge.

1.1.1 Allgemeine Menschenrechtsverträge und -erklärungen

Allgemeine Menschenrechtsverträge und -erklärungen sind die Satzung der Vereinten Nationen, die Allgemeine Erklärung der Menschenrechte und die beiden am 19. Dezember 1966 verabschiedeten und zehn Jahre später in Kraft getretenen internationalen Pakte.

Was die Satzung der Vereinten Nationen angeht, so ist zunächst daran zu erinnern, dass alle afrikanischen Staaten bald nach Erlangung der Unabhängigkeit diesem internationalen Vertrag beigetreten sind, der ihnen den Status als Mitglied der Weltorganisation verliehen hat. Sie haben sich auch den in der Allgemeinen Erklärung der Menschenrechte enthaltenen Grundsätzen angeschlossen. Beide verpflichten die Staaten zur Achtung der Menschenrechte.

Außerdem haben Kamerun, Senegal und Togo auch die beiden Pakte von 1966 und das Fakultativprotokoll zum Internationalen Pakt über bürgerliche und politische Rechte ratifiziert. Im Unterschied zur allgemeinen Erklärung der Menschenrechte sind die Pakte völkerrechtliche Verträge, die für die Staaten eine Rechtspflicht zur Achtung der darin proklamierten Rechte begründen. Sie sind also gehalten, die eingegangenen Verpflichtungen zu erfüllen.

1.1.2 Die speziellen Menschenrechtsverträge

Die speziellen Menschenrechtsverträge haben eine geringere Zahl von Unterzeichnerstaaten, sei es, weil sie nur eine bestimmte Personengruppe schützen oder weil sie nur ganz bestimmte Menschenrechtsverletzungen betreffen. Gleichwohl stellt man fest, dass die Mehrzahl dieser Konventionen von den drei hier behandelten Staaten ratifiziert oder unterzeichnet worden sind. Einige davon sollen hier aufgezählt werden, und zwar:

- Das Übereinkommen gegen Folter und andere grausame, unmenschliche oder erniedrigende Behandlung oder Strafe vom 10. Dezember 1948, in Kraft getreten am 26. Juni 1987, das von allen drei Ländern ratifiziert worden ist.[18]
- Das Übereinkommen zur Beseitigung jeder Form von Diskriminierung der Frau vom 18. Dezember 1979, in Kraft getreten am 3. September 1981.
- Das Internationale Übereinkommen zur Beseitigung jeder Form von Rassendiskriminierung vom 7. März 1966, in Kraft getreten am 4. Januar 1969.
- Die Konvention über die Verhütung und Bestrafung des Völkermordes vom 9. Dezember 1948, in Kraft getreten am 12. Januar 1951.
- Das Übereinkommen der ILO (*International Labour Organization* – Internationale Arbeitsorganisation) über die Mindestnormen der Sozialen Sicherheit vom 28. Juni 1952, in Kraft getreten am 27. April 1955, das nur von Senegal ratifiziert wurde. Kamerun und Togo hatten es am 1. Juni 2002 noch nicht ratifiziert.

Einige wichtige Abkommen sind von Kamerun, Senegal und Togo nicht ratifiziert worden; hier sollen nur einige wenige Beispiele genannt werden:

- Das Übereinkommen der ILO über die Verbände ländlicher Arbeitskräfte und ihre Rolle in der wirtschaftlichen und sozialen Entwicklung vom 4. Juni 1975, in Kraft getreten am 24. November 1977, und das Übereinkommen der ILO über den Schutz des Vereinigungsrechtes und über Verfahren zur Festsetzung der Beschäftigungsbedingungen im öffentlichen Dienst vom 27. Juni 1978, in Kraft getreten am 26. Februar 1981.

1.2 Der Schutzmechanismus der Afrikanischen Charta der Menschenrechte und Rechte der Völker

Laut Art. 30 der Afrikanischen Charta der Menschenrechte und Rechte der Völker ist die Afrikanische Kommission für Menschenrechte und Rechte der Völker dafür zuständig, „die Menschenrechte und Rechte der Völker zu fördern und ihren Schutz in Afrika zu gewährleisten“[19]; sie hat die Aufgabe, den Schutz der Menschenrechte und Rechte der Völker nach den in der Charta festgelegten Bedingungen sicherzustellen (Art. 45 Ziff. 2). Vor der Darlegung der Gründe für

---

18 Im französischsprachigen Teil Schwarzafrikas wurde dieses Übereinkommen nur von insgesamt sechs Staaten ratifiziert: Benin, Burundi, Kamerun, Guinea, Senegal und Togo.

19 Übersetzung: Simma/Fastenrath (Hrsg.), Menschenrechte – ihr internationaler Schutz, 4. Aufl. 1998.

die Wirkungslosigkeit der Kommission in ihrer Funktion als Organ des Menschenrechtsschutzes soll zunächst das Rechtsschutzinstrumentarium der Kommission näher betrachtet werden. Der dritte Teil dieses Abschnitts wird dann der Rolle des künftigen afrikanischen Gerichtshofs auf dem Gebiet des Menschenrechtsschutzes in Afrika gewidmet sein.

1.2.1 Die Schutzmechanismen der Afrikanischen Kommission für Menschenrechte und Rechte der Völker

Der Menschenrechtsschutz ist neben der Förderung der Menschenrechte eine zweite wichtige Aufgabe der Kommission. In Erfüllung dieser Aufgabe untersucht die Kommission die Mitteilungen bzw. Staatenbeschwerden, Beschwerden von Nichtregierungsorganisationen oder von Einzelpersonen und prüft die alle zwei Jahre vorzulegenden Staatenberichte zur Lage der Menschenrechte im jeweiligen Land.

1.2.1.1 Staatenbeschwerden

Das Verfahren bei Staatenbeschwerden ist in den Artt. 47-54 der Afrikanischen Charta der Menschenrechte und Rechte der Völker geregelt. Nach Art. 47 kann ein Vertragsstaat, wenn er begründeten Anlaß zu der Annahme hat, dass ein anderer Vertragsstaat die Bestimmungen der Charta verletzt hat, diesen Staat durch schriftliche Mitteilung darauf aufmerksam machen. Eine Kopie der Mitteilung ist dem Generalsekretär der Organisation für Afrikanische Einheit und dem Vorsitzenden der Kommission zu übermitteln. „Dieser erste Einigungsversuch zwischen den Mitgliedsstaaten zielt darauf ab, den Konflikt im Wege des Dialogs und mit Verhandlungen statt durch Konfrontation zu lösen ... In diesem Sinne gibt es weder Sieger noch Verlierer, anders als in einem auf Konfrontation angelegten System.“[20] Das ist das in Afrika übliche, traditionelle Verfahren der Konfliktlösung, wo Meinungsverschiedenheiten im Geiste der Suche nach der Wahrheit und der Harmonie beigelegt werden.

Ist nach Ablauf von drei Monaten, nachdem der Empfängerstaat die ursprüngliche Mitteilung[21] erhalten hat, die Angelegenheit noch nicht zur Zufriedenheit der beiden Staaten erledigt worden, „so hat jeder der beiden Staaten das

---

20 Evelyn Ankumah, La Commission Africaine des Droits de l'Homme et des peuples: pratique et procédures, Société Africaine de Droit International et Comparé, London 1997, S. 25 (eigene Übersetzung).

21 Im Rahmen dieser Arbeit haben die Ausdrücke „Mitteilung“ und „Beschwerde“ dieselbe Bedeutung und werden deshalb nebeneinander verwendet.

Recht, die Angelegenheit der Kommission über ihren Vorsitzenden zu unterbreiten und den anderen beteiligten Staat sowie den Generalsekretär der Organisation für Afrikanische Einheit davon zu benachrichtigen" (Art. 48).[22]

Abgesehen von den vorstehend beschriebenen Verfahren kann ein Vertragsstaat, wenn er der Auffassung ist, dass ein anderer Vertragsstaat die Bestimmungen der Charta verletzt hat, auch unmittelbar die Kommission anrufen.

Nur hat seit dem Bestehen der Kommission noch kein afrikanischer Staat je den Mut gezeigt, einen anderen Staat anzuprangern. Schließlich wissen alle sehr gut, dass keiner von ihnen über jeden Vorwurf erhaben ist.

Selbst wenn eine Beschwerde eingereicht wird, versucht die Kommission mit allen geeigneten Mitteln, eine gütliche Einigung herbeizuführen; die Kommission hat ebenfalls die Möglichkeit, einen Bericht zu verfassen, den sie der Versammlung der Staats- und Regierungschefs innerhalb eines angemessenen Zeitraums nach der Unterbreitung der Mitteilung übermittelt. In dem Bericht kann die Kommission lediglich den Sachverhalt darstellen und Empfehlungen abgeben; sie kann nicht als Rechtsprechungsorgan fungieren.

Zusammenfassend läßt sich also sagen, dass die Kommission indirekt die Funktion eines Sekretariats für die Versammlung der Staats- und Regierungschefs hat. Sie selbst hat keinerlei Entscheidungsbefugnisse. Wie sieht es nun bei den anderen Beschwerden aus?

1.2.1.2 Die Prüfung der anderen Beschwerden

Im Rahmen ihrer Schutzaktivitäten hat die Kommission auch die Befugnis, Mitteilungen, die nicht Staatenmitteilungen sind, zu prüfen.[23] Dieses Beschwerdeverfahren ist in den Artt. 55 bis 59 der Charta vorgesehen. Die Charta spricht zwar nicht ausdrücklich von Beschwerden durch Einzelpersonen oder Nichtregierungsorganisationen; es wird jedoch allgemein angenommen, dass mit dem Ausdruck „Mitteilungen [...], die nicht Staatenmitteilungen von Vertragsstaaten dieser Charta sind"[24] Beschwerden von Einzelpersonen und von Nichtregierungsorganisationen gemeint sind.

Während andere Menschenrechtsverträge die Ausdrücke „Beschwerden" (*„plaintes"*) oder „Eingaben" (*„pétitions"*) verwenden, zeigt die Verwendung des Ausdrucks „Mitteilung" (*„communication"*) in der Charta, dass die Kom-

---

22 Übersetzung: Simma/Fastenrath (Hrsg.), Menschenrechte – ihr internationaler Schutz, 4. Aufl. 1998.

23 Art. 55 der Afrikanischen Charta der Menschenrechte und Rechte der Völker.

24 *Originaler Text: „communications other than those of States parties to the present Charter"* (eigene Übersetzung).

mission versuchen soll, die Meinungsverschiedenheiten durch gütliche Einigung – mittels Vergleich oder im Wege von Verhandlungen – beizulegen.[25]

Einzelpersonen und Nichtregierungsorganisationen haben die Möglichkeit, bei der Kommission schriftliche Beschwerden über Menschenrechtsverletzungen durch einen Vertragsstaat einzureichen. Die Beschwerden sind an den Sekretär der Kommission zu richten und müssen die in Art. 56 genannten Zulässigkeitsvoraussetzungen erfüllen. Hält die Kommission die Beschwerde für zulässig, so muß diese vor der Prüfung der Begründetheit erst dem betroffenen Staat durch den Vorsitzenden der Kommission zur Kenntnis gebracht werden.[26]

Bei der Prüfung der Beschwerde berücksichtigt die Kommission neben den Grundsätzen der Charta auch das allgemeine Völkerrecht. Läßt die Beschwerde Anhaltspunkte für das Vorliegen schwerer oder massiver Menschenrechtsverletzungen erkennen, so macht die Kommission die Versammlung der Staats- und Regierungschefs darauf aufmerksam, die der Kommission dann eine eingehende Untersuchung des Falles und die Ausarbeitung von Empfehlungen aufgeben kann. Die Kommission kann keine verbindlichen Entscheidungen erlassen; ihre Schlußfolgerungen und Empfehlungen müssen der Versammlung der Staats- und Regierungschefs vorgelegt werden, die dann über das weitere Vorgehen entscheidet.[27] Auch sind alle Maßnahmen, welche die Kommission im Rahmen der Beschwerdeprüfung trifft, vertraulich, solange nicht die Versammlung der Staats- und Regierungschefs etwas anderes bestimmt.

So müssen die Bemühungen der Kommission im Bereich des Menschenrechtsschutzes fruchtlos bleiben, da sie stets an der Versammlung der Staats- und Regierungschefs scheitern, welche die alleinige Entscheidungsbefugnis innehat. Hier wie bei den Staatenbeschwerden kann die Kommission nur Empfehlungen abgeben, aber keine verbindlichen Entscheidungen erlassen. Dieser Mangel wird noch dadurch verstärkt, dass sie bis jetzt noch gar keine Gelegenheit hatte, sich zu schweren Menschenrechtsverletzungen zu äußern. Wo es doch allgemein bekannt ist, dass in Afrika sich die Staaten davor scheuen, sich gegenseitig wegen Menschenrechtsverletzungen anzuklagen. Sie wissen, dass sie alle in diesem Bereich das Ziel berechtigter Vorwürfe sein können. Folglich schweigen sie und befassen die Kommission niemals mit einer Beschwerde.

Da die afrikanische Menschenrechtskommission untätig und wirkungslos ist und den schweren und massiven Menschenrechtsverletzungen keinen Einhalt

25 Fatsah, Ouguergouz, La Charte africaine des droits de l'homme et des peuples, PUF, 1993, S. 329.
26 Art. 57 der Charta.
27 Art. 58 und 59 der Charta .

gebieten kann, fragt sich, welche Rolle die Versammlung der Staats- und Regierungschefs innerhalb des afrikanischen Menschenrechtsschutzsystems spielt.

1.2.2 Die Stellung der Versammlung der Staats- und Regierungschefs innerhalb des afrikanischen Schutzsystems

Die Versammlung der Staats- und Regierungschefs ist, anders als die Afrikanische Kommission für Menschenrechte und Rechte der Völker, die eine von der Charta geschaffene Einrichtung ist, ein durch die Satzung der OAU geschaffenes politisches Organ. Sie ist das oberste Organ der OAU (Art. 8) und „setzt sich aus den Staats- und Regierungschefs oder ihren ordentlich akkreditierten Vertretern zusammen und tritt mindestens einmal im Jahr zusammen. Auf Ersuchen eines Mitgliedstaates und nach Zustimmung einer Mehrheit von zwei Dritteln der Mitgliedstaaten tritt die Versammlung in außerordentlicher Sitzung zusammen" (Art. 9).

Es fällt auf, dass die diesem Organ zugewiesenen Befugnisse äußerst umfangreich sind; es wird dadurch zum Kernstück des afrikanischen Menschenrechtsschutzsystems.[28] Schon die Wahl der Mitglieder der Kommission wird durch die Versammlung der Staats- und Regierungschefs vorgenommen (Art. 33 der Afrikanischen Charta der Menschenrechte und Rechte der Völker); im Fall des Todes oder des Rücktritts eines Kommissionsmitglieds hat der Vorsitzende der Kommission nicht die Möglichkeit, eine außerordentliche Sitzung einzuberufen, um festzustellen, dass der Sitz nicht besetzt ist, und über eine Neubesetzung zu entscheiden, sondern er muß den Generalsekretär der OAU davon in Kenntnis setzen, welcher dann die Versammlung der Staats- und Regierungschefs informiert, und diese nimmt dann die Neubesetzung des freigewordenen Sitzes vor.[29]

Liest man Art. 59 der Charta, so stellt man fest, dass die Kommission bei ihrer Arbeit in mehrfacher Hinsicht vom Willen und von der Zustimmung der Versammlung abhängig ist.

Art. 59 legt folgendes fest:

„1. Alle nach den Bestimmungen dieses Kapitels ergriffenen Maßnahmen sind solange vertraulich, bis die Versammlung der Staats- und Regierungschefs etwas anderes bestimmt.

28 J. B. Konde Mbom, Le contrôle internationale de l'application de la Charte africaine des droits de l'homme et des peuples, Grenoble 1996, S.114.

29 Art. 39 der Afrikanischen Charta der Menschenrechte und Rechte der Völker.

2. Gleichwohl wird der Bericht vom Vorsitzenden der Kommission auf Beschluß der Versammlung der Staats- und Regierungschefs veröffentlicht.
3. Der Tätigkeitsbericht der Kommission wird von ihrem Vorsitzenden veröffentlicht, nachdem er von der Versammlung der Staats- und Regierungschefs geprüft worden ist."[30]

Die beherrschende Stellung, welche die Versammlung der Staats- und Regierungschefs innerhalb des afrikanischen Menschenrechtsschutzsystems hat, stellt die Glaubwürdigkeit des Systems und die Wirksamkeit der Mechanismen zur Wahrung und zum Schutz der Menschenrechte in Frage. Als politisches Organ spielt sie, anstatt dem Menschenrechtsschutz zu dienen, eher die Rolle eines Vermittlers und eines Wahrers der staatlichen Souveränität.

Die Entscheidung der Verfasser der Charta, zur Gewährleistung der Menschenrechte ein politisches Gremium im Rahmen des afrikanischen Menschenrechtsschutzsystems zu schaffen, ist damit zu erklären, „dass es zur Zeit der Ausarbeitung der Charta nicht möglich war, dieses Organ außerhalb des Schutzsystems zu lassen."[31] Die afrikanischen Experten wollten, als sie die Charta ausarbeiteten, ein System schaffen, in welchem der Menschenrechtsschutz durch die Einrichtung einer Kommission gewährleistet ist, die endgültigen Entscheidungen aber bei der Versammlung der Staats- und Regierungschefs der OAU verbleiben.

Angesichts der Tatsache, dass der Staat der Hauptverursacher von Menschenrechtsverletzungen ist und dass seine Macht gegenüber dem Einzelnen einen Kernpunkt des Problems bildet, und dass es eben diese Macht zu beschränken gilt, wie kann man da erwarten, dass ein politisches – aus Staatsoberhäuptern bestehendes – Organ Entscheidungen fällt, die gegen einen anderen schuldigen Staat gerichtet sind?

Hervorzuheben ist, dass die politischen Organe der beiden anderen regionalen Organisationen des Menschenrechtsschutzes – das Ministerkomitee des Europarates und die Generalversammlung der OAS (*Organization of American States)* - keine mit der Vorrangstellung der Staats- und Regierungschefs innerhalb des afrikanischen Schutzsystems vergleichbare Stellung haben. Während das amerikanische System überhaupt keine politische Kontrollinstanz vorsieht, hatte das Ministerkomitee im Schutzsystem der Europäischen Menschenrechtskonvention bis vor nicht allzu langer Zeit (1. November 1998) zumindest eine subsidiäre Zuständigkeit. Das Ministerkomitee war dann zur Entscheidung berufen, wenn eine für ein Tätigwerden des Gerichtshofs notwendige Voraussetzung

30 Übersetzung: Simma/Fastenrath (Hrsg.), Menschenrechte – ihr internationaler Schutz, 4. Aufl. 1998.
31 Kéba Mbaye, a.a.O., S. 250 (eigene Übersetzung).

fehlte: sei es, dass der Staat die Zuständigkeit des Gerichtshofs nicht anerkannt hatte, sei es, dass der Gerichtshof nicht binnen drei Monaten angerufen worden war (Art. 32 a.F. EMRK). Im Gegensatz dazu übt das afrikanische politische Organ ganz alleine die entscheidenden Befugnisse im Bereich des Menschenrechtsschutzes aus. Hält man sich dies vor Augen, so wird deutlich, dass die afrikanischen Verfahren zum Menschenrechtsschutz allesamt wirkungslos bleiben müssen.

Für eine Änderung dieses Zustands ist die Schaffung eines afrikanischen Menschenrechtsgerichtshofs von zentraler Bedeutung.

1.2.3 Die Rolle des neuen afrikanischen Gerichtshofs

Am 9. Juni 1998 hat die Versammlung der Staats- und Regierungschefs der Organisation für Afrikanische Einheit ein Zusatzprotokoll über die Errichtung eines Afrikanischen Gerichtshofs für Menschenrechte und Rechte der Völker verabschiedet. Um dem Leser die Möglichkeit zu geben, sich ein Bild von dem Gerichtshof zu machen, sollen vor einer Untersuchung der künftigen Rolle dieses Organs im Rahmen des Menschenrechtsschutzes zunächst seine Entstehung, die Wahl der Richter, die Zusammensetzung des Gerichtshofs, die Amtszeit und Unabhängigkeit seiner Richter näher betrachtet werden.

1.2.3.1 Vorgeschichte

Eine der Empfehlungen des Kongresses in Lagos 1961 sprach sich für die Schaffung eines Gerichts im Rahmen einer afrikanischen Menschenrechtskonvention aus. Als jedoch 1981 die Afrikanische Charta der Menschenrechte und Rechte der Völker verabschiedet wurde, war in keiner Bestimmung die Errichtung eines Gerichts als Rechtsdurchsetzungsinstrument vorgesehen. Es war lediglich in Art. 66 die Möglichkeit genannt, dass „[b]esondere Protokolle oder Vereinbarungen […], falls erforderlich, die Bestimmungen dieser Charta ergänzen“[32] können.

Fast zwei Jahrzehnte danach wurde angesichts der Wirkungslosigkeit der Mechanismen zur Wahrung und zum Schutz der Menschenrechte und der Rechte der Völker und der nie endenden Menschenrechtsverletzungen auf dem Kontinent wiederholt der Ruf nach der Schaffung eines afrikanischen Menschenrechtsgerichtshofs laut. So erklärte der Generalsekretär der OAU, Dr. Salim

32 Übersetzung: Simma/Fastenrath (Hrsg.), Menschenrechte – ihr internationaler Schutz, 4. Aufl. 1998.

Ahmed Salim, während der 14. Sitzung 1993, es sei an der Zeit, eine Diskussion über die Schaffung eines afrikanischen Menschenrechtsgerichtshofs zu beginnen.

Die Idee der Schaffung eines Gerichtshofs wurde beim fünften Seminar der Internationalen Juristenkommission über die Arbeit der afrikanischen Kommission wieder aufgegriffen. Im Verlauf des Seminars sprachen man che Teilnehmer das Problem der Ineffizienz der Kommission an und zogen daraus die Folgerung, dass es notwendig sei, einen afrikanischen Gerichtshof zu errichten, um die Kommission zu ersetzen oder zu ergänzen. Diese Meinung fand jedoch unter den afrikanischen Juristen keine einhellige Zustimmung. Einige vertraten die Ansicht, die Kommission sei eine noch junge Einrichtung, die ihre Möglichkeiten noch nicht ausgeschöpft habe. Es reiche aus, sie mit eigenen finanziellen Mitteln auszustatten, um alle strukturellen Ursachen für ihre Handlungsunfähigkeit und Ineffizienz zu beseitigen. Die Verfechter dieser Ansicht hielten die Schaffung eines afrikanischen Menschenrechtsgerichtshofs daher für verfrüht.[33] Das ehemalige Kommissionsmitglied Mokama erklärte in einem Interview: „Ich persönlich bin nicht für die Errichtung eines Gerichtshofs zum jetzigen Zeitpunkt. Ehe man so etwas ins Auge faßt, wäre es mir lieber, wenn die Kommission mehr Tatkraft zeigen und mit mehr Nachdruck auftreten würde. Andernfalls laufen wir Gefahr, immer mehr Einrichtungen zu schaffen, die wenig leistungsfähig sind, und das kann entmutigend sein …

Wenn wir dieses Niveau einmal erreicht haben, und nicht vorher, dann können wir darüber nachdenken, einen Gerichtshof zu schaffen."[34]

Diese Argumente sind sicherlich nicht aus der Luft gegriffen. Schließlich ist jedem bekannt, dass eine der Hauptursachen für die Ineffizienz der afrikanischen Menschenrechtskommission ihre finanzielle Abhängigkeit gegenüber dem Sekretariat der OAU ist; bei einem Großteil ihrer Tätigkeiten ist die Kommission vielfach auf die von Geldgebern außerhalb Afrikas bereitgestellten Mittel und auf die Dienste von Freiwilligen angewiesen.

Da aber die finanzielle Unabhängigkeit des neuen afrikanischen Gerichtshofs keineswegs als gesichert gelten kann, liefe er demnach Gefahr, dasselbe Schicksal zu erleiden wie die Kommission. Allen diesen Einwänden zum Trotz glaubt man, dass die Schaffung eines Gerichtshofs ein großer Beitrag zur Lösung der Menschenrechtsprobleme auf dem Kontinent ist.

---

33 Sidiki Kaba, L'avenir des droits de l'Homme en Afrique à l'aube du XXIè Siècle, Dakar 1996, S. 86.

34 Ausschnitt aus der Zusammenfassung des Interviews mit Richter Mokama von Chidi Odinkalu, Gambia, 9. April 1993 (eigene Übersetzung).

Diese, die Schaffung eines Gerichtshofs befürwortende Ansicht setzte sich durch und führte dazu, dass die Versammlung der Staats- und Regierungschefs in der Resolution AHG/Res. 230 (XXX) den Generalsekretär der OAU im Juni 1994 in Tunis (Tunesien) dazu aufforderte, ein Treffen von Regierungsexperten einzuberufen, um unter beratender Mitwirkung der Afrikanischen Kommission für Menschenrechte und Rechte der Völker nach Möglichkeiten zur Stärkung der Effizienz der Kommission zu suchen und insbesondere die Frage der Errichtung eines Afrikanischen Gerichtshofs für Menschenrechte und Rechte der Völker zu prüfen. Die von den Regierungen entsandten Vertreter trafen sich vom 6. bis zum 12. September 1995 in Kapstadt (Südafrika), um den Entwurf für ein Zusatzprotokoll zur Afrikanischen Charta der Menschenrechte und Rechte der Völker über die Errichtung eines afrikanischen Gerichtshofs für Menschenrechte auszuarbeiten.[35]

Das Zusatzprotokoll über die Errichtung eines Afrikanischen Gerichtshofs für Menschenrechte und Rechte der Völker wurde am 9. Juni 1998 verabschiedet und bedarf der Ratifikation. Es wird in Kraft treten, wenn es von 15 Staaten ratifiziert worden ist.

1.2.3.2 Zusammensetzung des Gerichtshofs und Wahl der Richter

1.2.3.2.1 Zusammensetzung

Die Zusammensetzung des Gerichtshofs ist in Art. 11 des Zusatzprotokolls geregelt: „Der Gerichtshof besteht aus elf Richtern, die Staatsangehörige der Mitgliedsstaaten der Organisation für Afrikanische Einheit sein müssen und in ihrer persönlichen Eigenschaft ausgewählt werden unter Juristen von hohem sittlichen Ansehen und anerkannter juristischer, richterlicher oder akademischer Sachkenntnis und Erfahrung auf dem Gebiet der Menschenrechte und Rechte der Völker."[36] Insofern unterscheidet sich das afrikanische System sowohl vom europäischen als auch vom amerikanischen. Beim Europäischen Gerichtshof für Menschenrechte entspricht die Zahl der Richter derjenigen der Vertragsparteien (Art. 20 EMRK). Der amerikanische Gerichtshof hingegen besteht aus nur sieben Richtern. Im amerikanischen System ist die Zahl der Richter völlig unabhängig von der Anzahl der Staaten, welche die Zuständigkeit des Gerichtshofs

35 Vgl. Report of Government Experts Meeting, OUA/LEG/EXP/AFC/HPR/(1).

36 Art. 11 Abs. 1 (eigene Übersetzung).

anerkannt haben; der Inter-Amerikanische Gerichtshof ist formal ein Organ der Konvention und nicht der OAS.[37]

Nach Art. 11 Abs. 2 darf dem afrikanischen Gerichtshof jeweils nur ein Angehöriger desselben Staates angehören.

1.2.3.2.2 Wahl der Richter

Die Wahl der Richter des Gerichtshofs ist in den Artt. 12-16 des Zusatzprotokolls zur Afrikanischen Charta der Menschenrechte und Rechte der Völker geregelt.

Danach darf jeder Vertragsstaat der afrikanischen Menschenrechtscharta drei Kandidaten vorschlagen, von denen mindestens zwei Angehörige dieses Staates sein müssen. Dabei ist darauf zu achten, dass beide Geschlechter jeweils angemessen vertreten sind.[38] Die Frage der Vertretung der Frauen ist von ganz grundlegender Bedeutung, denn mehr als 50 % der afrikanischen Bevölkerung sind Frauen. Gleichwohl sind sie in den Führungsgremien schwach oder überhaupt nicht vertreten. Das Beispiel der afrikanischen Menschenrechtskommission ist ein Beleg dafür; seit ihrer Gründung 1995 haben ihr insgesamt nur zwei weibliche Mitglieder angehört.

Die Richter werden in geheimer Wahl von der Versammlung der Staats- und Regierungschefs gewählt. Bei der Wahl haben die Staaten dafür Sorge zu tragen, dass die wichtigsten Regionen Afrikas angemessen vertreten sind.[39] Dies ist wesentlich, da der afrikanische Kontinent Länder mit verschiedenen Rechtssystemen, Sprachen und einem unterschiedlichen kolonialen Erbe umfaßt.

Die Richter des Gerichtshofs werden für eine Dauer von sechs Jahren gewählt, eine einmalige Wiederwahl ist zulässig. Die Amtszeit von vier der bei der ersten Wahl gewählten Richter endet nach zwei Jahren und die von weiteren vier Richtern nach vier Jahren. Laut Art. 17 Abs. 3 und 4 genießen die Richter vom Zeitpunkt ihrer Wahl an und während ihrer gesamten Amtszeit diplomatische Vorrechte und Immunität; auch dürfen sie nach Ablauf ihrer Amtszeit nicht wegen Entscheidungen oder Stellungnahmen, die sie in Ausübung ihres Amtes abgegeben haben, zur Verantwortung gezogen werden. Sie erhalten für ihre Tätigkeit Gehälter und Aufwandsentschädigungen.[40]

37 N.J. Udombana, Towards the African Court of Human and Peoples' Rights: Better late than never, Revue de la Commission Africaine des Droits de l'Homme et des Peuples, Bd. 8, Nr. 2 (1999), S. 345.

38 Art. 12 des Zusatzprotokolls über die Errichtung eines Afrikanischen Gerichtshofs für Menschenrechte und Rechte der Völker.

39 Art. 14.

40 Art. 32.

1.2.3.3 Zuständigkeit und Arbeitsweise des neuen Afrikanischen Gerichtshofs für Menschenrechte

Vor der eigentlichen Untersuchung von Zuständigkeit und Arbeitsweise der neuen Institution ist darauf hinzuweisen, dass das Zusatzprotokoll über den neuen afrikanischen Gerichtshof Besonderheiten enthält, die weder in der europäischen Menschenrechtskonvention noch in der amerikanischen Menschenrechtskonvention zu finden sind.

So wurde der Gerichtshof nicht geschaffen, um die Afrikanische Kommission für Menschenrechte und Rechte der Völker zu ersetzen, sondern als Ergänzung und Verstärkung für die Kommission bei der Wahrnehmung ihrer Schutzaufgabe (Abs. 7 der Präambel und Art. 2 des Zusatzprotokolls). Nachdem die Kommission ein bei ihr eingereichtes Gesuch geprüft hat, legt sie dieses unmittelbar dem Gerichtshof vor. Die Arbeit der Kommission besteht dabei in einer Vorprüfung der Beschwerde; Beschwerden, welche die Zulässigkeitsvoraussetzungen nicht erfüllen oder offensichtlich unbegründet sind, werden unmittelbar von der Kommission zurückgewiesen. Die Kommission wird eine wichtige Filterfunktion haben.[41] Daher hängt der Erfolg des Gerichtshofs weitgehend davon ab, wie wirkungsvoll die Kommission arbeitet.

Die Zuständigkeit des Gerichtshofs umfaßt die Auslegung und Anwendung der Charta, des Protokolls und jedes anderen maßgeblichen Menschenrechtsabkommens, das die betroffenen Staaten ratifiziert haben.[42] Die Zuständigkeit des afrikanischen Menschenrechtsgerichtshofs ist sehr weit gefasst, verglichen mit dem europäischen und dem amerikanischen Gerichtshof, deren Gerichtsbarkeit sich jeweils nur auf diejenige Menschenrechtskonvention erstreckt, in deren Rahmen der Gerichtshof gegründet wurde.[43]

Außerdem stellt sich die Frage, welche Personen befugt sind, den Gerichtshof anzurufen. Soll man Einzelpersonen und Nichtregierungsorganisationen das Recht geben, den Gerichtshof im Fall von Menschenrechtsverletzungen durch einen Staat anzurufen, wo doch bekannt ist, dass die afrikanischen Staaten größte Vorbehalte gegen Nichtregierungsorganisationen haben?[44] Als Lösung des Pro-

41 N.J. Udombana, a.a.O., S. 352.

42 Art. 3 des Zusatzprotokolls.

43 Inger Österdahl, The jurisdiction Ratione Materiae of the African court of Human and peoples' rights: a comparative critique, in Revue de la Commission Africaine des Droits de l'Homme et des peuples, Bd.7, Nr. 2, 1998, S. 136.

44 Ein jüngeres Beispiel ist das von Amnesty International und der togoischen Regierung im Mai 1999, als die Regierung Amnesty International vorwarf, in ihrem Togo-Bericht falsche Anschuldigungen erhoben zu haben. Sie wolle die Organisation daher vor einem internationalen Gericht verklagen, in AI- Jaresbericht 2001, S. 558.

blems sieht das Protokoll in Art. 5 vor, dass befugt sind, den Gerichtshof anzurufen:

- die Afrikanische Kommission für Menschenrechte und Rechte der Völker;
- der Vertragsstaat, der die Kommission angerufen hat;
- der Staat, gegen den eine Beschwerde eingereicht wurde;
- der Staat, dessen Interessen betroffen sind;
- afrikanische zwischenstaatliche Organisationen;
- NGOs mit Beobachterstatus bei der Kommission und Einzelpersonen in dringenden Fällen (Art. 5 Abs. 3).

Allerdings sind unmittelbar von Einzelpersonen oder von NGOs erhobene Beschwerden nur dann zulässig, wenn der Staat durch eine Erklärung die Zuständigkeit des Gerichtshofs für die Entgegennahme solcher Anträge anerkannt hat.[45] Die Erklärung muß zu irgendeinem Zeitpunkt ab der Ratifikation des Protokolls abgegeben worden sein.

Diese Bedingung könnte eine Anrufung des Gerichtshofs durch den Bürger schwierig, wenn nicht unmöglich machen, angesichts der Aversion der afrikanischen Staaten gegen Nichtregierungsorganisationen.

Trotz dieser Abneigung gegen die NGOs ist zu hoffen, dass die afrikanischen Staaten bei der Ratifikation des Zusatzprotokolls eine Erklärung nach Art. 34 Abs. 6 abgeben; „ohne Wenn und Aber ratifizieren."

Im Zeitpunkt der Ratifizierung dieses Protokolls oder zu jedem späteren Zeitpunkt kann der Staat eine Erklärung abgeben, mit der er die Zuständigkeit des Gerichtshofs zur Entgegennahme von Fällen gemäß Art. 5 Abs. 3 dieses Protokolls anerkennt. Der Gerichtshof darf kein Gesuch nach Art. 5 Abs. 3 entgegennehmen, das einen Vertragsstaat betrifft, der keine derartige Erklärung abgegeben hat.[46]

Denn die NGOs zur Förderung und zum Schutz der Menschenrechte spielen in der Afrikanischen Kommission eine sehr bedeutende Rolle: „Sie machen von ihrem Recht, Mitteilungen an die Kommission zu richten, oft Gebrauch, so dass mehr als die Hälfte aller Mitteilungen an die Kommission von NGOs stammen."[47]

Die NGOs helfen der Kommission auch bei ihrer Arbeit zur Förderung der Menschenrechte, indem sie Seminare organisieren und in der Bevölkerung In-

---

45 Art. 34 Abs. 6.

46 Eigene Übersetzung.

47 Krisch, Nico, The establishment of an African Court on Human and Peoples' Rights, ZaöRV, Band 58, Nr. 3 , 1998, S. 724 (Eigene Übersetzung).

formations- und Erziehungsarbeit zu den Menschenrechten leisten. Mit der Annahme des 6. Absatzes durch die Staaten wird endlich eine effiziente Zusammenarbeit zwischen den beiden Menschenrechtsinstitutionen möglich sein.

Im Gegensatz zum europäischen [48] und zum amerikanischen System sieht das afrikanische System vor, dass die von Einzelpersonen oder von NGOs eingereichten Beschwerden von der Kommission behandelt worden sein müssen, bevor sie dem Gericht vorgelegt werden. Im amerikanischen System gibt es für Einzelpersonen und NGOs keine Möglichkeit, dem Gericht Fälle von Menschenrechtsverletzungen vorzulegen.[49]

Festzuhalten bleibt, dass die Möglichkeit von Art. 5 Abs. 3 innovativ ist. Sind dadurch die Menschenrechte besser geschützt?

1.2.3.4 Die Rolle des Gerichtshofs im Rahmen des Menscherechtsschutzes

Nachdem ihm eine Rechtssache von der Afrikanischen Kommission vorgelegt worden ist, führt der Gerichtshof die Prüfung der Beschwerde unter Beteiligung der Parteien oder ihrer Vertreter durch und nimmt, falls erforderlich, Ermittlungen vor. Stellt der Gerichtshof fest, dass eine Verletzung der Menschenrechte oder der Rechte der Völker vorliegt, dann ordnet er alle geeigneten Maßnahmen zur Beseitigung der Verletzung an, einschließlich der Zahlung einer Entschädigung oder Leistung einer Wiedergutmachung. In extrem schwerwiegenden oder dringenden Fällen kann er die ihm notwendig erscheinenden vorläufigen Maßnahmen anordnen.[50]

Es ist darauf hinzuweisen, dass „the competence to indicate such measures had already been claimed by the commission, while not provided for in the Charter, and it resembles very much to the competence of the Inter-American Court. The European Court, on the other hand, is restricted to the mere determination and fixing of a sum for compensation."[51]

Der Gerichtshof erläßt das Urteil innerhalb von drei Monaten nach dem Abschluß seiner Ermittlungen; die Entscheidung des Gerichtshofs wird in öffentlicher Sitzung verkündet, nachdem die Parteien ordnungsgemäß benachrichtigt wurden, sie ist endgültig und unanfechtbar[52].

---

48 Im Rahmen des Systems der Europäischen Menschenrechtskonvention war eine entsprechende Möglichkeit durch das IX. Zusatzprotokoll vom November 1990 (ETS No. 140) geschaffen worden.

49 Inger Österdahl, a.a.O.

50 Art. 27 des Protokolls.

51 Krisch Nico, a.a.O., S.721. (Vgl. Art. 63 Abs. 1 AMRK; Art. 50 EMRK).

52 Artikel 28 des Protokolls.

Diese Öffentlichkeit der Arbeit des Gerichtshofs „overcomes the lack of publicity of the Commission's work" [53] und wird auf die afrikanischen Staaten eine abschreckende Wirkung haben, da sie es bekanntermaßen trotz ihrer ständigen Übergriffe auf die Bevölkerung und Menschenrechtsverletzungen nicht gerne sehen, dass man auf internationaler Ebene Kritik an ihnen übt. Sie sind stets darum bemüht, nach außen hin ein gutes Bild abzugeben.

Um zu veranschaulichen, wie wichtig es den afrikanischen Staaten ist, nach außen hin ein gutes Bild abzugeben, zitieren wir das Beispiel der kamerunischen Regierung, die auf den Vorwurf von Menschenrechtsverletzungen im Bericht des amerikanischen State Department vom 29. Februar 1999 mit einem Memorandum von dreiundzwanzig Seiten reagierte. Die kamerunische Regierung führte dort aus: „... trotz der falschen Anschuldigungen in diesem Dokument wird die kamerunische Regierung nicht müde werden, ihre Partner mehr und objektiver über diese Fragen in Kenntnis zu setzen und zu informieren, und sie hat sich dies selbst zur Pflicht gemacht...: es geht ihr darum, die Realität der Menschenrechte in Kamerun bei allen Freunden wieder herzustellen, die offenbar mangels vertrauenswüdiger Informationen versucht sein könnten, aus Quellen falscher Information zu schöpfen."[54]

Abschließend ist zu sagen, dass der Afrikanische Gerichtshof für Menschenrechte und Rechte der Völker eine neue Einrichtung ist, die ihre Arbeit noch nicht aufgenommen hat.

Die Anzahl der von Art. 34 Abs. 3 des Protokolls geforderten Ratifikationen ist mit fünfzehn sehr gering, verglichen mit Art. 63 Abs. 3 der Afrikanischen Charta für Menschenrechte und Rechte der Völker, wo für das Inkrafttreten der Charta die Ratifizierung durch die absolute Mehrheit der Mitgliedsstaaten der OAU verlangt wird.

Dies zeigt den Willen der afrikanischen Staaten, ihr System zum Schutz der Menschenrechte zu stärken, das bisher das schwächste der regionalen Schutzsysteme ist. Ende Mai 2002 hatten jedoch nur 4 Länder (Senegal, Mali, Südafrika und Togo) das Zusatzprotokoll ratifiziert, mit dem der afrikanische Gerichtshof für Menschenrechte und Rechte der Völker gegründet wurde. An die anderen afrikanischen Länder sei daher der Appell gerichtet, das Protokoll zu ratifizieren, denn dies wäre ein bedeutsames Instrument für die Einhaltung der Menschenrechte.

---

53 Krisch, Nico, a.a.O., S. 725.

54 Memorandum sur les droits de l'homme au Cameroun; http://www.spm.gov.cm/grands_dossiers/droits/ d_homme.htm (eigene Übersetzung).

Kapitel 2: Der nationale Schutz der Menschenrechte: Schutz durch die Verfassung

Die Verfassungsentwicklung im Senegal, in Togo und Kamerun steht in engem Zusammenhang mit ihrer Kolonialgeschichte, die immer noch schwer auf den Mechanismen ihres politischen Systems lastet. Nach Erlangung der Unabhängigkeit gaben sich die meisten afrikanischen Staaten eine Verfassung, als Symbol und Ausdruck ihrer Souveränität. Dieser Konstitutionalismus ist gekennzeichnet durch die Aufnahme bestimmter Verfassungsgrundsätze, wie wirksame Beschränkungen oder Eingrenzungen der Befugnisse der Regierung, Garantie der Grundrechte (Gedanken- und Meinungsfreiheit, Vereinigungsfreiheit, Schutz der Privatsphäre usw.).[55]

Leider beruhte diese erste Welle von Verfassungen vorwiegend auf Nachahmung. Sie waren nicht nur ein Abbild der Normen des früheren Mutterlandes, sondern wurden auch von französischen Experten verfasst, im Rahmen fachlicher Unterstützung der früheren Kolonien, denen so der Aufbau ihrer neuen staatlichen Institutionen erleichtert werden sollte. Außerdem wurden mit den ehemaligen Kolonien vor der Verkündung der Unabhängigkeit militärische Kooperationsabkommen und Hilfsabkommen unterzeichnet, die Frankreich die effektive und dauerhafte Präsenz im politischen, wirtschaftlichen und sozialen Leben der ehemaligen Kolonien sicherten.

In allen diesen Verfassungen wurde der Wille verkündet, einen Rechtsstaat zu errichten und die Menschenrechte und staatsbürgerlichen Freiheiten zu garantieren und zu schützen.

Nach der Unabhängigkeit, konfrontiert mit verschiedenen Problemen wie dem Aufbau der staatlichen Einheit, wirtschaftlichen und anderen Problemen, gerieten in den jungen unabhängigen Staaten allmählich die schönen Ideale aus der Zeit vor der Unabhängigkeit in Vergessenheit.

Mehr und mehr wurden die Verfassungen benutzt als „juristisches Instrument zur Legitimierung autoritärer Herrschaft, unter völliger Mißachtung der Demokratie, des Rechtsstaates und der Menschenrechte“.[56]

---

55 Ntumba Luaba Lumu, „Renouveau Constitutionnaliste, Etat de Droit et Communauté de droit en Afrique“ Revue de la Commission Africaine des droits de l'homme et des peuples, vol. 7 no. 2 (1998), S. 115.

56 Ntumba Luaba Lumu, a.a.O. (eigene Übersetzung).

Erst Anfang der neunziger Jahre kam es unter dem Einfluß des demokratischen Aufbruchs im Osten wieder zur Schaffung demokratischer Regierungssysteme mit liberalen Verfassungen, die einen besseren Schutz der Menschenrechte gewährleisteten.

Im Rahmen dieser Untersuchung wird zunächst untersucht werden, welcher Stellenwert den Menschenrechten in den verschiedenen Gesetzestexten[57] und Verfassungen eingeräumt wurde, und zwar vor der Unabhängigkeit bis in die neunziger Jahre; im zweiten Teil werden die einzelnen von den neuen Verfassungen garantierten Menschenrechte und Freiheiten analysiert, und der dritte Teil ist den verschiedenen Schutzmechanismen auf nationaler Ebene gewidmet.

2.1 Die nationalen Schutznormen: die Verfassungen

Traditionell finden sich in den Verfassungen und Grundgesetzen fast aller Staaten des frankophonen Schwarzafrikas, entweder in der Präambel oder im Hauptteil, Schutzbestimmungen für die Menschenrechte und die Grundfreiheiten[58]. Leider aber hält dieser positive Ansatz häufig der zunehmenden Übermacht der Exekutive gegenüber den anderen staatlichen Gewalten (Jurisdiktion und Legislative) nicht stand, die Gewaltenteilung wird dadurch zunichte gemacht, und der wirksame Schutz der Menschenrechte und der Grundfreiheiten in diesen Ländern steht dann wieder in Frage.

2.1.1 Der Schutz der Menschenrechte in der Kolonialzeit

„Die Kolonialzeit, unter der Afrika gelitten hat, ist ihrem Wesen nach eine Verweigerung von Menschen- und von Völkerrechten“[59].

Während der Kolonialzeit erkannten die Kolonialmächte den afrikanischen Völkern weder das Recht auf Selbstbestimmung noch andere Menschenrechte oder

57 Wir sprechen auch „von verschiedenen Gesetzestexten“, denn während der Kolonialzeit hatten die Kolonien keine eigenen Verfassungen. Sie wurden durch verschiedene Gesetze des Mutterlandes regiert.

58 Einige Beispiele: die Verfassung von Niger vom 12. Mai 1996 widmet ihren II. Titel den Rechten und Pflichten des Menschen; die Verfassung der Elfenbeinküste widmet ebenfalls einen Titel den Rechten des Menschen.

59 René Degni-Segui, Les droits de l'Homme en Afrique Noire Francopohne, Abidjan 1998, S. 10 (eigene Übersetzung).

Grundfreiheiten zu. Die Menschen in den Kolonien wurden nicht als Bürger, sondern als bloße Untertanen betrachtet, ohne Rechte und Freiheiten.

Am eindrucksvollsten ist das Beispiel der senegalesischen Bevölkerung, die, obwohl sie durch die Bewohner von Saint-Louis an der französischen Revolution von 1789 teilgenommen und in deren Verlauf ihre bescheidenen Beschwerdehefte vorgelegt hatte, von den wohlklingenden und großzügigen Bestimmungen der französischen Menschenrechtserklärung nicht betroffen war[60]. Denn sie waren keine Bürger, deren Rechte gegen Willkür, Machtmissbrauch und Tyrannei der Kolonialmacht geschützt werden mussten.

Sie waren nur Schwarze, und der „Code noir"[61] war für sie ausreichend.

Obgleich nach dem ersten Artikel der französischen Menschenrechtserklärung die Menschen frei und mit gleichen Rechten geboren werden, erklärte der Ratspräsident Jules Ferry am 28. Juli 1885 gegenüber den Parlamentariern, dass „die Menschen- und Bürgerrechtserklärung vom 26. August 1789 nicht für die Schwarzen in Äquatorialafrika geschrieben wurde"[62].

Erst ab dem zweiten Weltkrieg wurden die Gesetze des Mutterlandes, die sich auf die Rechte und Freiheiten des Menschen bezogen, nach und nach[63] auf die Kolonien des frankophonen Schwarzafrika ausgedehnt.

Nach der Konferenz von Brazzaville im Jahre 1944 erhielten die Kolonien ein erstes Bündel von Freiheiten, wie Vereinigungsfreiheit (Dekrete vom 13. März und 16. April 1946), Versammlungsfreiheit (Dekret vom 11. April 1946), das Recht auf freie Meinungsäußerung und Pressefreiheit (Dekrete vom 27. September und 21. November 1946).

Auf diese Etappe folgte die Errichtung der Französischen Union mit der Verfassung vom 27. September 1946, die eine Beteiligung der überseeischen Gebiete an den politischen und staatlichen Einrichtungen des Mutterlandes vorsah.[64]

Der Senegal, als französische Kolonie, wurde automatisch Mitglied der Union. Bei Togo und Kamerun, die Frankreich als Treuhandgebiete übertragen waren, bedurfte es der Stellungnahme des Rechtsausschusses der Französischen Union, ehe die unter französischer Verwaltung stehenden Teile ebenfalls in die Union aufgenommen werden konnten.

---

60 Sidiki KABA, Les droits de l'homme au Sénégal, col. XAAMSAA YOON, 1997, S.52.

61 Der „Code Noir" war ein Gesetzbuch für die Kolonien des schwarzen Kontinents.

62 Eigene Übersetzung.

63 Eine Verordnung vom 13. September 1945.

64 Mit dem Dekret Nr. 56-847 vom 24. August 1946 wird die Möglichkeit der einheimischen Bevölkerung, in diesen Institutionen vertreten zu sein, fortgeschrieben.

Am 13. April 1948 erklärte der Ausschuss, „dass die Zwecke der Treuhandverwaltung, wie sie in der Charta der [Vereinten] Nationen und den Durchführungsabkommen festgelegt sind, dem Interesse der unter der Verwaltung stehenden Bevölkerung dienen, die auf dem Weg zur politischen Emanzipation und zum wirtschaftlichen und sozialen Fortschritt der Führung bedarf. Dies sind auch die Ziele, die sich die Französische Union gesetzt hat ... der Ausschuss ist daher der Ansicht, dass Togo und Kamerun als Mitglieder der Französischen Union anzusehen sind...“[65]

Zum ersten Mal erhielt die Bevölkerung der drei Kolonien die Möglichkeit, an der Ausübung der politischen Macht des Kolonialstaates teilzuhaben und im Parlament und in der Versammlung der Union vertreten zu sein. Außerdem kam es in den Kolonien zur Gründung politischer Parteien, die für die Unabhängigkeit kämpften.

Gleichzeitig aber stellt man fest, dass, obwohl Frankreich das Land der Erklärung der Menschen- und Bürgerrechte war, die interne Kolonialordnung kein hohes Maß an Freiheiten gewährte. Außerdem wurden die wenigen Freiheiten, die den kolonisierten Völkern zugestanden worden waren, von Frankreich nicht immer respektiert.

Auf englischer Seite vollzog sich ab dem zweiten Weltkrieg ein Wandel. Großbritannien behielt den togoischen Teil (Britisch Togo) unter seiner Verwaltung in Ghana und den kamerunischen Teil (anglophones Kamerun) in Nigeria. Es gestand den Regionen Autonomie zu, indem es dort lokale Versammlungen einrichtete, denen aber in der Quintessenz nur beratende Funktion zukam.

Wie aber sah es mit der europäischen Konvention zum Schutze der Menschenrechte und Grundfreiheiten aus, die am 4. November 1950 in Rom unterzeichnet wurde?

Konnten die Kolonien an dieser Konvention teilhaben, der sie durch ihre Kolonialmächte angehörten?

Tatsächlich gab Artikel 63 den Kolonialmächten die Möglichkeit, die Konvention auf die überseeischen Gebiete auszudehnen, unter Berücksichtigung der „örtlichen Notwendigkeiten“. Dieser dehnbare und ungenaue Begriff der „örtlichen Notwendigkeiten“ verhinderte auch nach Abgabe der Erklärung nach Art. 63 Abs. 1 die automatische und obligatorische Geltung der Konvention in den Kolonien.

Großbritannien dehnte mit Erklärung vom 23. Oktober 1953 die Konvention ohne das Zusatzprotokoll auf alle seine afrikanischen Kolonien aus, ergriff aber nicht die erforderlichen Maßnahmen, um sie in die interne Rechtsordnung zu

---

65 Emile Mbarga, Constitutions et Documents Politiques du Cameroun, Presbook Cameroun, 1976, S. 42 f. (eigene Übersetzung).

integrieren und ihr Gesetzeskraft zu verleihen. Und so konnte sich die Bevölkerung des anglophonen Kamerun und von Britisch Togo auf interner Ebene, vor britischen Gerichten, nicht darauf berufen.

Frankreich konnte, da es die Konvention nicht vor der Unabhängigkeit seiner Kolonien ratifiziert hatte, diese nicht davon profitieren lassen.

Nach Erlangung der Unabhängigkeit, nach düsteren Kolonialzeiten, verabschiedeten die jungen unabhängigen Staaten sehr schnell liberale Verfassungen und Grundgesetze, in denen sie sich zu den Grundsätzen der Demokratie und der Menschenrechte bekannten.

2.1.2 Der Liberalismus der ersten Verfassungen nach der Unabhängigkeit

Zwischen 1959 und 1960 gab es in den ehemaligen frankophonen Kolonien der AEF[66] und AOF[67] eine ganze Reihe von Staaten, die in die Unabhängigkeit entlassen wurden. Die Kolonien erlangten eine nach der anderen ihre Unabhängigkeit: Ost-Kamerun am 1. Januar 1960, Togo am 27. April 1960, und Senegal verkündete seine Unabhängigkeit am 20. August 1960[68].

Nach finsteren Kolonialzeiten nahmen diese drei Länder nun endlich ihr Schicksal selbst in die Hand und „umgaben sich bei Erlangung der Unabhängigkeit mit dem Nimbus von Republiken der Menschenrechte“[69].

Der Senegal, Togo und Kamerun entschieden sich, wie die anderen frankophonen Kolonien auch, für die Übernahme „des rationalisierten parlamentarischen Regimes der gaullistischen Verfassung. Unter Beibehaltung der entscheidenden Rolle des Parlaments bei der Gestaltung der staatlichen Gewalt wurden ihm zugleich bestimmte Einschränkungen auferlegt...

Zugleich wurden die Einflussmöglichkeiten des Präsidenten erweitert, auch hinsichtlich der Gesetzgebung“[70].

Die Verfassung der Republik Kamerun vom 4. März 1960 verankert am Beginn ihrer Präambel ihr Bekenntnis zu den Grundfreiheiten der Allgemeinen Erklärung der Menschenrechte und der Charta der Vereinten Nationen; die Präambel dieser Verfassung ist sehr lang, und es werden dort Rechte und Freiheiten proklamiert, die man in den internationalen Menschenrechtsnormen findet; so

---

66 AEF: L'Afrique Equatoriale Française (Französisch Äquatorialafrika).

67 AOF: L'Afrique Occidentale Française (Französisch Westafrika).

68 Der Nationalfeiertag für die Unabhängigkeit im Senegal ist jedoch der 4. April 1960.

69 J. OWONA, les Droits de l'Homme, in Encyclopédie juridique de l'Afrique, N.E.A. 1982, S. 355 (eigene Übersetzung).

70 Herbert Baumann/M. Ebert, die Verfassungen der frankophonen und lusophonen Staaten des subsaharischen Afrikas, Berlin Verlag, 1997, S. 13.

beispielsweise die freie Meinungsäußerung, das Rückwirkungsverbot und das Recht auf Eigentum. Diese Verfassung erkannte außerdem indirekt die Rechte der Minderheiten an, insoweit als dort der feste Wille erklärt wird, alles zu tun, damit die Bevölkerung des anglophonen Teiles Kameruns in die nationale Gemeinschaft zurückkehren und in einem vereinten Kamerun friedlich leben kann (Abs. 27 der Präambel).

Die senegalesische Verfassung verweist in ihrer Präambel, entsprechend dem nach der Unabhängigkeit verfolgten Modell, auf die Grundrechte und auf die afrikanische Einheit.

Außer in der Präambel findet man auch in Titel II eine Reihe von Bestimmungen zu den Menschenrechten.

Auch die Verfassung von Togo vom 14. April 1961 beginnt mit der Erklärung des Bekenntnisses zu den Prinzipien der Allgemeinen Erklärung der Menschenrechte und ihres festen Willens, den Idealen der Freiheit, der Gleichheit und der Gerechtigkeit... treu zu bleiben.

Titel 1 dieser Verfassung gilt ebenfalls den Grundrechten: etwa der Gewissensfreiheit (Art. 2 Abs. 1), der Meinungsfreiheit, dem Recht auf freie Meinungsäußerung, der Veröffentlichungs- und Pressefreiheit (Art. 8), der Versammlungs- und Vereinigungsfreiheit sowie dem Recht, Gewerkschaften zu gründen.

Dieser Unabhängigkeitsenthusiasmus war jedoch nur von kurzer Dauer, denn bereits am 13. Januar 1963 wurde das Recht des togoischen Volkes auf Selbstbestimmung mit dem ersten blutigen Staatsstreich im unabhängigen Afrika ausgehebelt. Der demokratisch gewählte Präsident und Begründer der Unabhängigkeit Sylvanus Olympio wurde von den Militärs ermordet. Der Ermordung des Präsidenten folgte die Aufhebung der Verfassung und die Auflösung der politischen Institutionen.

Am 13. Januar 1967 wurde dieses Recht durch einen zweiten Staatsstreich erneut mit Füßen getreten. Es gelangte ein Militärregime an die Macht, das auf der Mißachtung von Menschenrechten basierte.

Der Senegal wiederum verabschiedete nach Erlangung der Unabhängigkeit eine Verfassung, die stark inspiriert war von den Regeln und Grundsätzen der französischen Verfassung von 1958, Gewaltenteilung garantierte und staatsbürgerliche Grundrechte anerkannte. Trotz dieser Garantie durch die Verfassung schlug das politische Leben im Senegal danach in ein autoritäres Regime um, das von offener Verletzung der bürgerlichen, politischen und gewerkschaftlichen Rechte gekennzeichnet war.

Aufgrund ideologischer und politischer Divergenzen zwischen dem Staatspräsidenten Léopold Sédar Senghor und seinem Ministerpräsidenten Mamadou Dia stellte die Mehrheit der Abgeordneten der UPS einen Mißtrauensantrag gegen die Regierung des Ratspräsidenten. Dieser reagierte gewaltsam auf diesen Antrag und rief die Sicherheitskräfte, um den Aufstand niederzuschlagen[71]. Der Staatspräsident ließ am 18. Dezember 1962 den Ministerpräsidenten und einige Minister verhaften und beschuldigte sie des Staatsstreiches. So kam es zu den ersten politischen Prozessen nach der Unabhängigkeit. Dies bedeutete das Ende des politischen Mehrparteiensystems, in dem das senegalesische Volk während der Kolonialzeit gelebt hatte.

In Kamerun war das erste Ziel die Integration des anglophonen Kamerun in die Republik Kamerun. Um diese Integration zu ermöglichen, wurde im Jahre 1961 die Verfassung geändert; sie wurde am 1. Oktober 1961 vollzogen.

Aus dieser Wiedervereinigung entstand ein Bundesstaat, bestehend aus zwei Bundesländern.

Einige Jahre nach der Gründung der kamerunischen Föderation jedoch verstärkte sich die Vorherrschaft des frankophonen Teils über die anglophone Minderheit. Dies ging so weit, dass allmählich, aber sehr entschieden die Strukturen und das Normensystem Westkameruns absorbiert wurden.[72]

Ob Senegal, Togo oder Kamerun, in ihren ersten Verfassungen wurden Demokratie, Anerkennung des Rechtsstaates und der Schutz und die Wahrung der Menschenrechte umfassend verbürgt; dann aber, in den siebziger Jahren, wurden die verfassungsmäßigen Rechte ausgehöhlt, entweder durch Aufhebung oder Außerkraftsetzung der Verfassung, oder aber durch die Instrumentalisierung der Verfassung zur Legitimierung autoritärer Machthaber, unter Mißachtung von Demokratie, Rechtsstaat und Menschenrechten.[73]

Schritt für Schritt vollzogen die drei Länder die Abkehr vom Liberalismus aus der Zeit der Unabhängigkeitserklärungen, um Einparteiensysteme einzurichten.

2.1.3 Zunehmender Verlust des Liberalismus nach Erreichen der Unabhängigkeit: Die Grundfreiheiten in den Einparteienregimen

Ende der sechziger Jahre etablierten sich sowohl in Togo, als auch im Senegal und in Kamerun Einparteiensysteme, unter denen der Schutz der Menschenrechte reine Fassade war. Die Verfassungen verkamen zu Mitteln zum Zweck

71 Sidiki Kaba, a.a.O., S. 68.

72 P.F. Gonidec et Breton J.-M., La République Unie du Cameroun, 2. Aufl., Paris, 1976, S. 28.

73 Ntumba Luaba Lumu, a.a.O., S. 115.

und wurden von den jeweiligen Machthabern für ihre politischen Zwecke manipuliert.

Wie sich diese Entwicklung im Einzelnen darstellte, werden wir zunächst für Togo, dann für Senegal und schließlich für Kamerun untersuchen.

2.1.3.1 Togo

Nach dem zweiten Staatsstreich[74] übernahmen die Militärs unter dem Befehl von Oberstleutnant Eyadema Gnassingbé die Macht. Mit der Verordnung Nr. 1 vom 14.01.1967 wurde die Nationalversammlung aufgelöst und die Verfassung aufgehoben. Eyadema rief sich zum Präsidenten aus.

Der neue Präsident erließ am 30.08.1969 von Palimé aus[75] einen Aufruf an die Bevölkerung über die Idee einer breiten Bewegung, die nicht eine politische Partei, sondern vielmehr eine Gruppierung aller Menschen guten Willens sein sollte. Drei Monate nach dem Aufruf von Palimé wurde die Einheitspartei Vereinigung des Volkes von Togo (*Rassemblement du Peuple Togolais - R.P.T.*) gegründet.

Die *R.P.T.* als unverzichtbares Werkzeug zur Schaffung vorteilhafter Bedingungen für die nationale Einheit, die soziale Integration und die wirtschaftliche Entwicklung, erhielt mit der Verfassung von 1980 Verfassungsrang[76]. In Artikel 10 dieser Verfassung ist niedergelegt, dass „das politische System Togos auf dem Prinzip der Einheitspartei beruht, verkörpert in der Vereinigung des Volkes von Togo. Alle politischen Aktivitäten, einschließlich der Ausübung des Wahlrechtes, erfolgen ausschließlich innerhalb der Vereinigung des Volkes von Togo, frei im Rahmen der Gesetze und Verordnungen und unter Wahrung der nationalen Souveränität und der Demokratie... Die Vereinigung des Volkes von Togo gibt die Ausrichtung der allgemeinen Politik des Landes vor...“. In Artikel 13 heißt es: „Im Falle einer Vakanz des Präsidentenamtes, unabhängig davon, aus welchem Grunde sie besteht, wird die Funktion des Präsidenten vorläufig vom Politbüro der Vereinigung des Volkes von Togo wahrgenommen...“. Die *R.P.T.* wurde zur obersten politischen Institution des Staates Togo; von ihr gingen

---

74 Der erste Staatsstreich fand am 13.01.1963 statt; Präsident Sylvanus Olympio wurde ermordet; der zweite Staatsstreich fand am 13.01.1967 statt, Präsident Nicolas Grunitzky wurde gestürzt, die Verfassung aufgehoben und die politischen Institutionen aufgelöst. Sowohl der erste als auch der zweite Staatsstreich wurde vom Unteroffizier Eyadema Gnassingbé geleitet.

75 Kpalimé liegt in der Plateaux-Region etwa 100 km von der Hauptstadt Lomé entfernt.

76 In der Zeit vom 13.01.1967 bis 9.01.1980 lebte die Republik Togo in einem rechtlichen Vakuum und wurde mit Verordnungen *(ordonnances)* und Dekreten *(décrets)* regiert.

Struktur, Information und Impulse für den Staat aus. Sie war der Staat und setzte sich mit ihm gleich[77]. Diese Vorherrschaft der Einheitspartei, einer Staatspartei, mündet in die Vereinnahmung der Staatsgewalt und der Institutionen. Die politischen Organe Parlament, Regierung und Justiz werden zu untergeordneten Instanzen, die den Führungsorganen der *R.P.T.* unterstellt sind.

Die Grundfreiheiten verschwanden nach und nach. Die Meinungsfreiheit und das Recht auf freie Meinungsäußerung wurden durch die Monopolisierung der Massenmedien durch die Parteiführer der *R.P.T.* und ihre Gehilfen ausgeschlossen; mit dem Ziel, Schriften und ihre Verbreitung zu kontrollieren, wurde mit der Verordnung Nr. 67-101 vom 13. März 1967 unter Androhung von Freiheits- oder Geldstrafe die Anmeldung von Schreib- und Druckmaschinen beim nationalen Sicherheitsdienst angeordnet.

Mit der Verordnung Nr. 111 vom 13. Mai 1967 wurden die bestehenden politischen Parteien aufgelöst (Bewegung der togoischen Jugend (Mouvement de la Jeunesse Togolaise-JUVENTO); Volksbewegung Togos (*Mouvement populaire togolais - M.P.T.*), Partei für die Einheit Togos (*Unité Togolaise - P.U.T.*) und die Demokratische Union des Nordens (*Union Démocratique des populations du Nord - U.D.P.T.*), denn nach Ansicht des Staatschefs war das Mehrparteiensystem nur eine Quelle der Uneinigkeit; die *R.P.T.* aber sollte ein nationales Sammelbecken für alle Bewohner Togos sein.

Die Gewissensfreiheit, und damit auch die Religionsfreiheit, wurde mit Verordnung Nr. 78-19 vom 29. Mai 1978 aufgehoben.

Zur Vereinigungsfreiheit und zum Streikrecht sagte Präsident Eyadema: „Das Streikrecht ist ein Luxus, den sich Entwicklungsländer nicht leisten können. In der derzeitigen Phase unserer Entwicklung sollte der fordernde Syndikalismus einem konstruktiven und objektiven Syndikalismus Platz machen, der auf allen Ebenen an der einzigen Aufgabe beteiligt ist, die der Mühe wert ist: die Nation Togo in Frieden aufzubauen“[78]. Dazu wurde im Jahre 1973 der Nationale Bund der Arbeitnehmer Togos (C.N.T.T. - Confédération nationale des travailleurs du Togo - Nationaler Bund der Arbeitnehmer Togos) gegründet, dem sich alle bestehenden Gewerkschaften anzuschließen hatten.

Beim zweiten ordentlichen Parteitag der *R.P.T.* vom 26. bis 29. November 1976 in Lama-Kara wird die Erhebung von monatlichen Zwangsbeiträgen zu-

77 Maurice Ahanhanzo Glèle, Die Verfassung oder das Grundgesetz, in Encyclopédie juridique de l'Afrique, Tome I, S. 45.

78 P. Massina, Droits de l'homme, Libertés publiques et sous Développement au Togo, N.E.A. du Togo, 1997, S. 61 (eigene Übersetzung).

gunsten der Einheitspartei und des *C.N.T.T.* empfohlen. Diese Beiträge wurden direkt von den Löhnen aller Arbeitnehmer einbehalten[79].

Der gleiche Parteitag empfahl die Abschaffung der Unabhängigkeit der Richter. Ab diesem Zeitpunkt wurde die Justiz ebenfalls dem Einparteiensystem unterstellt. Dies hatte zur Folge, dass die gerichtlichen Entscheidungen in Übereinstimmung mit den Entscheidungen und der Ausrichtung der Partei stehen mussten. Diese Vormachtstellung der *R.P.T.* und das Ineinandergreifen der Gewalten führte zu Machtmißbrauch und schweren Menschenrechtsverletzungen; wir befinden uns hier in einen Unrechtsstaat, in dem das Wort des Präsidenten Eyadema Gesetzeskraft hat.

Das Einparteiensystem im Togo der III. Republik schützte weder die Menschenrechte noch brachte es Freiheiten. Diese konstitutionelle, legale und blutige Diktatur überlebte bis zum Beginn der neunziger Jahre.

Die fortgesetzten und schweren Menschenrechtsverletzungen, die Enttäuschung großer Teile der togoischen Bevölkerung und auch die Veränderungen auf internationaler Ebene (der Einfluss der Öffnung des Ostens und die Rede des damaligen französischen Staatspräsidenten F. Mitterand in La Baule) führte am 5. Oktober 1990 zu einem Aufstand der togoischen Jugend. An diesem Tag wurden in einem Scheinprozess einige togoische Jugendliche verurteilt, da sie Flugblätter verteilt hatten. Das Urteil führte zum Aufstand der unzufriedenen Jugendlichen. Ihm folgten Forderungen aus dem Volk und zunehmender Druck der neu gegründeten politischen Parteien, und Präsident Eyadema erklärte sich schließlich damit einverstanden, eine nationale Konferenz einzuberufen, um über die Institutionen der vierten Republik zu sprechen.

Es folgte die Erarbeitung und Annahme der Verfassung von Oktober 1992, die eine theoretische Rückkehr zum Mehrparteiensystem und zum demokratischen Konstitutionalismus darstellt.

Wenn wir uns jetzt dem Senegal zuwenden, so stellt sich die Frage, ob es auch dort bis zur Demokratiebewegung der neunziger Jahre dauerte, bis dem Volk mehr Freiheiten zugestanden wurden

2.1.3.2 Senegal

Der Senegal hatte, anders als die überwiegende Mehrheit der ehemaligen französischen Kolonien, eine lange Praxis der Abhaltung von freien Wahlen und ein demokratisches Leben. Nach Erlangung der Unabhängigkeit hoffte die Bevölke-

79 Die Einbehaltung der Beiträge von den Löhnen und Gehältern wurde genehmigt mit Dekret Nr. 77-140 vom 29. Juni 1977.

rung, aufgrund der in der ersten Verfassung verankerten Garantien, diesen demokratischen Weg fortzusetzen.

Leider aber folgte der Senegal sehr schnell der afrikanischen Tendenz, die sich nach der Unabhängigkeit der einzelnen Staaten abzeichnete. Das politische Leben bewegte sich mehr und mehr auf ein autoritäres Regime zu, in Richtung einer konstitutionellen Diktatur. Im Senegal blieb eine Dichotomie zwischen konstitutionellem Pluralismus und faktischer Einparteienherrschaft (der Sozialistischen Partei Senegals); ein demokratischer Regierungswechsel aber wurde damit unmöglich gemacht.

Nach der Krise des Jahres 1962, in der sich Präsident Senghor und sein Ministerpräsident Mamadou Dia gegenüberstanden, gefolgt von Verhaftung und politischen Prozessen, festigte Präsident Senghor seine Herrschaft durch Verfassungsreformen. So wurde das parlamentarische System, das nach der Unabhängigkeit errichtet worden war, durch ein Präsidialsystem ersetzt. Auch der Wahlmodus für den Staatspräsidenten wurde geändert. Von nun an wurde der Präsident in allgemeiner, unmittelbarer Wahl und nicht mehr indirekt gewählt. Außerdem wurde den Parteien, die bei den Wahlen kandidieren wollten, die Listenwahl auferlegt. Man konnte mitverfolgen, wie Präsident Senghor ganz strategisch nach und nach die Grundfreiheiten des senegalesischen Volkes aufhob.

Zunächst einmal verfolgte er eine Strategie der Absorption der politischen Oppositionsparteien, die ihm ungelegen waren. So schlug er, im Gegenzug gegen einige Ministerposten, den Parteiführern des Blocks der senegalesischen Massen *(Bloc des Masses Sénégalaises - BMS*) vor, sich mit der UPS zusammenzuschließen. Da er auf ihre kategorische Weigerung stieß, verbot er die BMS am 4. Oktober 1962. Die Führer der ehemaligen BMS gründeten eine neue Partei, genannt Senegalesische Nationalfront (*Front National Sénégalais (FNS))*, die im Jahre 1964 aufgelöst wurde.

Die Partei Afrikanische Gruppierung (*Regroupement africain - PRA*) beschloss im Jahre 1966 den Zusammenschluss mit der Senegalesischen Fortschrittsunion (*Union Progressiste Sénégalaise (UPS)).* Dies bedeutete das Ende des demokratischen Lebens in einem senegalesischen Mehrparteiensystem.

Die Gründung neuer politischer Parteien wurde schwierig, wenn nicht unmöglich, denn sie unterlag der Genehmigung des Innenministeriums, die dieses stets verweigerte. Die Opposition ging also in den Untergrund, von wo aus sie mit verschiedenen Aktionen agierte.

Nach einer Reihe von Streiks, die von der Nationalen senegalesischen Arbeiterunion (*Union Nationale des Travailleurs du Sénégal - UNTS*)[80] angeordnet

80 Die nationale senegalesische Arbeiterunion ist ein mächtiger Gewerkschaftsbund; sie umfasst seit 1962 alle Gewerkschaften des Landes.

worden waren, löste Staatspräsident Senghor diesen gewerkschaftlichen Dachverband auf. An seine Stelle trat eine Gewerkschaft, die dem Regime wohlgesonnen war: der Nationale senegalesische Arbeiterbund (*Confédération Nationale des Travailleurs du Sénégal -CNTS*).

Trotz der geschickten Manöver von Staatspräsident Senghor verschärfte sich die Krise im Senegal. Sie führte dazu, dass der Staatspräsident im März 1974 die politischen Häftlinge freilassen musste. Am 30. Juli desselben Jahres erhielt der Rechtsanwalt Abdoulaye Wade[81] die Genehmigung zur Gründung seiner Partei, der Demokratischen Partei Senegals *(Parti Démocratique Sénégalais: PDS*). Sie war die erste Oppositionspartei.

Ab diesem Zeitpunkt gab der Senegal das unumschränkte Einparteiensystem zu Gunsten eines begrenzten Mehrparteiensystems auf.

Im Jahre 1976 wurde vom Parlament ein Gesetz verabschiedet, das umfangreiche Verfassungsänderungen mit sich brachte. Von nun an erlaubte die senegalesische Verfassung die legale Existenz von vier politischen Parteien, die obligatorisch an eine politische Strömung oder eine Ideologie gebunden sein mussten.

So änderte die *UPS*, die sich für die sozialdemokratische Richtung entschied, ihren Namen in Sozialistische Partei (*Parti Socialiste - PS*).

Die Partei von Abdoulaye Wade (*PDS*) wählte die liberale Richtung.

Majmouth Diop, der Parteiführer der Afrikanischen Unabhängigkeitspartei *(Parti Africain de l'Indépendance - PAI*), die 1961 verboten worden war – wobei er selbst gezwungen worden war, ins Exil zu gehen – erhielt die Erlaubnis, ins Land zurückzukehren; seine Partei schloss sich der marxistischen Strömung an.

Die Partei Senegalesische republikanische Bewegung (*Mouvement Républicain Sénégalais*) von Boubacar Gueyue wählte die konservative Richtung.

Das senegalesische Volk ist kein Volk, das schnell aufgibt, wenn es um Grundfreiheiten geht, und trotz dieses begrenzten Mehrparteiensystems wurde das gesellschaftliche und politische Leben des Landes weiterhin durch Streiks und Revolten erschüttert. Und so musste Staatspräsident Senghor schließlich am 31. Dezember 1980 zurücktreten. Premierminister Abdou Diouf wurde am 1. Januar 1981 sein Amtsnachfolger, und am 6. Mai desselben Jahres führte er durch ein Gesetz das volle Mehrparteiensystem ein. Von diesem Zeitpunkt an war die uneingeschränkte Gründung politischer Parteien möglich. Die Senegalesen erhielten die Freiheiten zurück, die sie unter dem faktischen Einparteiensystem verloren hatten, und von diesem Zeitpunkt an begann ein intensives demokratisches Leben.

81 Maître Abdoulaye Wade ist seit April 2000 der neue senegalesische Staatspräsident.

In Kamerun, wo die Herrschaft der Einheitspartei bis in die neunziger Jahre andauerte, war dies nicht der Fall.

2.1.3.3 Kamerun

Nach der Unabhängigkeit des unter französischer Herrschaft stehenden Kamerun am 1. Januar 1960 nahm der erste kamerunische Staatspräsident (Ahmadou Ahidjo) Verhandlungen zur Wiedervereinigung des frankophonen und des anglophonen Kamerun auf. So erklärte er in seiner Neujahrsansprache an die kamerunischen Bürger, dass „das Jahr 1961 für uns unter dem Zeichen der Entwicklung Kameruns, der Wiedervereinigung und des afrikanischen Aufbaus [steht]".[82]

Außerdem gründete auf der Seite des britischen Kamerun Dr. Emmanuel Endeley im Jahre 1952 mit den Herren John Ngu Foncha, Salomom Tandeng Muna und Namaso Mbile den Nationalkongress Kameruns (*Kamerun National Congress - K.N.C.*), der bereits den Gedanken der Wiedervereinigung mit dem französischen Kamerun unterstützte.

Aber als das britische Kamerun im Jahre 1954 den Status eines „Quasi-Bundeslandes"[83] innerhalb der nigerianischen Föderation erhielt, war Dr. Endeley zufrieden und entfernte sich mehr und mehr vom gesetzten Ziel. Foncha lehnte diesen Umschwung ab, trat aus dem *K.N.C.* aus und gründete 1955 seine eigene Partei: die Nationaldemokratische Partei Kameruns (*Kamerun National Democratic Party - K.N.D.P.*), die ganz entschieden für die Wiedervereinigung eintrat.

Am 11. und 12. Februar 1961 führte die UNO zwei getrennte Volksabstimmungen im britischen Kamerun[84] durch[85], um es der Bevölkerung im britischen Teil Kameruns zu ermöglichen, selbst zu entscheiden und entweder für ihre Zugehörigkeit zu Nigeria oder für die Wiedervereinigung mit dem seit dem 1. Januar 1960 unabhängigen Kamerun zu stimmen. Nach einer harten Kampagne

---

82 E. MVENG, Histoire du Cameroun, CEPER 1985, S. 257-258 (eigene Übersetzung)

83 Diesen Ausdruck verwendet J.P. FOGUI in: „l'intégration politique au Cameroun: une analyse centre - périphérie", L.G.D.J., Paris 1990, S. 86.

84 Das britische Kamerun war in zwei Teile geteilt: das südliche Kamerun, eine in die Ostregion Nigerias integrierte Provinz, und das nördliche Kamerun, das keine eigene Einheit bildete, sondern in den nigerianischen Provinzen Bournou, Adamaoua und Bénoué aufging.

85 Im nördlichen Teil stimmten 59,97 % der Wähler für die Integration ihres Landes in den Staat Nigeria, und 40,03 % neigten zur Union mit der Republik Kamerun. Im südlichen Teil sprachen sich 233271 Wähler für die Wiedervereinigung aus und 97724 dagegen.

wurde die Wiedervereinigung am 1. Oktober 1961 vollzogen. Es entstand ein Bundesstaat mit zwei Gliedstaaten.

Dazu ist der Hinweis wichtig, dass zwischen dem anglophonen Kamerun und dem frankophonen Kamerun ein großer Unterschied in der politischen Kultur bestand.

Schon bei den Verhandlungen zur Wiedervereinigung wollte Staatspräsident Ahidjo ein Staatssystem, in dem die Macht im wesentlichen in den Händen einer zentralen Behörde liegen sollte, während die anglophonen Verhandlungsführer sich für ein lockeres Föderalsystem mit einer Zentralregierung mit sehr begrenzter Macht aussprachen.

Nach der Wiedervereinigung der beiden Teile Kameruns nahm Präsident Ahidjo, der sich in Wirklichkeit mit dem von den Anglophonen gewollten Bundesstaat nur für die Erfordernisse des Augenblickes einverstanden erklärt hatte, die nächste Etappe seines Planes in Angriff, nämlich den Aufbau der nationalen Einheit. Dazu schlug er die Gründung einer „Vereinten Nationalpartei" vor, die eine conditio sine qua non für den Aufbau der nationalen Einheit, sei.

Im Gegensatz zu seinem togoischen Amtskollegen wollte Staatspräsident Ahidjo keine durch Zwang gegründete, straff organisierte Einheitspartei; vielmehr bat er die anderen politischen Formationen, sich seiner Union Kameruns (*Union Camerounaise - U.C.*) anzuschließen.

Dies wurde von vier politischen Hauptführern[86] der Opposition abgelehnt, die eine Diktatur faschistischen Typs fürchteten. So wurden diese vier Oppositionsführer der Subversion beschuldigt, verhaftet und zu Geld- und Gefängisstrafen verurteilt. Nach dieser Repression wurde das frankophone Kamerun ab Mitte 1962 ein Einparteienstaat.

In einer Rede, die er bei einer offiziellen Rundreise im Jahre 1964 hielt, sagte der Staatspräsident: „In einer großen Partei, einer großen Bewegung wie der unsrigen, muss man zwangsläufig die Wirkungen der Verschiedenheit abschwächen; wir alle, die Kamerunerinnen und Kameruner guten Willens, müssen in der Union Kameruns kämpfen."

Im Juni 1966 kamen die Parteiführer der drei Parteien von Westkamerun (Nationalkonvent Kameruns (*Cameroun Peoples National Convention - K.N.D.P.*), Vereinter Kongress Kameruns (*Cameroun United Congress*) und die *U.C.* zusammen, um über die Modalitäten ihres Zusammenschlusses zu sprechen. Aus diesem Zusammenschluss entstand am 1. September 1966 die Nationalunion Kameruns (*Union Nationale Camerounaise - U.N.C.*).

---

86 Die vier politischen Hauptführer waren: Ch.Okala, Th. Mayi-Matip, A.M. Mbida und Beybey Eyidi.

Staatspräsident Ahidjo wurde nationaler Vorsitzender der vereinigten Partei und John Foncha Ngu stellvertretender nationaler Vorsitzender. Dies war das Ende des kamerunischen Mehrparteiensystems und der Freiheiten, die vor der Unabhängigkeit bestanden hatten. Die Wahl der Mitglieder der Nationalversammlung kann von nun an nur noch erfolgen mit Zustimmung der Führungsorgane der Partei, also des nationalen Parteivorsitzenden, der gleichzeitig Staatspräsident ist. Innerhalb der Partei haben die in der Minderheit befindlichen Parteien einen sehr engen Spielraum. Dies wurde vom Staatspräsidenten als normal angesehen; und so erlaubte er sich auf dem Parteitag von Ebolowa die Erklärung, dass die Minderheit sich dem Gesetz der Mehrheit unterordnen müsse.

Nach und nach nahm der Einfluss des frankophonen Kamerun immer mehr zu, und schließlich wurden in Verwaltung, Justiz, Wirtschaft, Sozialwesen, ja sogar zum Teil auf kultureller Ebene zunehmend die Strukturen und das normative System des früheren britischen Kamerun absorbiert. Das frankophone Kamerun nahm sozusagen selbst die Stellung des Gesamtstaates ein. Staatspräsident Ahidjo verstärkte die Zentralisierung der staatlichen Institutionen. Um seine Macht zu erweitern und zu festigen, nahm er 1969 eine Verfassungsänderung vor. Von nun an waren die Ministerpräsidenten der Gliedstaaten, die stets vom Staatspräsidenten benannt wurden, nicht mehr der Investitur durch die gesetzgebende Versammlung unterworfen. Mit dieser Verfassungsänderung wurde es dem Staatschef auch ermöglicht, die gesetzgebenden Versammlungen aufzulösen, und zwar nicht mehr nur infolge eines Mißtrauensvotums oder bei anhaltender Uneinigkeit zwischen der Exekutive des Bundesstaates und der Legislative der Gliedstaaten, sondern wenn die Umstände es erforderten.

Zunehmend wurde Vizepräsident Foncha von der Staatsführung und den staatlichen Entscheidungen isoliert; er war jedoch nach wie vor derjenige, der den Staatspräsidenten im Falle seiner Abwesenheit vertreten würde. Da dies für den Staatspräsidenten Ahijo nicht mehr tragbar war, änderte er die Verfassung im Jahre 1970 erneut. Mit dieser Änderung wurde die Unvereinbarkeit des Amtes des stellvertretenden Staatspräsidenten mit dem des Ministerpräsidenten eines Gliedstaates aufgehoben.

Am 6. Mai 1972 kündigte Staatspräsident Ahidjo dem Politbüro und dann dem Bundesparlament an, dass er den Entwurf für eine zentralistische Präsidialverfassung einem Referendum unterbreiten werde, und dies obwohl es in Artikel 47 Absatz 1 der Verfassung[87] hieß: „Eine Vorlage zur Änderung dieser Verfassung, welche die Einheit und Integrität der Föderation beeinträchtigt, ist unzulässig."

87 Eigene Übersetzung.

Im übrigen gab es keine Verfassungsbestimmung, die eine Verfassungsänderung durch Referendum vorsah. Artikel 47 Absatz 2 erlaubt konkurrierend dem Präsidenten der Bundesrepublik, nach Beratung mit den Ministerpräsidenten der Gliedstaaten, und den Abgeordneten des Bundesparlaments, die Verfassungsänderung. Der Präsident alleine kann keine Verfassungsänderung beschließen. Dennoch nahm Präsident Ahidjo die - verfassungswidrige - Verfassungsänderung durch Referendum vor. So entstand am 20. Mai 1972 der Einheitsstaat „die Vereinigte Republik Kamerun", unter grober Verletzung der Rechte der anglophonen Minderheit.

Mit der Verfassung vom 2. Juni 1972 wurde ein Präsidialsystem mit Vorrangstellung der Exekutive eingeführt; der Staatspräsident war gleichzeitig Staats- und Regierungschef. Der Staatspräsident blieb nicht nur einziger Inhaber der Exekutivgewalt, er nahm auch unmittelbar an der Ausübung der Legislative teil. Mit der neuen Verfassung wurden die Regierungen und Parlamente der Gliedstaaten abgeschafft, ebenso wie das Amt des Vize-Präsidenten und das Amt des Ministerpräsidenten eines Gliedstaates. Drei Jahre später wurde Artikel 7 der Verfassung geändert, mit dem Ziel, das Amt des Premierministers wieder einzuführen, das dann mit Paul Biya bekleidet wurde.[88]

Die Verfassung wurde damit zu einer Farce, zu Gummi in den Händen des Staatspräsidenten Ahidjo, der sie je nach seinen Bedürfnissen und entsprechend seinem Willen zuschnitt und anpasste. Im Jahre 1979 wurde Artikel 7 der Verfassung erneut geändert und sah nunmehr vor, dass im Falle der Vakanz des Präsidentenamtes wegen Todes, Rücktrittes oder vom obersten Gerichtshof endgültig festgestellter Verhinderung der Premierminister unverzüglich in das Amt des Staatspräsidenten eingesetzt wird, für die restliche Zeit, die für das Präsidentenmandat verbleibt. Er wird in der gesetzlich vorgesehenen Weise vereidigt, im Eilfalle vor dem Büro der Nationalversammlung, im Beisein des obersten Gerichtshofes.

Nach der letzten Verfassungsänderung, mit der Präsident Ahidjo den Weg für seinen Nachfolger freigemacht hatte, trat er am 4. November 1982 von seinem Amt als Staatspräsident zurück und forderte das Volk auf, Premierminister Paul Biya zu unterstützen.

Nach zwei Jahrzehnten ununterbrochener Herrschaft des Präsidenten Ahidjo und konstitutioneller Diktatur hoffte das kamerunische Volk auf Veränderungen und auf mehr Freiheiten unter dem neuen Präsidenten Paul Biya. Tatsächlich gab es auch Veränderungen, aber nicht die vom Volk erhofften. Und zwar wurde im März 1985 aus der vom ehemaligen Staatspräsident Ahidjo 1966 gegründeten

88 Vor 1972 hatte das Amt des Ministerpräsidenten auf der Ebene der Gliedstaaten bestanden.

U.N.C. die Demokratische Vereinigung des Volkes von Kamerun (*Rassemblement démocratique du peuple camerounais - RDPC).*

Auch für Präsident Paul Biya ist die Einheitspartei der einzige institutionelle Rahmen, der es ermöglicht, alle Kameruner in einem nationalen Sammelbecken zu vereinen. Wie für seinen Vorgänger ist auch für ihn das Hauptziel die nationale Einheit, und die Einheitspartei ist als einziger Rahmen konzipiert, der diese nationale Einheit ermöglichen kann.

Dem Ziel der nationalen Einheit wurden die Grundfreiheiten geopfert, die Rechte der anglophonen Minderheiten wurden mit Füßen getreten. Es dauerte bis zur demokratischen Wende der neunziger Jahre, bis sich in Kamerun theoretisch ein Mehrparteiensystem etablieren konnte.

Zusammenfassend stellt man fest, dass weder im Senegal noch in Togo noch in Kamerun das Ziel der Einparteiensysteme, der Aufbau der nationalen Einheit, von den Führern dieser Länder erreicht wurde. Diese Regierungssysteme brachten vielmehr schwere Menschenrechtsverletzungen und führten zu Revolten und Kämpfen überall in Afrika zu Beginn der neunziger Jahre.

2.1.4 Die Verfassungen der neunziger Jahre

Die Verfassungen der neunziger Jahre gingen aus den Demokratisierungsbewegungen der neunziger Jahre und den Nationalkonferenzen (*Conférences nationales des forces vives*)[89] hervor. Aus diesen Verfassungen spricht die Reaktion auf Willkür und Diktatur, wie sie in den Republiken der Einheitsparteien herrschte. Sie sind sehr liberal, und ein großer Teil ist den Menschenrechten und den staatsbürgerlichen Grundrechten gewidmet.

So ist beispielsweise in der neuen Verfassung Togos als Hauptziel die Verteidigung der Menschenrechte festgeschrieben. In der Präambel heißt es gleich zu Beginn, in Absatz 4, das Volk Togos sei entschlossen, einen Rechtsstaat zu errichten, in dem die Grundrechte des Menschen, die staatsbürgerlichen Grundrechte und die Würde des Menschen garantiert und geschützt werden .

In Absatz 5 der Präambel heißt es weiter, das Volk sei überzeugt, dass ein solcher Staat nur auf politischem Pluralismus, auf den Prinzipien der Demokratie und dem Schutz der Menschenrechte gründen könne, so wie sie festgelegt sind in der Charta der Vereinten Nationen von 1945, der Allgemeinen Erklärung

89 Dieses neue Konzept der „nationalen Konferenz“ wurde in den neunziger Jahren im Verlaufe des Demokratisierungsprozesses ins Leben gerufen und erstmals in Benin im Februar 1990 eingesetzt.
Togo berief seine Nationale Konferenz am 8. Juli 28 August 1991 ein.

der Menschenrechte von 1948 und den internationalen Pakten von 1966, sowie der Afrikanischen Charta der Menschenrechte und Rechte der Völker, die 1981 von der Organisation für Afrikanische Einheit verabschiedet wurde. Gemäß Artikel 50 sind alle diese Normen integraler Bestandteil der Verfassung. Titel II der Verfassung, der mit „Rechte, Freiheiten und Pflichten der Bürger" überschrieben ist, hat zwei Untertitel:

Der erste Untertitel (Artikel 10 bis 41) ist den Rechten und Freiheiten gewidmet und enthält alleine schon 32 Artikel, während der zweite Untertitel (42 bis 50), der sich auf die Pflichten der Bürger bezieht, nur 9 Artikel umfasst. Dass der togoische Gesetzgeber 32 Artikel den Rechten und Freiheiten der Bürger widmet, ist völlig neu.

In der senegalesischen Verfassung sind die Grundrechte definiert durch die Präambel, die auf die Erklärung der Menschen- und Bürgerrechte von 1789 und auf die Allgemeine Erklärung der Menschenrechte von 1948 verweist, sowie durch Titel II (Artikel 6 bis 20).

Titel II besteht aus vier Teilen. Der erste Teil ist überschrieben mit: „Die staatsbürgerlichen Grundrechte und der Mensch", enthält nur 8 Artikel und handelt von den klassischen Grundrechten, wie dem Grundsatz der Gleichheit, der freien Meinungsäußerung, der Versammlungsfreiheit, dem Briefgeheimnis usw.; der zweite Teil (Artikel 14 bis 15) handelt von Ehe und Familie; der dritte Teil (Artikel 16 bis 19) ist der Bildung und der Religionsfreiheit gewidmet, und der letzte Teil (Artikel 20) betrifft das Recht und die Pflicht zu arbeiten, das Recht auf Bildung von Gewerkschaften und das Streikrecht. Anders als in Togo widmet der senegalesische Gesetzgeber den Grundrechten aber nur fünfzehn Artikel.

Dies erklärt sich daraus, dass die togoische Verfassung von 1992 aus einer Revolution des Volkes hervorging, das damit die blutige Diktatur der dritten Republik beendete. Die Väter der Verfassung wollten, angesichts der quälenden politischen Entwicklung, unter der Togo seit der Erlangung der Unabhängigkeit gelitten hatte, angesichts der schweren und fortgesetzten Menschenrechtsverletzungen unter der dritten Republik und den Enthüllungen der Nationalkonferenz, solche Praktiken für die Zukunft auf dem Staatsgebiet Togos verhindern. Dies ist der Grund für den großen Raum, den die Menschenrechte und die Grundfreiheiten in dieser Verfassung einnehmen.

Was Kamerun betrifft, so widmet die neue Verfassung von 1996, obwohl sie aus den Demokratisierungsbewegungen hervorging, nicht einen Titel und nicht einen Teil den Rechten und Freiheiten des Menschen. Wie in den vorangehenden Verfassungen wurden die Rechte und Freiheiten nur in der Präambel festgeschrieben. Anders aber als in den vorangehenden Verfassungen ist nunmehr die Präambel integraler Bestandteil der Verfassung (Art. 65). Die Bestimmungen der Präambel haben nicht mehr nur den Rang von einfachen allgemeinen

Rechtsgrundsätzen. Diese Integration der Präambel in die Verfassung kann als eine spürbare Entwicklung angesehen werden. Denn nunmehr können sich die Bürger auf diese Grundrechte berufen.

Sieht man sich diese drei Verfassungen an, so stellt man fest, dass überall den Menschenrechten und den staatsbürgerlichen Grundrechten ein vorherrschender Platz eingeräumt wird. Die nächste Frage ist nun, ob dort jeweils die gleichen Rechte verankert sind oder ob es diesbezüglich in den drei Verfassungen Unterschiede gibt.

2.2 Die einzelnen in den neuen Verfassungen garantierten Menschenrechte

Wie oben bereits ausgeführt, haben sich die Grundgesetze von Senegal und Togo nicht damit begnügt, in ihrer Präambel auf die Menschenrechte zu verweisen, sondern haben sie jeweils in den Hauptteil der Verfassung aufgenommen. Dies bedeutet, dass der Bürger sich im Falle von Verletzungen vor den nationalen Gerichtshöfen auf diese Rechte und Freiheiten berufen kann.

Wir werden diese drei Verfassungen im Hinblick auf die jeweils garantierten Menschenrechte und ihre Übereinstimmung mit den internationalen Menschenrechtsnormen vergleichen.

2.2.1 Das Recht auf Leben und körperliche Unversehrtheit

Das Recht auf Leben ist sowohl in der Allgemeinen Erklärung der Menschenrechte von 1948 (Artikel 3), als auch in Artikel 6 des Internationalen Paktes über bürgerliche und politische Rechte (*CCPR*) festgeschrieben. Dieses Recht ist „das höchste Recht", dessen Einschränkung auch in Zeiten eines öffentlichen Notstandes nicht gestattet ist"[90]. Der Schutz des Lebens verpflichtet die Staaten, positive Maßnahmen zu ergreifen.

In Artikel 4 der Afrikanischen Charta der Menschenrechte und Rechte der Völker ist festgelegt, dass „der Mensch unverletzlich ist. Jeder Mensch hat das Recht auf Leben und körperliche und geistige Unversehrtheit"[91].

Dieses Recht wird auch durch die senegalesische Verfassung (Art. 6) und durch die togoische Verfassung (Art. 13) garantiert, die den Staat zu Garantie

90 Anja John und Messletch Worku, Malawi, Namibia und Sambia: Menschenrechte, Rechtsstaatselemente und Minderheiten-/Gruppenschutz in den geltenden Verfassungen, Bochum 1999, S. 39.

91 Textausgabe von Simma/Fastenrath , a.a.O.

und Schutz des menschlichen Lebens verpflichten. Auch vom kamerunischen Verfassungsgeber wird dieses Recht festgeschrieben (Absatz 14 der Präambel).

Schutz des Lebens heißt Schutz des Rechtes auf Leben ab dem ersten Moment der Empfängnis. Daher ist es sowohl im Senegal, als auch in Togo und Kamerun schwangeren Frauen verboten, einen Schwangerschaftsabbruch vornehmen zu lassen.

So wird im senegalesischen Recht (Artikel 305 Strafgesetzbuch) mit Gefängnis zwischen 6 Monaten und 2 Jahren und einer Geldstrafe zwischen 20.000 und 100.000 CFA-Francs[92] bestraft, wer einen Schwangerschaftsabbruch selbst vornimmt, und mit einer Freiheitsstrafe von 5 Jahren und einer Geldstrafe zwischen 10.000 und 100.000 CFA wer einen Schwangerschaftsabbruch an einer anderen Person vornimmt.

Artikel 337 (1) und (2) des kamerunischen Strafgesetzbuches bestraft die Frau, die sich einem Schwangerschaftsabbruch unterzieht, mit einer Freiheitsstrafe von fünfzehn Tagen bis zu einem Jahr und einer Geldstrafe zwischen 5.000 und 200.000 Francs; die Strafe ist höher und beträgt zwischen ein und und fünf Jahren Gefängnis und Geldstrafe zwischen 100.000 und zwei Millionen Francs für denjenigen, der einer Frau beim Schwangerschaftsabbruch behilflich ist.

In Togo ist, obwohl der Schwangerschaftsabbruch im Strafgesetzbuch nicht ausdrücklich mit Strafe belegt wird, nur der Schwangerschaftsabbruch mit medizinischer Indikation erlaubt.

Leider aber, trotz der Bedeutung, die dem Recht auf Leben beigemessen wird, haben diese Länder sich bisher nicht entschließen können, die Todesstrafe abzuschaffen. Man findet sie im Strafgesetzbuch aller drei Länder.[93]

Was den senegalesischen Staat betrifft, so ist anscheinend die Todesstrafe seit Erlangung der Unabhängigkeit nur zweimal offiziell vollstreckt worden. Es hat jedoch seit dem Beginn des Casamance-Konfliktes (26. Dezember 1982) wiederholt Verletzungen der Menschenrechte auf senegalesischem Staatsgebiet gegeben. Die senegalesische Armee hat bei der wiederholten Offensive gegen die Basisstellungen der Separatisten der Bewegung der demokratischen Kräfte von Casamance (*Mouvement des Forces Démocratiques de Casamance - MFDC)* blutige Schlachten geführt, die Menschenleben gekostet haben, nicht nur bei den bewaffneten Separatistengruppen, sondern auch bei den Soldaten und in der Zivilbevölkerung.

---

92 Ein Euro ist 650 CFA-Francs.

93 Art. 18 des kamerunischen Strafgesetzbuches; Art. 18-21 des togoischen Strafgesetzbuches.

In Togo hingegen wurde diese Strafe häufiger vollstreckt, und zwar vorwiegend aus politischen Gründen, nach Scheinprozessen. Trotz der Bedeutung, die dem Recht auf Leben zuerkannt wird, sind schwere Menschenrechtsverletzungen Bestandteil der politischen Landschaft Togos. Menschen verschwinden, werden ohne Gerichtsverfahren hingerichtet oder fallen Massakern zum Opfer. Seit Beginn der neunziger Jahre haben NGOs wie *Amnesty International* immer wieder schwere Menschenrechtsverletzungen im Allgemeinen und die Verletzung des Rechtes auf Leben im Besonderen durch die togoische Regierung angeprangert.

So schrieb Anmesty International auf Seite 26 seines Berichtes vom 5. Mai 1999 mit dem Titel „Togo,Terrorstaat – (Togo, État de terreur)":

„Im Juni 1998, während des Wahlkampfes für die Präsidentschaftswahlen und nach der Bekanntgabe der Wahlergebnisse, wurden Hunderte von Personen, darunter Militärangehörige, ohne Gerichtsverfahren hingerichtet. Tote wurden am Strand von Togo und Bénin gefunden, die Leichen sah man auf offener See mindestens vier Tage lang vor der Küste von Bénin ... ."[94]

Diese Anschuldigungen wurden zwar von der togoischen Regierung als völlig unzutreffend und als grobe Unwahrheiten zurückgewiesen. Im Rahmen der Prüfung der Menschenrechtssituation in Togo und der Beilegung des Konfliktes zwischen *Amnesty International* und der togoischen Regierung, durch die konzertierte Aktion der Menschenrechtskommission der UNO und der Organisation für Afrikanische Einheit, wurde jedoch eine internationale Untersuchungskommission eingesetzt, die sich vom 24. November 2000 bis zum 2. Dezember 2000 in Togo aufhielt. Auch diese Kommission stellte, nach mehreren übereinstimmenden Zeugenaussagen aus Togo und aus dem Nachbarland Bénin, schwere Verletzungen des Rechtes auf Leben fest, die in Togo begangen worden waren, und bestätigte damit die Ausführungen von *Amnesty International.*

Auch Kamerun macht keine Ausnahme, was die Verletzung des Rechtes auf Leben betrifft; es gibt zahlreiche Verletzungen dieses Rechts vor allem im westlichen Teil des Landes, der Basis der Opposition (anglophoner Teil).

Das Grundrecht auf körperliche Unversehrtheit findet sich in allen drei Verfassungen und auch in den internationalen Vereinbarungen zum Schutz der Menschenrechte wieder, auf die sich die Verfassungen jeweils beziehen.

In Artikel 6 Absatz 3 der senegalesischen Verfassung heißt es: „Jeder hat das Recht auf freie Entfaltung seiner Persönlichkeit, vorausgesetzt, er verletzt nicht das Recht eines anderen oder verstößt gegen das Gesetz. Jeder hat das Recht auf Leben und körperliche Unversehrtheit wie vom Gesetz festgelegt."[95]

94 Eigene Übersetzung.
95 Eigene Übersetzung.

In Artikel 13 der togoischen Verfassung heißt es: „Der Staat hat die Verpflichtung, die körperliche und geistige Unversehrtheit, das Leben und die Sicherheit jedes Menschen zu garantieren, der im Staatsgebiet lebt."[96]

Die kamerunische Verfassung (Absatz 17 der Präambel) schreibt das Recht auf körperliche Unversehrtheit jeder Person fest; daher muss jeder Mensch unter allen Umständen in humaner Weise behandelt werden.

Man findet dieses Recht auch in der Afrikanischen Charta der Menschenrechte und Rechte der Völker, in Artikel 4, der lautet: „Der Mensch ist unverletzlich. Jeder Mensch hat das Recht auf Leben und auf körperliche und geistige Unversehrtheit..." [97]

Der volle Genuss dieses Rechtes wird jedoch durch bestimmte Gebräuche und traditionelle Praktiken gehemmt, wie die Genitalverstümmelung junger Mädchen[98] oder die körperliche Mißhandlung von Gefangenen.

Wir wollen uns zunächst den Genitalverstümmelungen zuwenden. Tatsächlich werden in mehreren afrikanischen Ländern, darunter Togo, Senegal und auch Kamerun, Genitalverstümmelungen durchgeführt, die physische Gewalt an Frauen und Mädchen darstellen und eine Gefahr für die Gesundheit der Frau sind. Seit einigen Jahren setzt sich die internationale Staatengemeinschaft aktiv für die Beendigung dieser Praktiken ein.

Trotz der Sensibilisierungskampagnen und der mit Nachdruck verfochtenen Positionen gegen diese Praktiken muss man feststellen, dass ein signifikanter Rückgang dieser Praxis auf afrikanischem Boden bisher auf sich warten lässt; sie ist zu stark in den Sitten verankert.

Im Senegal haben sich im Jahre 1998, trotz der sechsmonatigen Sensibilisierungskampagnen in den verschiedenen senegalesischen Orten über die Folgen der Exzision und genau zu dem Zeitpunkt, zu dem die Parlamentarier in der senegalesischen Hauptstadt das Gesetz berieten, mit dem Genitalverstümmelungen unter Strafe gestellt werden sollen, einhundertzwanzig Mädchen in Daloto einer Exzision unterzogen.[99]

---

96 Eigene Übersetzung.

97 Eigene Übersetzung.

98 Es gibt vier verschiedene Formen der Beschneidung: die milde Sunna, die Klitoridektomie, die Exzision und die Infibulation.
Die Exzision gehört zu den häufigsten Formen und wird in Togo, Senegal und im Norden Kameruns praktiziert.

99 Zeitschrift WALF von Donnerstag, 31. Dezember 1998/Freitag 1. Januar 1999, Nr. 2040, S. 6.

Um diese Praktiken mit Nachdruck zu bekämpfen und Übereinstimmung mit den internationalen Bestimmungen herzustellen, haben der Senegal und Togo Gesetze erlassen, mit denen Beschneidungen verboten werden[100].

In Kamerun ist, obwohl 63 % der im Norden des Landes lebenden Frauen betroffen sind, die Verabschiedung eines Gesetzes bisher nicht vorgesehen. Die Bestrafung dieser Praktiken fällt daher unter die Bestimmungen der Artikel 277-281 des Strafgesetzbuches über vorsätzliche Körperverletzung.[101] Ebenso sagt die Abgeordnete der Regierungspartei (Françoise Foning), dass der Kampf gegen die Exzision für ihre Partei nicht vorrangig sei, da davon nur ein geringer Teil der weiblichen Bevölkerung Kameruns betroffen sei. Die Parlamentarier sollten ihre Zeit nicht mit einem so unbedeutenden Problem verschwenden.[102]

Die völlige Ausmerzung dieser traditionellen Praktiken fordert viel Zeit. Andererseits müsste der Staat mehr Sensibilisierungskampagnen in der Bevölkerung durchführen.

2.2.2 Das Verbot von Folter und grausamer, inhumaner und entwürdigender Behandlung

Die internationalen Vereinbarungen unterscheiden zwischen Folter und anderen Behandlungen. So ist, gemäß Art. 1 des Übereinkommens gegen Folter und andere grausame, unmenschliche oder erniedrigende Behandlung oder Strafe, das von der Generalversammlung der Vereinten Nationen am 10. Dezember 1984 verabschiedet wurde, die „Folter" „jeder Akt, mit dem ein Schmerz oder ein akutes physisches oder geistiges Leiden einer Person vorsätzlich zugefügt werden, insbesondere zu dem Zweck, von ihr oder einer dritten Person Auskünfte oder Geständnisse zu erhalten, sie für eine Tat zu bestrafen, die sie oder eine dritte Person begangen hat oder verdächtigt wird, begangen zu haben, oder eine dritte Person einzuschüchtern oder Druck auf sie auszuüben, oder aus jedem anderen Grund, der auf irgendeiner Form von Diskriminierung beruht, wenn dieser Schmerz oder diese Leiden durch einen öffentlichen Bediensteten oder eine an-

---

100 Loi N° 98-016 du 17 Novembre 1998 portant interdiction des mutilations génitales féminines au Togo.

101 Eine Richterin sagte uns, es sei nicht erforderlich, ein neues Gesetz zu verabschieden, um die Beschneidungen unter Strafe zu stellen, da sie unter die Strafandrohungen der Artikel 277-281 des Strafgesetzbuches über „Vorsätzliche Körperverletzung" fallen.

102 Samuel TEPI, Les mutilations sexuelles des mineures au Cameroun: de la politique criminelle à la prévention sociale", in Revue de la Commission Africaine des droits de l'homme et des peuples, Tome 8 n° 2 (1999)(eigene Übersetzung).

dere Person zugefügt werden, die in Ausübung eines Amtes handelt oder auf deren Veranlassung oder mit deren Einverständnis oder stillschweigendem Einverständnis...". [103]

Art. 2 Abs. 1 und 2 dieser Konvention verlangt von den Unterzeichnerstaaten, dass gesetzgeberische, administrative und sonstige Maßnahmen ergriffen werden, um zu verhindern, dass Folterungen begangen werden, denn es soll keinerlei mildernde Umstände geben, um Folter in den jeweiligen Ländern zu rechtfertigen.

Ein Folterverbot enthalten auch Art. 5 der Allgemeinen Erklärung der Menschenrechte, Art. 7 des Internationalen Paktes über bürgerliche und politische Rechte und Art. 5 der Afrikanischen Charta der Menschenrechte und Rechte der Völker.

Wir wollen uns nun der Frage der Regelungen zu Folter, grausamer, inhumaner und erniedrigender Behandlung im inländischen Recht von Senegal, Togo und Kamerun zuwenden.

Tatsächlich gibt es im nationalen Recht dieser drei Länder Bestimmungen über Folter und grausame, unmenschliche und erniedrigende Behandlung. So bestimmt Artikel 21 der Verfassung Togos: Die menschliche Person ist geheiligt und unantastbar. Niemand darf der Folter oder anderen Formen grausamer, unmenschlicher oder entwürdigender Behandlung unterzogen werden.[104] Die kamerunische Verfassung ermahnt in ihrer Präambel dazu, den Menschen unter allen Umständen menschenwürdig zu behandeln und bestimmt, dass er in keinem Fall der Folter oder grausamen, unmenschlichen oder entwürdigenden Strafen oder Behandlungen ausgesetzt werden darf. Seit dem Gesetz Nr. 97-009 vom 10. Januar 1997 gilt die Folter als Straftat[105] und wird entweder mit lebenslanger Freiheitsstrafe oder mit Freiheitsstrafe zwischen zehn (10) und zwanzig (20) Jahren oder mit einer Geldstrafe zwischen 100.000 und 1.000.000 CFA-Francs (153.37 bis 1533.74 Euros) geahndet.

Mit dem Gesetz Nr. 96.15 vom 28. August 1996 nahm auch der Senegal die Folter und die Mitwirkung an der Folter in seine Rechtsordnung auf.

Doch Gesetzestexte und Realität klaffen weit auseinander. In allen drei Ländern gibt es systematische Folter und unmenschliche und entwürdigende Behandlung durch Polizeibeamten bei der Festnahme von Personen und beim Polizeigewahrsam in den Polizeidienststellen und -präsidien. Die Foltermethoden variieren je nach der menschlichen Phantasie.

---

103 Eigene Übersetzung.

104 In Togo ist die Verabschiedung eines Gesetzes zur Ergänzung des Strafgesetzbuches und zur Umsetzung dieser Verfassungsbestimmung noch nicht erfolgt.

105 Artikel 132 (bis) des kamerunischen Strafgesetzbuches.

Amnesty International beschrieb bei zwei Einsätzen in Casamance im Jahre 1997 einige der bei den Polizisten und Gendarmen gebräuchlichen Methoden:

„* Der Gefangene wird mit den Händen auf dem Rücken und dem Gesicht zum Boden hingelegt, und der Körper und die Beine werden nach oben gezogen, so dass auf der Höhe der Taille ein rechter Winkel entsteht. In dieser Position, genannt „Gebet des Affen", werden die Gefangenen 15 bis 30 Minuten lang in den Rücken geschlagen;
* Zigaretten werden auf dem Kopf oder in den Ohren ausgedrückt;
* Die Gefangenen werden gezwungen, alle möglichen Arten von schädlichen Substanzen zu schlucken, usw. "[106].

Trotz ständiger Anprangerung dieser Grausamkeiten durch die nationalen und internationalen NGOs haben die politisch Verantwortlichen immer noch keine Maßnahmen getroffen, um die Täter zur Verantwortung zu ziehen.

Diese unmenschlichen, entwürdigenden und erniedrigenden Behandlungen werden von den Vertretern der Justizverwaltung unserer Länder als einziges Mittel angesehen, festgenommenen Personen Geständnisse zu entlocken. Man könnte sich fragen, ob in den afrikanischen Ländern durch die Tatsache, straffällig geworden zu sein, der Betreffende seine Eigenschaft als menschliche Person einbüßt.

2.2.3 Schutz der Rechte der Gefangenen

Jeder Mensch, auch wenn er der Freiheit beraubt ist, bleibt eine menschliche Person. Er genießt daher einerseits alle Rechte, die dem Menschsein inhärent sind, wie das Recht auf körperliche und geistige Unversehrtheit, mit der Folge, dass er keiner Folter oder anderen unmenschlichen und erniedrigenden Behandlung unterzogen werden darf; das Recht auf Hygiene; das Recht auf Gesundheit; das Recht auf Information; und andererseits die besonderen Rechte, die mit der Tatsache verbunden sind, dass er seiner Freiheit beraubt ist: die Unschuldsvermutung, das Recht, innerhalb einer angemessenen Frist verurteilt zu werden und das Recht auf einen fairen Prozess.

Auf internationaler Ebene gibt es mehrere juristische Instrumente zum Schutz des Rechtes der Menschen, die ihrer Freiheit beraubt sind: Um nur einige Beispiele zu nennen: Wir haben unter anderem den Mindestanforderungskatalog

---

106 Amnesty International, „Senegal la terreur en Casamance", AFR49/01/98/F (eigene Übersetzung).

für die Behandlung von Gefangenen, die Beijing-Regeln, den Internationalen Pakt über bürgerliche und politische Rechte, das Übereinkommen gegen Folter und andere grausame, unmenschliche oder erniedrigende Behandlung oder Strafe, die Regeln der Vereinten Nationen zum Schutz des Minderjährigen, der seiner Freiheit beraubt ist, und die afrikanische Charta über die Rechte und das Wohl des Kindes.

Was die erste Gruppe von Rechten betrifft, die an die Würde des Gefangenen geknüpft sind, so ist in Artikel 57 des Mindestanforderungskataloges für die Behandlung der Gefangenen festgelegt, dass: die Inhaftierung und die anderen Maßnahmen, die bewirken, dass ein Straftäter von der Außenwelt abgeschnitten wird, schon deshalb Leibesstrafen sind, weil sie den Menschen des Rechtes berauben, über seine Person zu verfügen, indem sie ihn der Freiheit berauben. Abgesehen von berechtigten Absonderungen oder von der Aufrechterhaltung der Disziplin darf daher das Strafvollzugssystem die mit dieser Situation verbundenen Leiden nicht verschärfen.

Ebenso fordern auch Artikel 10 des Internationalen Paktes über bürgerliche und politische Rechte und Artikel 5 der Afrikanischen Charta der Menschenrechte und Rechte der Völker, dass der Mensch, der seiner Freiheit beraubt ist, geschützt und menschenwürdig behandelt wird.

Auf nationaler Ebene sind die Schutznormen für die Rechte von Inhaftierten die Grundgesetze selbst, die ordnungsgemäß ratifizierte und verabschiedete internationale Verträge und Abkommen im Rang über die Gesetze stellen.[107]

Trotz dieses Umstandes, und trotz der Proklamierung dieser Rechte, erweist sich der tatsächliche Schutz als schwierig, wenn nicht unmöglich. Zunächst einmal sind in den meisten unserer Gefängnisse die Lebensbedingungen sehr schlecht; die Hauptprobleme sind „sehr alte Gebäude und Infrastruktur; dürftige Sanitäranlagen; Gebäude ohne Toiletten, wo die Gefangenen Kübel benutzen, die ein oder zweimal täglich geleert werden und die manchmal außerdem dazu dienen, Trink- oder Waschwasser zu transportieren; Überfüllung; ...; minderwertige und ungenügende Verpflegung; hohe Anzahl von Todesfällen im Gefängnis; häufige Infektionskrankheiten wie Durchfall, Cholera, Ruhr, Tuberkulose, Aids usw."[108].

---

107 Art. 140 der togoischen Verfassung vom 14. Oktober 1992; Art. 79 der senegalesischen Verfassung vom 7. März 1963 und art. 45 der kamerunischen Verfassung vom 18. Januar 1996.

108 P.L. Shaidi „Systèmes pénaux en Afrique et conditions en prisons", Bericht des regionalen Bildungsseminars über die Führung von Gefängnissen (Kampala, Uganda, vom 7. bis 11. November 1994), Veröffentlichung Nr. 12 des Afrika-Institutes der Vereinten Nationen für die Verbrechensprävention und die Behandlung von Straftätern *(eigene Übersetzung)*.

Am 29. November 1996, bei einer Untersuchung durch eine nationale NGO (Nationale Organisation zum Schutz der Menschenrechte/*Organisation Nationale de défense des droits de l'homme - ONDH)* waren in der zentralen Haft- und Besserungsanstalt von Dakar, genannt Zentralgefängnis und eingerichtet im Jahre 1914 für eine Kapazität von 474 Plätzen, 907 Häftlinge untergebracht.

Von den verheerenden Haftbedingungen abgesehen, könnte man zu der Auffassung gelangen, der Straftäter habe, da er eine Straftat begangen und gegen staatliche Gesetze verstoßen hat, seine Eigenschaft als menschliches Wesen eingebüßt. Häufig tun die Leiter von Gefängnissen oder Haftanstalten alles, um den Aufenthalt für die Gefangenen unvergesslich und unerträglich zu machen.

So ist auch die Aufrechterhaltung der familiären Bindungen eine Illusion. In Kamerun zum Beispiel weiß man, dass theoretisch auf einfachen Antrag Besuche mehrmals pro Woche möglich sind, und zwar für alle Kategorien von Gefangenen. Tatsächlich aber kann die Besuchserlaubnis unter jedem beliebigen Vorwand verweigert werden. Und selbst wenn sie erteilt wird, ist der Besuch angesichts der zunehmenden bzw. gängigen Korruption an die Zahlung verschiedener „Gebühren" geknüpft, die vom Gefängnispersonal für eigene Zwecke erhoben werden; ebenso sind die Frauen, die ihren Lebensgefährten besuchen, häufig sexueller Nötigung durch die Gefängniswärter ausgesetzt. Diese können sich unter jedem beliebigen Vorwand weigern, den Korb mit Nahrungsmitteln weiterzuleiten oder den Besuch zu erlauben, wenn sie sich nicht ihren Forderungen beugen.[109]

Die Realität in den Gefängnissen ist weit davon entfernt, den Mindestanforderungen menschlicher Würde zu entsprechen. Vielmehr ist das Gefängnis ein Ort der Erniedrigung des Inhaftierten.

Zu den besonderen Rechten von Menschen, die ihrer Freiheit beraubt sind, zählen:

Der gleiche Zugang für alle zur Justiz und die Gleichheit für alle vor der Justiz

Dieses Recht hat seinen Ursprung in der Erklärung der Menschen- und Bürgerrechte von 1789 und wurde in alle drei Verfassungen aufgenommen. In Artikel 7 der senegalesischen Verfassung heißt es: Alle Menschen sind vor dem Gesetz gleich. Männer und Frauen sind gleichberechtigt.

Es gibt im Senegal weder Untertanen noch Privilegien aufgrund des Geburtsortes, der Person oder der Familie.

---

109 Seminar für die internationale Beobachtung von Gefängnissen (Séminaire de l'Observation internationale des prisons - OIP) über die „Haftbedingungen in Afrika", 19. - 21. September 1996, Kampala, Uganda.

Artikel 11 der togoischen Verfassung geht in die gleiche Richtung. Es heißt dort: Alle Menschen sind haben die gleiche Würde und sind gleichberechtigt.

Mann und Frau sind vor dem Gesetz gleich.

Niemand darf aufgrund seiner familiären, ethnischen oder regionalen Herkunft, seiner wirtschaftlichen oder sozialen Lage, seiner politischen, religiösen, weltanschaulichen oder sonstigen Überzeugung bevorzugt oder benachteiligt werden.

Die Absätze 6 und 15 der Präambel der kamerunischen Verfassung erkennen ebenfalls den Bürgern Kameruns dieses Recht zu, mit dem Wortlaut: „Alle Menschen haben die gleichen Rechte und Pflichten..."

Das Gesetz garantiert allen Menschen das Recht, auf dem Rechtswege ihr Recht zu erlangen.

Leider stehen in der Praxis der Garantie dieses Verfassungsgrundsatzes die hohen Gerichtskosten entgegen, ein Umstand, der de facto die Mehrheit der Bevölkerung vom Gang zum Gericht ausschließt.

Dieses Hindernis der „Unmöglichkeit des Zugangs zur Justiz" ist aber keine Eigenheit von Senegal, Togo oder Kamerun. Überall in Afrika stößt der Bürger auf diese Hürde, wenn er sein Recht einklagen möchte, denn nicht nur die Gerichtskosten sind sehr hoch, es sind auch und vor allem die Prozesskosten schwierig abzuschätzen. In den Zivilprozessordnungen ist eine Liste von Ausgaben enthalten, die Folgendes umfassen: verschiedene Gebühren und Abgaben; die Fahrtkosten der Richter und anderer Personen im Falle eines Lokaltermins; die Zeugenentschädigungen im Falle der Untersuchung, die Vergütungen der Sachverständigen; die Gebühren der Rechtsanwälte, Gerichtsvollzieher und anderer.[110] Dazu muss man wissen, dass das Einkommen des größten Teils der afrikanischen Bevölkerung lächerlich gering oder völlig bedeutungslos ist; damit können keine Verfahrenskosten und Gerichtsgebühren bestritten werden. Diese Situation schafft ein Gefühl von Ohnmacht und Ungerechtigkeit bei den Betroffenen. Und dieses Gefühl der Ohnmacht führt dann oft dazu, dass Menschen, deren Rechte verletzt wurden, die aber keine Möglichkeit haben, den Rechtsweg zu beschreiten, um Wiedergutmachung zu erhalten, zu außergerichtlichen Lösungen, zur Selbstjustiz, greifen.

Das Recht auf einen Rechtsbeistand in allen Stadien des Verfahrens

Dieses Recht, das sowohl in Artikel 6 der senegalesischen Verfassung garantiert ist, der besagt, dass die Verteidung ein absolutes Recht ist, in allen Stadien und Instanzen des Verfahrens, als auch in Artikel 16 Absatz 3 der togoischen Verfas-

---

110 René Degni-Segui, L'accès à la justice et ses obstacles, in VRÜ 1995, S. 455 f.

sung, wo jedem Beschuldigten das Recht zugesprochen wird, im Stadium der Voruntersuchung einen Rechtsbeistand hinzuzuziehen, findet sich in der kamerunischen Verfassung nicht ausdrücklich wieder.

Obgleich in den Verfassungen verankert, findet eine Anwendung dieses Verfassungsrechtes nicht statt; Probleme gibt es vor allem während der Dauer des Polizeigewahrsams.

Der Polizeigewahrsam ist eine polizeiliche Maßnahme, bei der ein Beamter der Kriminalpolizei in seinen Polizeiräumen oder in den Räumen der Gendarmerie jemanden für eine gesetzlich festgelegte Dauer festhält, zu den Erfordernissen einer Untersuchung. Während Dieser Zeit gibt es keine Möglichkeit, den Beistand eines Rechtsanwaltes zu erhalten. Dieser kann erst zu dem Zeitpunkt hinzugezogen werden, zu dem sich das Verfahren vor dem Untersuchungsrichter befindet, falls gegen den Verdächtigen ein Ermittlungsverfahren eingeleitet wird, bzw. vor dem erkennenden Gericht nach Eröffnung des Hauptverfahrens.

Der Polizeigewahrsam ist eine sehr schwerwiegende Maßnahme, die in die Bewegungsfreiheit des Menschen eingreift; im übrigen ist dies der Zeitraum, in dem sich in unseren Ländern die Menschenrechtsverletzungen abspielen.

Aus diesem Grund muss der Polizeigewahrsam durch den nationalen Gesetzgeber genau geregelt werden. Man stellt jedoch fest, dass der Polizeigewahrsam bisher nicht Gegenstand einer gezielten Regelung im kamerunischen Strafprozessrecht ist; dies gilt für den frankophonen Teil ebenso wie für den anglophonen Teil. Gesetzlich geregelt ist der Polizeigewahrsam derzeit in Artikel 3 des Gesetzes Nr. 58/203 vom 26. Dezember 1958, mit dem Artikel 9 des Strafuntersuchungsgesetzes (*Code d'instruction criminelle - C.I.C.*) geändert wurde, der in den Absätzen 5, 6 und 7 jeweils festlegt, dass: in den Fällen von Verbrechen auf frischer Tat oder als auf frischer Tat angesehenen Verbrechen gemäß Artikel 41 C.I.C., von Delikten auf frischer Tat oder diesen gemäß Artikel 1 des Gesetzes vom 20. Mai 1863 gleichgestellten Delikten, der damit befasste Kriminalpolizeibeamte, der die verdächtigen Personen festnimmt, sie mit allen Protokollen, in denen über seine Handlungen in den vierundzwanzig Stunden berichtet wird, dem Staatsanwalt, oder hilfsweise dem dazu befugten Richter, vorführen muss. Die Zeit für den Weg vom Ort der Festnahme zum Sitz des Staatsanwaltes oder Richters kommt zu dem oben genannten Zeitraum hinzu.

Konnte nach Ablauf der Frist von vierundzwanzig Stunden die Voruntersuchung oder die Erstellung der Protokolle nicht abgeschlossen werden, so kann der Beamte der Kriminalpolizei die verdächtigen Personen nur dann weiter festhalten, wenn er dazu die vorherige Zustimmung des im vorangehenden Absatz genannten Staatsanwaltes oder Richters, oder, falls es keinen gibt, am Sitz des Beamten der Kriminalpolizei die vorherige Zustimmung des Leiters der Unterdivision oder des Leiters des Verwaltungspostens eingeholt hat.

Diese Erlaubnis gilt jeweils nur für vierundzwanzig Stunden und kann dreimal verlängert werden.

Interessanterweise findet sich die Bezeichnung „Polizeigewahrsam" nirgendwo in diesen Gesetzestexten. Ein Umstand, der unbedingt geändert werden muss; genau dies geschieht durch die Verfasser des Vorentwurfes der kamerunischen Strafprozessordnung, indem zunächst in Artikel 119 Absatz 1 der Polizeigewahrsam definiert wird. In Artikel 93 des Vorentwurfes wird festgelegt, dass der Kriminalpolizeibeamte einen Polizeigewahrsam gemäß den Bestimmungen der Artikel 32, 87 und 197 des Vorentwurfes vornehmen kann. Die Verfasser des Vorentwurfers haben längere Fristen vorgesehen (Artikel 120 Abs. 2 Buchst. a, die 48 Stunden nicht überschreiten dürfen. Diese Frist von 48 Stunden kann wiederum um eine Frist von 48 Stunden verlängert werden, die in Ausnahmefällen höchstens zweimal verlängert werden kann. Der neue Polizeigewahrsam beträgt also insgesamt höchstens acht Tage.

Im togoischen Recht beträgt die Dauer dieser freiheitsbeschränkenden Maßnahme gemäß Artikel 52 der togoischen Strafprozessordnung 48 Stunden; sie kann verlängert werden um eine Dauer von 48 Stunden nach vorheriger Zustimmung durch den Staatsanwalt oder durch den mit der Anklagevertretung beauftragten Richter. Schließlich können in besonders schweren Fällen diese Fristen um eine Dauer von acht Tagen verlängert werden, aufgrund schriftlicher Zustimmung des Staatsanwaltes oder des von der Staatsanwaltschaft beauftragten Richters.

Im senegalesischen Strafrecht beträgt die gesetzliche Dauer des Polizeigewahrsams gemäß Artikel 55 CPP (Strafprozessordnung) 24 Stunden, wenn der Betreffende von einem Polizeibeamten zu den Erfordernissen einer gerichtlichen Untersuchung festgenommen wurde; diese Dauer beträgt 48 Stunden, wenn gegen den Betreffenden schwere und übereinstimmende Indizien vorliegen, die so geartet sind, dass sie eine spätere Anklage begründen. In dem Fall, in dem die Untersuchung nicht während des gesetzlich gewährten Zeitraumes abgeschlossen wird, kann nur der Staatsanwalt schriftlich die Zustimmung zur Verlängerung des Polizeigewahrsams um 48 Stunden erteilen, der danach nicht mehr verlängert werden kann. Diese Fristen des Artikel 55 Absatz 8 verdoppeln sich, wenn es sich um Vergehen und Verbrechen gegen die Staatssicherheit oder um Verbrechen und Vergehen in einer Zeit des Ausnahmezustandes und des Notstandes handelt.

Trotz aller gesetzlichen Bestimmungen werden aber sowohl im Senegal als auch in Togo und in Kamerun diese Fristen fast nie eingehalten. Es gibt viele Verdächtige, die Wochen oder gar Monate in den Zellen im Polizeigewahrsam zubringen.

Da die meisten Verdächtigen bereits ohne Haftbefehl festgenommen werden, kümmern sich die Polizeibeamten anschließend auch nicht um die Beantragung der Verlängerung des Polizeigewahrsams beim Staatsanwalt. Während dieser Zeit greifen die Polizisten und Gendarmen, die es mit der Einhaltung der Gesetze nicht sehr genau nehmen, mit dem Ziel, vom Beschuldigten Geständnisse zu erhalten, zu schrecklichen Folterpraktiken, die schwere Menschenrechtsverletzungen darstellen. Und so gesteht der Beschuldigte, um der Grausamkeit dieser Praktiken zu entgehen, alle Vergehen und Verbrechen. Womit gleichzeitig auch das Recht auf Unschuldsvermutung gebrochen wird.

Das Recht auf Unschuldsvermutung

Die Unschuldsvermutung ist ein wichtiges Recht, das man in den meisten internationalen Rechtsinstrumenten finden, denen unsere Länder beigetreten sind.

In Artikel 14 (2) des Internationalen Paktes über bürgerliche und politische Rechte heißt es:

„Jeder wegen einer strafbaren Handlung Angeklagte hat Anspruch darauf, bis zu dem im gesetzlichen Verfahren erbrachten Nachweis seiner Schuld als unschuldig zu gelten."

Auch die Allgemeine Erklärung der Menschenrechte legt in Artikel 11 fest:

„Jeder Mensch, der einer strafbaren Handlung beschuldigt wird, ist so lange als unschuldig anzusehen, bis seine Schuld in einem öffentlichen Verfahren, in dem alle für seine Verteidigung nötigen Voraussetzungen gewährleistet waren, gemäß dem Gesetz nachgewiesen ist."

Ebenso erkennt auch die Afrikanische Charta der Menschenrechte und Rechte der Völker (Artikel 7.1.b.) jedermann „das Recht auf Unschuldsvermutung, bis seine Schuld durch ein zuständiges Gericht erwiesen ist..."[111] zu.

Man findet dieses Prinzip auch in den Verfassungen Kameruns und Togos (Absatz 16 der Präambel der kamerunischen Verfassung; Artikel 18 der togoischen Verfassung); die senegalesische Verfassung enthält keine ausdrückliche Aussage zu diesem Grundsatz. Aber da Artikel 79 der senegalesischen Verfassung den ordnungsgemäß vom Senegal ratifizierten und verabschiedeten Verträgen und Abkommen einen übergeordneten Rang einräumt, und da der senegalesische Staat diesen verschiedenen internationalen Übereinkommen beigetreten ist, ergibt sich daraus, dass im senegalesischen Recht dieses Recht anerkannt und garantiert wird.

Die Aufnahme dieses Grundsatzes in die Grundgesetze wäre ein Fortschritt in der Berücksichtigung der Menschenrechte in unseren Ländern. Denn in diesen

111 Eigene Übersetzung.

Ländern werden die mutmaßlichen Täter eines Verbrechens oder eines Vergehens schnell von den Medien der Öffentlichkeit in einem Licht präsentiert, das sie zu Schuldigen macht. Die Schuldvermutung gewinnt dann die Oberhand über die Unschuldsvermutung. Dies hat zur Folge, dass man, anstatt die wirklichen Täter zu bestrafen, diejenigen verurteilt, die sich nichts haben zuschulden kommen lassen.

Es ist daher wichtig, dass die Gesetzgeber die Modalitäten eines entsprechenden Schutzes vorsehen, und zwar im Detail. Für den von einem Gerichtsverfahren Betroffenen wäre es dann wichtig, dass ihm gesetzliche Mittel zur Einhaltung dieser Unschuldsvermutung zuerkannt werden und er im Falle des Verstoßes eine Entschädigung erhält.[112]

Das Recht auf einen fairen Prozess und auf Aburteilung innerhalb einer angemessenen Frist

Um es dem Angeschuldigten zu ermöglichen, seine Unschuld zu beweisen, sollte er innerhalb einer angemessenen Frist und im Rahmen eines zuverlässigen und fairen Prozesses abgeurteilt werden. Dies ist in der togoischen Verfassung ausdrücklich niedergelegt in Artikel 19, wo es heisst: Jeder hat in jeder Rechtssache das Recht, dass seine Sache fair und innerhalb einer angemessenen Frist von einem unabhängigen und unparteiischen Gericht gehört und entschieden wird.

Was das senegalesische und das kamerunische Grundgesetz angeht, so stellt man fest, dass zwar dieses Recht dort nicht ausdrücklich verankert ist, die Erfordernis, innerhalb einer angemessenen Frist abgeurteilt zu werden und das Recht auf einen fairen Prozess jedoch über die innerstaatlichen Verfassungsnormen Geltung haben. Denn die Verfassunggeber beider Länder haben das Bekenntnis zu den Grundfreiheiten und den Menschenrechten niedergelegt, so wie sie in den internationalen Menschenrechtsbestimmungen enthalten sind. Somit ist dort auch die Zusicherung enthalten, dass „jeder Mensch in voller Gleichberechtigung Anspruch auf ein der Billigkeit entsprechendes und öffentliches Verfahren vor einem unabhängigen und unparteiischen Gericht hat..."[113]

Diese Gedanken werden vom Internationalen Pakt über bürgerliche und politische Rechte in zwei Artikeln (Art. 9 Abs. 3 und Art. 14) aufgenommen[114].

---

112 M.M. Véron, Droit pénal spécial, 5. Aufl., S. 130, zitiert von R. Mevoungou Nsana in: La constitution du 18 janvier 1996 et le droit pénal au Cameroun, in: Revue de la Commission africaine des droits de l'homme et des peuples, Bd. 7 (1998), S. 164.

113 Artikel 10 der Allgemeinen Erklärung der Menschenrechte.

114 Art. 9 Abs. 3: Jeder, der unter dem Vorwurf einer strafbaren Handlung festgenommen worden ist oder in Haft gehalten wird, muß unverzüglich einem Richter oder einer gesetzlich zur Ausübung richterlicher Funktionen ermächtigten Amtsperson

Die Afrikanische Charta der Menschenrechte und Rechte der Völker sieht in Art. 7 Abs. 1 Buchst. d das Recht vor, innerhalb einer angemessenen Frist durch ein unparteiisches Gericht abgeurteilt zu werden.

Um den internationalen Normen Rechnung zu tragen, integriert der senegalesische Gesetzgeber diese Rechte in das senegalesische Strafrecht. Gemäß Artikel 381 der Strafprozessordnung (*Code de procédure pénale - C.P.P.*) muss jemand, der auf frischer Tat festgenommen und dem Staatsanwalt vorgeführt wird (...), wenn gegen ihn ein Haftbefehl ergeht, unverzüglich der gerichtlichen Verhandlung zugeführt werden. Gemäß Artikel 382 desselben Gesetzes muss, falls an diesem Tag keine Gerichtsverhandlung stattfindet, der Beschuldigte am darauffolgenden Tag in der Gerichtsverhandlung vorgeführt werden, wobei das Gericht erforderlichenfalls eigens auf Antrag der Staatsanwaltschaft einberufen wird.

Leider stellt sich trotz aller dieser Vorkehrungen die gerichtliche Realität anders dar. Die Haft, die die Ausnahme sein sollte, wird zur Regel; die Untersuchungshaft ist abnorm häufig und lang. Beschuldigte warten Monate oder gar Jahre auf ihr Gerichtsverfahren wegen Bagatelltaten oder -vergehen oder einfach nur, um für unschuldig erklärt zu werden.

So zählte beispielsweise am 30. März 1996 das Zentralgefängnis von Yaunde (Kamerun) 1702 Untersuchungshäftlinge von insgesamt 2572 Gefangenen insgesamt; am 29. November 1996 befanden sich von 907 Häftlingen im Zentralgefängnis von Dakar (Senegal) 711 in Untersuchungshaft. Die Beschuldigten erleiden eine lange Haft für nicht erwiesene Taten, deren Prüfung vor Gericht dann zur Feststellung ihrer Unschuld führt. Falls nach langer Haft die Schuld bewiesen wird, kaschieren die Richter häufig ihre Ratlosigkeit damit, dass sie ein Strafmaß aussprechen, das mit dem Zeitraum übereinstimmt, den der Beschuldigte in Haft verbracht hat. Und weder im togoischen, noch im senegalesischen oder kamerunischen Strafgesetz gibt es besondere Vorschriften zur Wiedergutmachung des schwerwiegenden Unrechtes, das diese Menschen erleiden.

2.2.4 Schutz des Rechts auf Eigentum

Das von Artikel 17 der Allgemeinen Erklärung der Menschenrechte garantierte Eigentumsrecht sieht vor, dass „jeder Mensch, sowohl alleine als auch in Ge-

---

vorgeführt werden und hat Anspruch auf ein Gerichtsverfahren innerhalb angemessener Frist oder auf Entlassung aus der Haft.

Artikel 14: Jedermann hat Anspruch darauf, dass über eine gegen ihn erhobene strafrechtliche Anklage oder zivilrechtliche Ansprüche und Verpflichtungen durch ein zuständiges, unabhängiges, unparteiisches und auf Gesetz beruhendes Gericht in billiger Weise verhandelt wird.

meinschaft, das Recht auf Eigentum hat. Niemand darf willkürlich seines Eigentums beraubt werden". Artikel 14 der Afrikanischen Charta der Menschenrechte und Rechte der Völker garantiert dieses Recht ebenfalls, allerdings mit einer Einschränkung. Sie sieht vor, dass in das Recht auf Eigentum im Falle öffentlicher Notwendigkeit oder im allgemeinen Interesse der Gemeinschaft werden darf.

Dieses Recht wird von den drei Grundgesetzen garantiert (Artikel 12 der senegalesischen Verfassung; Artikel 27 der togoischen Verfassung und Präambel der kamerunischen Verfassung), die sich alle dazu bekennen, dass dieses Recht nur im Falle öffentlicher Notwendigkeit verletzt werden darf, die in gesetzlicher Form festgestellt wurde, und nur gegen eine gerechte und vorherige Entschädigung[115]. In der Realität ist der Schutz des Privateigentums des Einzelnen nach wie vor mit Problemen behaftet, und zwar in zwei Fällen: Im Falle des Entzuges des Eigentumsrechtes aus Gründen des Gemeinwohls und im Falle des Eigentumsrechtes der Frau.

Was die Verletzung des Eigentumsrechtes aus Gründen des Gemeinwohls betrifft, so stellt man fest, dass es bei der Anwendung dieser Bestimmung oft Unregelmäßigkeiten gibt und sie der Verwaltung häufig Gelegenheit zu Missbrauch bietet, die dann unter dem Vorwand der „Gründe des Gemeinwohls" den Bürgern ihr Eigentum und ihr Eigentumsrecht entzieht, ohne sie zu entschädigen, oder aber unter Bewilligung von Entschädigungen, die dem Wert des entzogenen Eigentums nicht entsprechen.

In der politischen Landschaft Togos gibt es unzählige Beispiele dieser Art; mit Ministerialerlass Nr. 77/83 vom 29. März 1977 wurde ein Grundstück seinen Eigentümern aus Gründen des Gemeinwohls entzogen (Bau der Residenz des Staatspräsidenten); eine Entschädigung der Eigentümer aber gab es bis heute nicht. Ebenso wurde mit gesetzesvertretender Verordnung (Ordonnance) Nr. 22 vom 9. Juli 1973 ein Nationalpark mit einer Fläche von 86.180 Hektar ausgewiesen; die Bewohner dieses Gebietes wurden unangebrachterweise aus Gründen des Gemeinwohls vertrieben, wobei diese Vertreibungen nicht den Erfordernissen des Dekrets Nr. 45-2016 vom 1. September 1945 entsprachen, in dem die Enteignung aus Gründen des Gemeinwohls geregelt ist.

115 Diese vom allgemeinen Interesse geforderte Einschränkung beruht auf den Grundsätzen der französischen Erklärung der Menschen- und Bürgerrechte von 1789, die in Artikel 17 vorsieht, dass: „da das Eigentum ein unverletzliches und geheiligtes Recht ist, niemand dieses Rechts beraubt werden darf, es sei denn die vorschriftsmäßig festgestellte öffentliche Notwendigkeit erfordert dies offenkundig, und unter der Bedingung einer gerechten und vorherigen Entschädigung" (Eigene Übersetzung).

Im Senegal beispielsweise verweigert man in subtilerer und legalerer Weise den Menschen, deren Eigentumsrechte aus Gründen des Gemeinwohls verletzt werden, eine angemessene und gerechte Entschädigung. Denn die Frage der Entschädigung wird durch das Verfahren zur Enteignung aus Gründen des Gemeinwohls und zu anderen Grundstücksmaßnahmen des öffentlichen Gemeinwohls (Gesetz Nr. 76-67 vom 2. Juli 1976) geregelt. Nun aber stellt man fest, dass in der Begründung dieses Gesetzes der senegalesische Gesetzgeber die Ansicht vertrat, dass der Eigentümer nicht Nutznießer des Mehrwertes sein sollte, der sich durch Stadtplanungsmaßnahmen und Erschließung ergab. Aus diesem Grund wurde mit Dekret Nr. 88-074 vom 18. Januar 1988 der Bodenpreis für das ganze Staatsgebiet festgelegt. Auf diese Weise eignet sich die senegalesische Regierung das Eigentum anderer jenseits der Gesetze des Marktes an, des einzigen echten Maßstabes für den Wert eines Gutes.

Was die Frauen betrifft, so ist für sie die Erlangung von Eigentum, insbesondere von Grundstückseigentum, schwierig. Die Gewohnheitsregeln sind für Frauen sehr diskriminierend. Von Erbschaften beispielsweise werden sie völlig ausgeschlossen, es werden ihnen nur sehr geringfügige Rechte zuerkannt. So hat beispielsweise nach der Douala-Sitte in Kamerun die Frau kein Recht auf ein Erbe, auch nicht auf die Teilung der Erbschaft, die nur unter den männlichen Kindern erfolgt.

In Kamerun besteht außerdem trotz der Harmonisierung der Gesetze im französischen und englischen Teil Kameruns die Dualität teilweise fort. So haben in den süd-westlichen und nord-westlichen Provinzen in den Bereichen Scheidung, Ehesachen und Erbsachen Gesetze englischen Ursprungs Geltung.

Aus dem Grundsatz der Einheit des Vermögens im System des *Common Law*[116] ergibt sich, dass eine Frau kein Vermögen besitzen kann. Demzufolge wird der Ehemann nach der Eheschließung Eigentümer des gesamten Vermögens seiner Frau, einschließlich dessen, was sie vor der Eheschließung erworben hat, ebenso wie aller Mieteinnahmen und Gewinne aus Grundstückseigentum während der Ehe. Diese Regel wurde aber durch eine Reihe von Gesetzen und nachfolgende Änderungen abgemildert.

In Togo sind, obwohl das Gesetz über Personen und Familie der Frau ein Recht auf volles Eigentum über die ihr von ihrem Mann hinterlassenen Güter zuerkennt, diese Bestimmungen ohne Wirkung, da ihre Anwendung dem Artikel 391 desselben Gesetzes unterliegt. Dieser Artikel wiederum fordert, dass der Verstorbene zu Lebzeiten per Testament auf das Erbgewohnheitsrecht verzichtet hat. Der eher seltene Gebrauch eines Testaments hat zur Folge, dass die Mehrzahl der Erbfälle unter das Gewohnheitsrecht fallen, das nicht zulässt, dass die

116 vgl. Guide pratique des droits de la femme camerounaise, S. 150.

Frau Eigentum an Grundstücken erwerben kann. Die Frauen werden so ihres Rechtes auf Eigentum beraubt. Im übrigen darf man nicht aus dem Blick verlieren, dass in Afrika, wo immer noch Familie, Kulturgemeinschaft und Stamm eine herausragende Rolle spielen, die Umsetzung der Garantie des Rechts auf Eigentum im gleichen Rang wie in den westlichen Ländern in der Realität schwierig, wenn nicht unmöglich ist.

2.2.5 Die durch die Demokratiebewegungen errungenen Freiheiten

Die Freiheiten, die sich aus der Etablierung des Mehrparteiensystems ergeben haben, sind folgende: Die freie Meinungsäußerung und die Pressefreiheit; die Vereinigungsfreiheit, die Versammlungs- und Demonstrationsfreiheit; das Streikrecht.

2.2.5.1 Freie Meinungsäußerung und Pressefreiheit

Die freie Äußerung seiner Meinung ist die unmittelbare Folge des Rechtes auf Information; sie gilt nicht nur für die Ideen und Informationen, die als ungefährlich angesehen werden und vom Staat akzeptiert werden, sondern auch für die Meinung, die ihn kritisiert und schockiert. Sie kann als der „Wächter der Demokratie“ angesehen werden[117].

Die freie Meinungsäußerung ist in verschiedenen internationalen Normen verankert, wie der Allgemeinen Erklärung der Menschenrechte (Artikel 19), der Afrikanischen Charta der Menschenrechte und Rechte der Völker (Artikel 9) und dem Internationalen Pakt über bürgerliche und politische Rechte (Artikel 19). Diese Freiheit darf nicht eingeschränkt werden, außer durch ein Gesetz.

Der Senegal verankerte bereits in seiner Verfassung von 1963, in Artikel 8, diese Freiheit, die unter französische Gesetze fiel. In den siebziger Jahren wurde, um die ungeordnete Meinungsäußerung und den Wildwuchs der senegalesischen Presse zu reglementieren und zu kontrollieren, das Gesetz Nr. 79-44 vom 17. April 1979 über Presseorgane und den Beruf des Journalisten verabschiedet.

Was Togo und Kamerun angeht, so sind diese Freiheiten, genannt die „Kritik-Freiheiten“[118], die dem togoischen und kamerunischen Volk jahrzehntelang

117 Leclerc Henri (Rechtsanwalt in Paris und Präsident der Menschenrechtsliga), Kommentar zu Artikel 19 der Allgemeinen Erklärung der Menschenrechte, in der Zeitschrift Le Monde: cahier spécial déc.1998.

118 Palouki Massina, a.a.O., S. 192.

verweigert wurden, in den neuen Verfassungen verankert (Artikel 25 Absatz 1 und Artikel 26 Absatz 2 in Togo und Absatz 21 der kamerunischen Präambel).

Daher wurden Pressegesetze verabschiedet[119], mit denen die Bedingungen und Grenzen dieses Rechtes festgelegt wurden. Der Verabschiedung dieser Gesetze folgte eine große Bewegung freier Meinungsäußerung; eine Fülle privater Presseorgane entstanden. So gab es beispielsweise in Kamerun in den Jahren 1994 und 1995 siebenunddreißig Zeitungen; Senegal hatte acht und Togo rund dreißig.

Die Ausübung des Rechtes auf freie Meinungsäußerung und die Pressefreiheit sind eingeschränkt durch die Repression, der die Pressevertreter, ja sogar die Zeitungsverkäufer ausgesetzt sind. Afrikanische Journalisten bezahlen einen hohen Preis für die Verteidigung dieses Rechtes; sie werden oft Opfer willkürlicher Verhaftungen aus politischen Gründen; sie werden der Verbreitung falscher Nachrichten beschuldigt, wie der Beleidigung oder Verleumdung des Staatschefs. In Kamerun beispielsweise wurde die Tatsache, dass ein Artikel veröffentlicht wurde, in dem die Handlungsweise des Staatspräsidenten und des Staatssekretärs kritisiert wurde, als Beleidigung des Staatschefs angesehen. In diesem Land kann ein Journalist leichter inhaftiert werden, als ein Krimineller[120]; denn der Journalist, der einer Beleidigung beschuldigt wird, verfügt beispielsweise über fünf Tage, um die Beweise zu liefern, während der Ankläger über drei Jahre verfügt. Das Ministerium für Territorialverwaltung hat die Möglichkeit, eine Zeitschrift ohne Frist sicherzustellen und zu verbieten, die angeblich die öffentliche Ordnung gefährdet[121].

Im Falle Togos stößt der Genuss dieser Grundfreiheit ebenfalls auf viele Hindernisse. Die Journalisten werden willkürlich wegen Verleumdung oder Beleidigung des Staatschefs verhaftet; die Räume der Zeitschriften werden von Angehörigen der togoischen Armee in Trümmer gelegt.

Um die freie Ausübung dieser Freiheit zu verhindern und die Presse zum Schweigen zu bringen, wurde vom togoischen Parlament am 4. Januar 2000 ein

---

119 Im Togo das Gesetz Nr. 90-25 vom 30. November 1990; in Kamerun das Gesetz Nr. 90/052 von Dezember 1990, geändert durch Gesetz Nr. 96/04 vom 4. Januar 1996.

120 In: Mémorandum au Gouvernement sur les problèmes de la presse camerounaise du 21 février 1998, unveröffentlicht, Collectif des Presses privées.

121 Art. 17 Abs. 1 des Gesetzes Nr. 96/04 vom 4. Januar 1996 zur Änderung des Gesetzes Nr. 90/052 vom 19. Dezember 1990 bestimmt:
„Im Falle der Gefährdung der öffentlichen Ordnung oder der guten Sitten:
- kann die Sicherstellung eines Presseorgans durch die örtlich zuständige Verwaltungsbehörde ausgesprochen werden;
- kann das Verbot des Presseorgans durch den mit der Territorialverwaltung beauftragten Minister ausgesprochen werden.“ (eigene Übersetzung).

Gesetz verabschiedet, das dem Minister für Inneres und Sicherheit die Befugnis gibt, durch Erlass die Sicherstellung der Exemplare jeder in Verkauf gebrachten, verteilten oder öffentlich ausgestellten Veröffentlichung anzuordnen. Artikel 26 Absatz 3 der togoischen Verfassung legt jedoch fest, dass „die Presse nicht der vorherigen Erlaubnis, der Bürgschaft, der Zensur oder anderen Behinderungen unterworfen werden darf. Das Verbot der Verbreitung jeder Veröffentlichung kann nur aufgrund eines Gerichtsurteils erfolgen."[122] Mit diesem verfassungswidrigen Gesetz beendeten die togoischen Machthaber ihr Werk, das darin bestand, dem Volk die Freiheiten wieder abzunehmen, die es bei den Demokratiebewegungen von 1990 errungen hatte.

Der Preis für die freie Meinungsäußerung ist sehr hoch in unseren Ländern. Wie sieht es nun mit der Vereinigungs- und Versammlungsfreiheit und dem Demonstrationsrecht aus?

2.2.5.2 Die Vereinigungsfreiheit, die Versammlungsfreiheit und das Demonstrationsrecht

Die Versammlungsfreiheit, die eng mit dem Recht auf freie Meinungsäußerung verbunden ist, findet sich in Artikel 20 der Allgemeinen Erklärung der Menschenrechte von 1948, Artikel 21 des Internationalen Paktes über bürgerliche und politische Rechten und Artikel 10 der Afrikanischen Charta der Menschenrechte und Rechte der Völker.

Diese Freiheit ist auch durch die senegalesische Verfassung (Art. 9), die togoische Verfassung (Art. 30) und Absatz 21 der Präambel der kamerunischen Verfassung garantiert.

Anders als im Senegal, der bereits Erfahrung mit dem Mehrparteiensystem hatte, gab es in Togo und in Kamerun ab den neunziger Jahren eine Fülle von Neugründungen von Vereinigungen und politischen Parteien.

Trotz dieser großen Anzahl von politischen Parteien und Vereinigungen ist das Einparteiensystem jedoch in Wahrheit noch nicht überwunden. Den Vereinigungen und den politischen Parteien gelingt es nicht, sich am politischen Geschehen zu beteiligen, denn die Einheitsparteien haben sich als dominierende Parteien etabliert; sie verhalten sich weiterhin wie Staatsparteien und hindern so die anderen Parteien daran, im demokratischen Geschehen Fuß zu fassen.

Was die **Versammlungsfreiheit und das Demonstrationsrecht** betrifft, die sich aus der Vereinigungsfreiheit ableiten, so ist es in der Praxis ebenfalls schwierig, in den Genuß dieser Rechte zu kommen. Die Genehmigung von Demonstrationsanträgen politischer Parteien (Meetings, Friedensmärsche usw.)

122 Eigene Übersetzung.

wird häufig durch die Verwaltungsbehörde versagt, stereotyp aus Gründen der öffentlichen Ordnung, oder aber es werden erlaubte Demonstrationen brutal unterdrückt. An Beispielen hierfür fehlt es in der politischen Landschaft unserer Länder nicht.

In Togo, wo der Oppositionsführer als Feind behandelt wird, stößt man auf zahlreiche Hindernisse, wenn man Demonstrationen organisieren möchte, vor allem im Landesinneren. Das Beispiel der politischen Partei Aktionskomitee für die Erneuerung *(Comité d'Action pour le Renouveau - CAR)* vom 9. November 1997 illustriert dies ganz deutlich: Der Parteiführer des *CAR*, Agboyibor, wollte ein Meeting in Bafilo organisieren, einem Ort im Norden Togos. Nachdem Druck auf den Ortsvorstand und den Imam ausgeübt worden war, unterzeichneten diese einen Tag vor dem Meeting eine Erklärung, die Drohungen gegen Agboyibor enthielt und ihm verbot, Bafilo zu betreten. Diese Erklärung wurde über die Medien verbreitet.

Trotz dieses Einschüchterungsversuchs kam die Delegation des CAR unter Leitung ihres Führers am 9. November 1997 nach Bafilo. Bei ihrer Ankunft im Ort wurde der Parteiführer von zwei Soldaten (militante Kämpfer des *R.P.T.*) angegriffen und verletzt[123]. Obgleich sich die Angreifer zu dem Akt bekannten, unternahm die Polizei des Ortes nichts, um sie festzunehmen.

Man stellt fest, dass trotz der Verankerung der Bürgerrechte und der politischen Rechte in den drei Verfassungen der Genuß dieser Rechte in Wirklichkeit auf große Hindernisse stößt. Wie steht es nun um die wirtschaftlichen, sozialen und kulturellen Rechte?

2.2.6 Vernachlässigung der wirtschaftlichen, sozialen undkulturellen Rechte

Man stellt fest, dass die wirtschaftlichen, sozialen und kulturellen Rechte gegenüber den bürgerlichen und politischen Rechten eine Randposition einnehmen. Die Staaten betonen die Förderung dieser Rechte, ohne aber die Einhaltung und den Schutz stricto sensu zu gewährleisten. Auch haben die Programme struktureller Anpassung, die den drei Ländern durch Weltbank und IWF auferlegt wurden, sowie die Abwertung des CFA-Francs im Jahre 1994, die Entfaltung dieser Rechte nicht begünstigt.

Dennoch vertreten wir die Auffassung, trotz wirtschaftlicher Zwänge und Probleme, dass unsere Länder Verpflichtungen eingegangen sind, die sie versuchen sollten einzuhalten.

---

123 vgl. Zeitschrift „Le regard" Nr. 157 vom 09. bis 15. November 1999, S. 2.

Das Recht auf Arbeit ist durch Artikel 23 der Allgemeinen Erklärung der Menschenrechte und Artikel 15 der Afrikanischen Charta der Menschenrechte und Rechte der Völker geschützt.

In der togoischen Verfassung ist das Recht in Artikel 37 verankert, „der Staat erkennt jedem Bürger das Recht auf Arbeit zu und bemüht sich, die Bedingungen für den tatsächlichen Genuss dieses Rechtes zu schaffen“; gemäß Art. 20 der senegalesischen Verfassung hat jeder das Recht zu arbeiten und das Recht, auf eine Beschäftigung Anspruch zu erheben, und Absatz 27 der Präambel der kamerunischen Verfassung sieht vor, dass jeder Mensch das Recht und die Pflicht hat zu arbeiten.

Man stellt fest, dass der togoische Verfassungsgeber dem togoischen Staat keinerlei Verpflichtung in Bezug des Rechtes auf Arbeit auferlegt; er muss sich nur „bemühen“, um die Bedingungen für den tatsächlichen Genuss dieses Rechtes zu schaffen. Es handelt sich eher um ein angestrebtes Ziel, um ein in der Zukunft zu erreichendes Ideal.

Die togoische Regierung ist daher in diesem Bereich völlig untätig. So hat beispielsweise Staatspräsident Eyadema seit Beginn der Wirtschaftskrise immer eine Lösung gefunden, um die Militärs und seine Vertrauensleute bezahlen zu können. Während gleichzeitig für die anderen Arbeitnehmer das Recht auf Lohn nicht mehr garantiert ist. Im März 2000 war der togoische Staat bei der Bezahlung der Beschäftigten im Gesundheitswesen mit 14 Monatslöhnen im Rückstand, mit 17 Monaten bei den Lehrern der Konfessionsschulen und mit mehr als 6 Monaten bei einigen Justizbediensteten, darunter den Urkundsbeamten. [124]

Nach der senegalesischen und kamerunischen Verfassung ist das Recht auf Arbeit ein jedem Bürger zustehendes Grundrecht; der Staat muss alles daransetzen, seinen Bürger zu helfen, eine Beschäftigung zu finden.

So hat auch die Frau ein Recht auf Arbeit. In der Realität aber stellt man fest, dass es immer noch eine Diskriminierung der Frau gegenüber dem Mann gibt.

Im togoischen und kamerunischen Recht erlaubt das Gesetz dem Ehemann immer noch, sich der Erwerbstätigkeit seiner Frau zu widersetzen, wenn er nachweisen kann, dass dies im Interesse der Familie ist[125]. Die Frau kann dann den Einspruch ihres Ehemannes vor Gericht anfechten, indem sie den Beweis erbringt, dass ihre Arbeit keine negativen Auswirkungen auf die Familie hat.

Doch unterliegt die Fortsetzung der Erwerbstätigkeit nur dem Ermessen des Richters, der nur dann der Frau die Erlaubnis erteilt, ihre Erwerbstätigkeit fort-

---

124 Vgl. Le Regard (togoische Wochenzeitschrift) vom 07. bis 13. März 2000, Nr. 171, S. 8.

125 vgl. Artikel 109 des Gesetzes über Personen und die togoische Familie und das kamerunische Gesetz Nr. 89/02 vom 29. Juni 1981 zur Regelung des Personenstandes.

zusetzen, wenn er der Ansicht ist, dass der Widerspruch des Ehemannes nicht gerechtfertigt ist. Diese Bestimmung ist nicht geeignet, die Entfaltung der Frau zu fördern und verletzt den Grundsatz der Gleichheit aller Bürger vor dem Gesetz, der sowohl in der togoischen als auch in der kamerunischen Verfassung verankert ist.

Das **Recht auf Bildung**, garantiert durch Artikel 26 der Allgemeinen Erklärung der Menschenrechte und Artikel 17 der Afrikanischen Charta der Menschenrechte und Rechte der Völker, ist ein Grundrecht, ohne das alle anderen dem Menschen zuerkannten Rechte ihre Bedeutung verlieren würden. Zur Tragweite dieses Rechtes sagt Maurice Duverger, es könnten ohne dieses Recht das allgemeine Wahlrecht, die parlamentarische Kontrolle, die öffentlichen Freiheiten (...) nicht wirklich greifen [126].

Was den Senegal betrifft, so ist in Artikel 8 der Verfassung des Grundsatzes festgelegt, dass jeder das Recht hat, ungehindert die allen zugänglichen Bildungsmöglichkeiten wahrzunehmen. In Artikel 16 wird weiter ausgeführt, dass der Staat und die Gebietskörperschaften die Voraussetzungen und öffentlichen Einrichtungen zur Gewährleistung der Bildung der Kinder schaffen. Schließlich sehen Artikel 17 und 18 vor, dass die Bildung sowohl durch öffentliche und private Schulen als auch durch religiöse Einrichtungen und Gemeinschaften wahrgenommen wird.

Was die togoische Verfassung betrifft, so heißt es zunächst in Artikel 30 Absatz 2, dass die private konfessionelle und laizistische Bildung anerkannt wird. Weiter verpflichtet Artikel 31 die Eltern dazu, für die Bildung ihrer Kinder zu sorgen. Sie werden bei dieser Aufgabe durch den Staat unterstützt. Schließlich hat nach Artikel 35 der Staat die Aufgabe, die Voraussetzungen dafür zu schaffen, dass die Bürger tatsächlich in den Genuss dieses Rechtes kommen. Ebenso ist für die Kinder beiderlei Geschlechtes die Schulpflicht vorgesehen.

Im Vergleich zur senegalesischen und togoischen Verfassung ist die kamerunische Verfassung präziser und verbindlicher. Nicht nur, dass der Grundschulunterricht obligatorisch ist, der Staat hat auch die unbedingte Pflicht, ihn zu organisieren und zu kontrollieren(Präambel).

Angesichts der wirtschaftlichen Probleme jedoch ist trotz der wohlklingenden Verfassungsvorschriften entweder die Vernachlässigung dieser Pflicht durch den Staat oder gar sein völliger Rückzug aus der Verantwortung zu beobachten.

Im Falle Togos beobachtet man seit 1993 den zunehmenden Rückzug der togoischen Regierung aus dem staatlichen Erziehungswesen. Dieser Rückzug ist durch die Nichtzahlung von Stipendien an Schüler und Studierende und die

---

126 Duverger Maurice, Les institutions politiques et droit constitutionnel, Thémis (2 Bände), 1990, S. 509 (Eigene Übersetzung).

Nichtzahlung von Gehältern an das Lehrpersonal gekennzeichnet. Diese Reaktion der Regierung von Eyadema war eine Strafaktion gegen die undankbaren Studenten, die am 5. Oktober 1990 die Demokratiebewegung ausgelöst hatten.

Diese Situation hat sich in den letzten Jahren noch weiter verschärft; die Regierung zog sich völlig aus der Finanzierung der staatlichen Schulen zurück, indem sie durch den Ministerialerlass Nr. 013 MEN-R/CAB des nationalen Erziehungs- und Forschungsministeriums vom 7. März 2000 „die Elternverbände autorisierte, Lehrer für die staatlichen Grundschulen anzuwerben, die Gehälter mit ihnen auszuhandeln und einen Arbeitsvertrag mit ihnen abzuschließen", mit anderen Worten, selbst die staatliche Schule zu übernehmen.; und das, wo doch in Togo die überwiegende Mehrheit (80 %) ein sehr geringes Einkommen hat. Sie wird ihre Kinder weder auf Privatschulen, noch ins Ausland schicken können. Die Folge ist, dass die große Mehrheit der togoischen Kinder und Jugendlichen von der Bildung ausgeschlossen ist, die einer kleinen Minderheit von Kindern privilegierter Familien vorbehalten ist.

Im Senegal und in Kamerun beobachtet man, trotz des hohen Stellenwertes, der dem Recht auf Bildung eingeräumt wird, ebenfalls die Vernachlässigung dieses Bereiches durch die Regierenden.

Im Senegal beispielsweise steht man vor dem schwerwiegenden und leidvollen Problem der „Talibés", das die senegalesische Regierung bisher nicht in den Griff bekommen hat: Einige Eltern, die nicht die Mittel haben, um ihre Kinder auf eine moderne Schule zu schicken, vertrauen sie den Marbuts an, damit sie eine religiöse Erziehung genießen. Diese Marbuts, die nicht in der Lage sind, für den Unterhalt dieser zahlreichen Kinder zu sorgen, schicken sie zum Betteln. Tag für Tag bevölkern sie die Straßen der Großstädte auf der Suche nach ihrem täglichen Brot und sind allen Risiken von Vagabundentum, Kriminalität, Drogenkonsum, Kinderprostitution usw. ausgesetzt. Diese Kinder haben häufig letzten Endes weder eine echte traditionelle religiöse, noch eine moderne Erziehung; sie blähen des Heer der Analphabeten weiter auf und können nicht in das Berufsleben eingegliedert werden.

Das **Recht auf Gesundheit** ist durch Artikel 25 der Allgemeinen Erklärung der Menschenrechte garantiert, wonach „jeder Mensch Anspruch auf eine Lebenshaltung hat, die seine und seiner Familie Gesundheit und Wohlbefinden einschließlich Nahrung, Kleidung, Wohnung, ärztlicher Betreuung und der notwendigen Leistung der sozialen Fürsorge gewährleistet..."; die Afrikanische Charta der Menschenrechte und Rechte der Völker legt in Artikel 16 fest, dass: jeder Mensch das Recht hat, in den Genuss des besten Zustandes körperlicher und geistiger Gesundheit zu kommen, den zu erreichen er in der Lage ist.

Die Mitgliedstaaten dieser Charta verpflichten sich, die erforderlichen Maßnahmen zu ergreifen, um die Gesundheit ihrer Bevölkerung zu schützen und die medizinische Versorgung im Falle von Krankheit zu gewährleisten.

Dieses Recht ist Bestandteil von Artikel 14 der senegalesischen Verfassung, demzufolge der Staat und die Gebietskörperschaften die Pflicht haben, für die körperliche und seelische Gesundheit der Familie Sorge zu tragen.

In der togoischen Verfassung erkennt Artikel 34 den Bürgern das Recht auf Gesundheit zu, macht sie aber nicht zur Pflicht des Staates. Dieser muss nur an ihrer Förderung arbeiten. Im kamerunischen Grundgesetz ist das Recht auf Gesundheit nicht ausdrücklich verankert.

Wie auch bei dem Recht auf Bildung gelingt es unseren Staaten jedoch nicht, ihren Bürgern dieses Recht zu gewährleisten. Diese Untätigkeit des Staates bedeutet den Tod des größten Teils der Kranken, die nicht in der Lage sind, die Kosten für die Behandlung in den Privatkliniken oder bei Privatärzten oder auch nur die Mittel für die Fahrt dorthin aufzubringen.

Was die wirtschaftlichen, gesellschaftlichen und kulturellen Rechte angeht, so stellt man fest, dass die Umsetzung durch die afrikanischen Staaten im Allgemeinen und durch den Senegal, Togo und Kamerun im Besonderen sehr schwierig wird aufgrund der Programme zur strukturellen Anpassung, die durch den Internationalen Währungsfonds und die Weltbank durchgesetzt wurden und die dazu beitragen, unsere Länder immer weiter in Armut und Elend zu treiben.

2.2.7 Minderheitenschutz und Schutz autochthoner Völker

Dieses Recht ist nur in der kamerunischen Verfassung verankert, wo es heißt: „Der Staat sichert den Schutz der Minderheiten und bewahrt die Rechte der autochthonen Völker."

In Kamerun geht es nicht um ethnische Minderheiten, sondern um eine sprachliche Minderheit, also eine Gruppe von Menschen, die dieselbe Sprache sprechen, und zwar Englisch. Trotz des durch die Verfassung garantierten Schutzes und ihrer Anerkennung als Minderheit stellt man aber fest, dass in der Realität die Anglophonen eher als Rebellen, als Feinde der Zentralregierung betrachtet werden. Auch deshalb, weil der anglophone Teil die Basis des politischen Hauptgegners von Präsident Paul Biya, John N'frundi (*SDF*), bildet. Wie immer in Afrika, so wird der Oppositionelle auch hier als Feind angesehen, und die Zentralregierung macht die Frage der anglophonen Minderheit gerne zu einer politischen Frage. Die Bevölkerung des anglophonen Teils beschuldigt die Zentralregierung, diesen Teil des Landes verkümmern zu lassen.

Die Verfassungen oder Grundgesetze unserer drei Länder proklamieren umfassend die Menschenrechte. Sie nehmen alle die Rechte auf, die in den großen Erklärungen und Verträgen zu den Menschenrechten enthalten sind. Es wurden dabei auch bestimmte Mechanismen zum Schutz der Menschenrechte auf nationaler Ebene eingerichtet. Doch muss man sich fragen, ob diese Mechanismen wirkungsvoll genug sind, um die Menschenrechtsverletzungen in diesen Ländern einzudämmen.

2.3 Die Schutzmechanismen für die Freiheiten auf nationaler Ebene

Die Schutzmechanismen für die Freiheiten variieren je nachdem, ob der Staat oder eine Privatperson (ein Einzelner oder eine Gruppe von Menschen) die Rechte verletzen. Geschehen die Verletzungen durch Privatpersonen, ist der ordentliche Richter für alle Angelegenheiten zuständig, die den Menschenrechtsschutz in Zivilsachen und in Strafsachen betreffen.

Für die Zwecke der vorliegenden Analyse erscheint es uns nicht von Bedeutung, näher auf den Schutz durch den Richter im Falle der Verletzung von Menschenrechten durch Privatpersonen einzugehen; denn leider stellt man fest, dass in Afrika die meisten Menschenrechtsverletzungen vom Staat ausgehen. Wir werden daher unser Augenmerk eingehender auf diejenigen Schutzmechanismen richten, die dem Bürger gegenüber dem Staat offen stehen.

Es gibt im wesentlichen zwei Arten von Schritten gegen den Staat: die gerichtlichen und die außergerichtlichen.

2.3.1 Die gerichtlichen Schritte gegen den Staat

Die Klage gegen den Staat im Rahmen des Menschenrechtsschutzes fällt unter die Zuständigkeit der Verfassungsgerichte, der Verwaltungsgerichte oder auch der ordentlichen Gerichte.

2.3.1.1 Klage vor den Verfassungsgerichten

Bis in die neunziger Jahre gab es in den meisten Ländern des frankophonen Schwarzafrika kein unabhängiges Verfassungsgericht.

Es war jeweils in den obersten Gerichtshof integriert und trug die Bezeichnung „Verfassungskammer“ oder „Verfassungsabteilung“. Diese Verfassungskammern oder -abteilungen existierten in der Theorie, hatten aber in Wirklichkeit keine Funktion. In Togo beispielsweise wurde bereits im Jahre 1981, mit dem Gesetz Nr. 81-4 vom 30. März über den Aufbau und die Funktion des Obersten Gerichtshofes, die Zuständigkeit und das Verfahren festgelegt, das vor der Verfassungskammer des obersten Gerichtes einzuhalten war. Danach aber dauerte es bis zum 16. April 1993, ehe diese Kammer tatsächlich gebildet wurde.

Seit 1990 wurden in den Verfassungen Verfassungsgerichtshöfe neben den obersten Gerichtshöfen verankert. Im Senegal durch Artikel 82 Absatz 1 der Verfassung, geändert durch Gesetz Nr. 92-22 vom 30.05.1992; dann wurde durch das Gesetz Nr. 94-55 vom 13.06.1994 dem Verfassungsrat die Befugnis verliehen, über die Verfassungsmäßigkeit von Gesetzen und internationalen Verpflichtungen zu entscheiden. In Togo ist seit dem 14. Oktober 1992 Titel VI dem Verfassungsgerichtshof gewidmet; der Gerichtshof besteht seit 1997 nach dem verfassungsergänzenden Gesetz Nr. 97-01 vom 8. Januar 1997. Gemäß Artikel 99 der Verfassung ist er „die oberste Gerichtsinstanz des Staates in Verfassungsangelegenheiten. Es entscheidet über die Verfassungsmäßigkeit der Gesetze und garantiert die Grundrechte der Menschen sowie die öffentlichen Freiheiten."[127]

In Kamerun ist in Artikel 46 (Titel VII der Verfassung von Januar 1996) festgelegt: „Der Verfassungsrat ist die in Verfassungsangelegenheiten zuständige Instanz. Er entscheidet über die Verfassungsmäßigkeit der Gesetze. Er ist das regulierende Organ für die Tätigkeit der Institutionen".[128]

Man unterscheidet derzeit weltweit drei Arten der Kontrolle der Verfassungsmäßigkeit von Gesetzen.

Sie unterscheiden sich in der Rolle, die dem Richter im Verfahren zukommt und die den Spielraum bestimmt, der dem Bürger verbleibt: zunächst einmal das System der Vereinigten Staaten von Amerika, in dem jeder Richter, also auch der gewöhnliche Richter, der Einrede der Verfassungswidrigkeit stattgeben kann. Es ist ganz normal, dass dort alle Gerichte, welcher Art auch immer, den Widerspruch irgendeiner Rechtsquelle zur Verfassung feststellen können. In einem solchen System ist der Bürger gut geschützt.

Dann das deutsche System, in dem ein Verfassungsgericht existiert, da ein gewöhnlicher Richter nicht befugt ist, ein vom Parlament verabschiedetes Gesetz außer Anwendung zu lassen.

Der Bürger verfügt jedoch über zwei Verfahrenswege, die ihm einen maximalen Schutz seiner Freiheiten gewährleisten: einerseits kann der Geschädigte eine Verfassungsbeschwerde gegen eine rechtskräftige Gerichtsentscheidung einreichen, die auf einem Gesetz beruht, das seiner Meinung nach die Grundrechte verletzt; andererseits kann der Betreffende direkt eine Verfassungsbe-

127 H. Baumann/ M. Ebert, a.a.O, S. 802.
128 H. Baumann/ M. Ebert, a. a. O., S. 422.

schwerde gegen eine gerichtliche Anordnung einreichen, die ihn möglicherweise aktuell in seinen Grundrechten verletzen würde. Der deutsche Bürger hat somit die Möglichkeit, eine direkte Gesetzeskontrolle zu bewirken.

In Frankreich kann der einzelne nur die ordentlichen Gerichte anrufen, die keine Kontrollbefugnis für die Verfassungsmäßigkeit der Gesetze haben. Dies hat zur Folge, dass der einzelne keine Klagemöglichkeit vor einer nationalen Instanz hat, um die Verletzung seiner Grundrechte durch den Gesetzgeber feststellen zu lassen.

Der Senegal, Togo und Kamerun mit ihrer französischen Rechtstradition haben sich zwar für das französische System entschieden, das für den Bürger das unvorteilhafteste ist, da er nur die ordentlichen Gerichte oder die Verwaltungsgerichte anrufen kann und diese einfachen Gerichte keinerlei Befugnis zur Kontrolle der Ordnungsmäßigkeit eines Gesetzes haben. Außerdem kann ein Gesetz, mit dem Menschenrechte verletzt werden, nur während einer ganz bestimmten Zeit vor das/den Verfassungsgericht/rat gebracht werden, und zwar in der Zeit zwischen Verabschiedung und Verkündung. Dies ist das aus dem französischen Recht stammende Prinzip der Nichtanfechtbarkeit eines verkündeten Gesetzes, das in den Artikeln 104 und 106 der togoischen Verfassung und in den Artikeln 47 und 50 der kamerunischen Verfassung verankert ist. Diese Situation, mit der die wirksame Kontrolle der eigentlichen Verfassungsmäßigkeit eingeschränkt wird, verhindert natürlich jede Erschütterung bereits geschaffener Rechtssituationen und zieht keinen Konflikt zwischen Richter und Gesetzgeber nach sich[129].

Von dem Prinzip der Unanfechtbarkeit des verkündeten Gesetzes gibt es manchmal eine Ausnahme: die Ausnahme der Verfassungswidrigkeit, die es erlaubt, das Verfassungsgericht nach der Verkündung eines Gesetzes wegen seiner Verfassungswidrigkeit anzurufen. Dieses Verfahren, das von der senegalesischen (Artikel 82) und der togoischen (Artikel 104) Verfassung vorgesehen ist, erlaubt es dem Einzelnen, im Laufe eines ihn betreffenden Verfahrens vor Gericht die Verfassungswidrigkeit eines Gesetzes geltend zu machen; dieses vertagt die Entscheidung und verweist die Sache vor das Verfassungsgericht.

Dieses Verfahren bietet dem Einzelnen, der Opfer einer Menschenrechtsverletzung ist, indirekt die Möglichkeit, den Verfassungsrichter anzurufen.

Gemäß Artikel 104 Abs. 5 kann die Einrede der Verfassungswidrigkeit eines Gesetzes vor jedem Richter geltend gemacht werden und ist an keine Frist gebunden; hingegen beschränkt Artikel 82 der senegalesischen Verfassung die Möglichkeit der Einrede der Verfassungswidrigkeit nur auf die höchsten Gerichte.

129 Jean-Marie Becet, Les droits de l'homme : dimensions nationales et internationales, Economica, Paris 1982, S. 267.

Die im Wege der Einrede ergangene Entscheidung gilt nicht nur für das laufende Verfahren. Sie gilt auch rückwirkend. Dies ergibt sich aus Artikel 104, Absatz 7 der togoischen Regierung, wo es heisst: „ein als verfassungswidrig erklärter Text kann nicht verkündet werden. Ist er schon in Kraft, muß er zurückgenommen werden.“[130]

In Kamerun hat selbst im Falle der Einrede der Verfassungswidrigkeit der einzelne keine Möglichkeit, das Verfassungsgericht anzurufen.

Um Wert und Wirksamkeit des Menschenrechtsschutzes durch den Verfassungsrichter zu beurteilen, sind außer dem Grundsatz der Nicht-Anfechtbarkeit weitere Kriterien, wie die Zusammensetzung, die Unabhängigkeit und die Bedingungen für die Anrufung der Verfassungsgerichte zu untersuchen.

Bei der **Zusammensetzung** des Verfassungsrates oder des Verfassungsgerichtshofes ist die Anzahl der Mitglieder je nach den Ländern unterschiedlich. Im Senegal sind es fünf (5) Mitglieder, darunter ein Präsident, ein Vizepräsident und drei Richter, ernannt durch Präsidialerlass für eine Amtszeit von sechs Jahren, die nicht verlängert werden kann. Artikel 4 Absatz 2 des Gesetzes Nr. 92-23 vom 30. Mai 1992 legt fest, dass zwei von fünf Mitgliedern außerdem aus der Mitte der Professoren und ehemaligen Amtsträger der Rechtsfakultäten, der Generalstaatsinspektoren und ehemaligen Generalstaatsinspektoren und der Rechtsanwälte gewählt werden können, mit der Bedingung, dass sie mindestens ein Dienstalter von fünfundzwanzig Jahren im öffentlichen Dienst haben oder ihren Beruf seit fünfundzwanzig Jahren ausüben.[131]

Die togoische Verfassung von 1992 fordert in Artikel 100 Absatz 3, dass die sieben Mitglieder des Verfassungsgerichtshofes „nur hochqualifizierte Juristen, Rechtslehrer oder -praktiker, mit mindestens 15-jähriger Berufserfahrung können unter den Bedingungen, die ein Organgesetz festlegt, in das Verfassungsgericht gewählt oder berufen werden“.

Der kamerunische Verfassungsrat „besteht aus elf (11) Mitgliedern, die für eine Amtsperiode von neun (9) Jahren, die nicht erneuert werden kann, berufen werden.

Die Mitglieder des Verfassungsrates werden aus den Reihen von Persönlichkeiten mit hohem beruflichem Ansehen ausgewählt. Sie müssen den Ruf großer moralischer Integrität und anerkannter Kompetenz genießen.“ (Artikel 51 (1))

---

130 H. Baumann/ M.Ebert, a.a.O., S.804.

131 Der originale Text des Artikels 4 Absatz 2 lautet: *„deux membres du Conseil sur cinq peuvent en outre être choisis parmi les Professeurs et anciens professeurs titulaires des facultés de droit, les inspecteurs généraux d'Etat et anciens inspecteurs généraux d'État, et les avocats, à condition qu'ils aient au moins vingt cinq ans d'ancienneté dans la fonction publique ou vingt cinq ans d'exercice de leur profession*".

Was versteht man nun unter „hohem beruflichem Ansehen"? Welche Personen haben ein hohes berufliches Ansehen ? Der vom kamerunischen Gesetzgeber verwendete Begriff ist sehr ungenau. Artikel 51 (2) jedoch gibt uns ein wenig genauer Aufschluss und erlaubt die Bestätigung, dass nicht alle Mitglieder des Rates ausgebildete Juristen sind[132].

Angesichts der Bedeutung und der Rolle des Verfassungsrichters denken wir, dass es unerlässlich ist, dass alle Mitglieder des Rates oder des Verfassungsgerichtshofes hochkarätige Juristen oder langjährige Praktiker sind, wie es die togoische Verfassung fordert, damit sie über die Verfassungswidrigkeit eines Gesetzes befinden, und die durch die Verfassungen verkündeten Rechte und Pflichten garantieren können.

Was die **Anrufung** des höchsten Gerichtes betrifft, so ist diese nicht nur einigen politischen Institutionen oder den Präsidenten öffentlicher Einrichtungen vorbehalten; sie wurde auch auf die Parlamentsmitglieder ausgedehnt. Allerdings ist die Anzahl der Parlamentsmitglieder, die für eine solche Klage erforderlich sind, in den drei Ländern unterschiedlich.

Nach Art. 47 der kamerunischen Verfassung ist die Anrufung des Verfassungsrates dem Staatspräsidenten, dem Präsidenten der Nationalversammlung, dem Senatspräsidenten und einem Drittel der Abgeordneten oder einem Drittel der Senatoren vorbehalten.

Die togoische Verfassung legt in Artikel 104 fest, dass der Verfassungsgerichtshof durch den Staatspräsidenten angerufen werden kann, durch den Premierminister, den Präsidenten der Nationalversammlung und ein Fünftel der Mitglieder der Nationalversammlung.

Nach der senegalesischen Verfassung ist die Anrufung des Verfassungsrates dem Staatspräsidenten und einer Anzahl von Abgeordneten vorbehalten, die mindestens ein Zehntel derr Mitglieder der Nationalversammlung darstellen muss (Artikel 63).

Man stellt fest, dass die Ausdehnung der Antragsberechtigung auf die Parlamentsmitglieder ein Zugeständnis der Länder ist, um den Zugang zum Verfassungsgericht zu öffnen und die Grundrechte und -freiheiten des Menschen besser zu schützen. Jedoch ist dieses Zugeständnis von keinerlei Nutzen insofern, als in unseren Ländern ein System des Ineinandergreifens der Gewalten herrscht.

---

132 In Artikel 51 (2) heisst es: „Die Mitglieder des Verwaltungsrates werden vom Präsidenten der Republik ernannt und in folgender Weise berufen:
- drei, davon der Präsident des Rates, vom Präsidenten der Republik;
- drei davon vom Präsidenten der Nationalversammlung nach Stellungnahme des Büros;
- drei davon vom Präsidenten des Senats nach Stellungnahme des Büros;
- zwei vom Obersten Justizrat.

In Togo beispielsweise war aus den Präsidentenwahlen 1998 Eyadema der offiziellen Auszählung zufolge mit rund 52 Prozent der Stimmen als Sieger hervorgegangen, gefolgt von dem Spitzenkandidaten der größten Oppositionspartei Union der Kräfte für die Veränderung (*Union des Forces du Changement - UFC*), Gilchrist Olympio. Die Opposition warf Eyadema massiven Wahlbetrug vor. Sie boykottierte wegen des Ablaufs der Präsidentenwahl die Parlamentswahlen im März 1999, so dass das derzeitige Parlament ausschließlich von der Regierungspartei *RPT* besetzt wird[133].

In einer solchen Situation, wo die Legislative, die Exekutive und sogar die Judikative in den Händen einer einzigen Person oder einer einzigen Partei liegt, sind die Grundlagen von Demokratie und Rechtsstaat zerstört; daher erweist sich trotz der wohlüberlegten Verfassungsbestimmungen der Schutz der Rechte und Freiheiten des Menschen als Utopie.

Zu diesen Lücken kommt das Problem der Sicherheit der Person, des Lebens des Verfassungsrichters in bestimmten Ländern wie in Togo. Der Verfassungsrichter, wie auch jeder andere Richter, setzt mit seinen Entscheidungen leicht sein Leben und das seiner Familienangehörigen aufs Spiel. Dies zeigt ganz deutlich das Beispiel des Wahlrechtsstreits anläßlich der Präsidentschaftswahlen und Parlamentswahlen in Togo: Nach Unregelmäßigkeiten und Betrug bei den Präsidentschaftswahlen im Juni 1998, wo der Staatspräsident von sich aus anordnete, die Auszählung der Stimmzettel zu stoppen, die Wahlbüros zu schließen und die nationale Wahlkommission durch den Innenminister zu ersetzen, der Präsident Eyadema zum Wahlsieger erklärte, riefen einige Parlamentsmitglieder der togoischen Opposition den Verfassungsgerichtshof zu der Frage an, ob die Regierung befugt sei, die Auszählung der Stimmen zu stoppen und ob der Innenminister an die Stelle der Wahlkommission treten und die Wahlergebnisse verkünden könne.

Nach Einschüchterungs- und Drohaktionen gegenüber den Richtern und ihren Familien bestätigten diese die Befugnis des Innenministers, an die Stelle der nationalen Wahlkommission zu treten. Diese Entscheidung, gegründet auf der Angst der togoischen Verfassungsrichter, trug zur Verschärfung der Krise in Togo bei.

Man stellt fest, dass es in unseren Ländern, in denen die Gewalten völlig ineinandergreifen, für den Verfassungsrichter schwierig wäre, die Grundrechte und Grundfreiheiten wirksam zu schützen. Der Betreffende muss sich im Falle der Verletzung seiner Rechte somit an die Verwaltungsgerichte wenden.

---

133 Vgl. Karin Eckhard, Togo: Stecken gebliebene Demokratisierung à l'Africaine; in Kommune 19, Jahrgang Nr. 4/01, April, S. 32.

2.3.1.2 Der Schutz der Menschenrechte durch die Verwaltungsgerichte

Die Verwaltungsgerichte haben die Aufgabe, über Akte der Verwaltung zu entscheiden, wenn diese die Rechte und Freiheiten von Bürgern verletzen.

Trotz der in den Gesetzesnormen festgeschriebenen Prinzipien und der Übernahme aller im französischen Recht existierenden rechtlichen Schritte, ist es illusorisch zu glauben, die Verwaltungsgerichte würden die Freiheiten und Rechte des Menschen im Senegal, in Togo oder in Kamerun besser garantieren als die Verfassungsgerichte.

Zunächst einmal sind die afrikanischen Staaten zurückhaltend bei der gerichtlichen Kontrolle der Verwaltung, und auch in der Mentalität der Afrikaner erscheint der Streit gegen die Verwaltung vor einem Richter noch ... als ein tollkühnes Unterfangen oder sogar als ein für einen Staatsbürger unziemlicher Schritt [134]. Im gleichen Zusammenhang sagte Richter Kéba M'Baye, dass der Stolz des senegalesischen Bauern darin besteht, sagen zu können, er habe nie einen Fuß in ein Gericht oder ein Polizeikommissariat gesetzt[135]. Wenn also die Verwaltung die Freiheiten der Bürger verletzt, dann zögern sie, vor Gericht zu gehen, aus Angst vor Repressionen.

Gibt der Bürger manchmal die Absicht zu erkennen, vor Gericht zu gehen, um eine Entschädigung zu erlangen, so wird er mit den Verfahrensproblemen und den Gerichtskosten konfrontiert. In Togo, Kamerun und ebenfalls im Senegal kennen nämlich die meisten Bürger die Schritte zur Einleitung eines Verfahrens vor der Verwaltungskammer des obersten Gerichtshofes (Togo und Kamerun) oder vor dem Staatsrat (Senegal) nicht. Alleine schon dadurch ist ihnen der Rechtsweg verschlossen.

Und auch in den seltenen Fällen, in denen der Richter eine Entscheidung zur Wiedergutmachung für die Verletzung eines Rechtes oder einer Freiheit fällt, weigert sich die Verwaltung, diese Entscheidung zu vollziehen; und es gibt keine Möglichkeit, die Verwaltung zum Vollzug einer Gerichtsentscheidung zu zwingen, da sie das Gewalt- und Zwangsmonopol hat und somit niemand die Einhaltung der Gerichtsentscheidung durchsetzen kann.

Die einzige verbleibende Möglichkeit des Einzelnen für die Wiedergutmachung im Falle der Verletzung dieser Rechte ist die Klage vor den ordentlichen Gerichten.

134 P. Massina, a.a.O., S. 120.
135 R. Degni-Segui, a.a.O., S. 87.

2.3.1.3 Die Klage vor den ordentlichen Gerichten

Nach dem Vorbild von Kamerun bekennen sich Togo und Senegal zur richterlichen Gewalt als bestem Garant für die Grundfreiheiten und -rechte des Bürgers. Diese Auffassung ist in den Normen gut verankert. Die senegalesische Verfassung von 1963, die durch zahlreiche Gesetze geändert wurde, bestimmt in Artikel 81, dass „die judikative Gewalt ... die Wächterin der Rechte und Freiheiten [ist], die von der Verfassung und vom Gesetz festgelegt sind".

Auch in Togo wurde dieser Grundsatz schon im Jahre 1961 in der Verfassung verankert; es heisst dort im letzten Absatz des Artikel 52, dass die richterliche Gewalt als Hüterin der bürgerlichen Freiheit die Einhaltung dieses Grundrechtes in gesetzlich vorgesehener Weise gewährleistet. Die gleiche Bestimmung wurde in Artikel 81 der Verfassung von 1963 aufgenommen. In Artikel 49 der Verfassung von 1980 wurde der Wortlaut leicht abgeändert und festgelegt: „Die richterliche Gewalt, als Hüterin der bürgerlichen Freiheit, wacht über die Einhaltung der Grundrechte"[136]. Die Väter der Verfassung hatten hier nicht mehr nur die bürgerlichen Freiheitsrechte im Blick, sondern alle Grundrechte. Die Verfassung der IV. Republik weist im letzten Absatz des Artikel 113[137] die Garantie und den Schutz der Grundrechte der rechtsprechenden Gewalt zu.

Im Kamerun bekannte sich nur die Verfassung der Republik Kamerun (das heisst die Verfassung des unabhängigen französischen Ostkamerun) von 1960 in Artikel 42 Absatz 2 dazu, dass die rechtsprechende Gewalt als Hüterin der bürgerlichen Freiheit und des Privateigentums, die Einhaltung dieses Grundsatzes in der gesetzlich vorgesehenen Weise gewährleistet.

Nach der Wiedervereinigung Kameruns findet sich dieses Prinzip weder in der Bundesverfassung von 1961 noch in der Verfassung der Vereinigten Republik Kamerun von 1972 noch in der geänderten Verfassung von 1996 wieder.

Das Tätigwerden der ordentlichen Gerichte zum Schutz der Rechte des Einzelnen gegenüber der Verwaltung ist auf drei Ebenen angesiedelt: Im Bereich der Tätlichkeiten (voies de fait), im Bereich der regelwidrigen Bodenenteignung und im Bereich der Enteignung im öffentlichen Interesse.

Es handelt sich um *Tätlichkeiten* (voies de fait), wenn bei der Durchführung einer materiellen Vollzugshandlung die Verwaltung eine grobe Unregelmäßigkeit begeht und damit das Eigentumsrecht oder eine Grundfreiheit verletzt.

---

136 Eigene Übersetzung.

137 Wortlaut des letzten Absatzes des Artikel 113: „die judikative Gewalt ist Garant der individuellen Freiheiten und der Grundrechte der Bürger" in H.Baumann/ M.Ebert, a.a.O, S. 806.

Die *regelwidrige Bodenenteignung für öffentliche Zwecke* (l'emprise irrégulière) ist eine rechtswidrige, zeitweilige oder endgültige Grundstücksenteignung.

In Togo gibt es für die beiden letztgenannten Fälle unzählige Beispiele; so die unangemessene Vertreibung der Anwohner eines Wildparks oder Wildreservates im Gebiet Kéran; in Lomé wurden die Bewohner im Umfeld des RIT-Camp[138] ohne Entschädigung aus ihren Wohnungen vertrieben, aus Gründen der Sicherheit. Leider konnte der ordentliche Richter die togoischen Bürger nicht vor einer solchen regelwidrigen Bodenenteignung durch die togoische Regierung schützen.

Schließlich gibt es den Fall der *Enteignung im öffentlichen Interesse*, wo der Richter Mühe hat, die Rechte der Betroffenen zu schützen. Insoweit, als die Unabhängigkeit der Richter in den Händen der Exekutive liegt bzw. der Staatspräsident der Garant der Unabhängigkeit der Richter ist[139] und der Präsident die Richter ernennt, ist der Richter außerstande, seine Rechte und die der Bürger zu wahren.

In Togo beispielsweise fällt der Richter aus Angst um sein Leben oder um das seiner Familie oder schlicht aus Karrieregründen seine Entscheidungen im Sinne der jeweiligen Machthaber. Ebenso entnimmt man in Kamerun juristischen Quellen[140], dass in politisch sensiblen Fällen der Richter sich bei den Behörden zu der in seinem Urteil einzunehmenden Position erkundigt. Was den Senegal betrifft, so sind große Anstrengungen im Gange, damit die Richter wieder ihre völlige Unabhängigkeit erlangen; tatsächlich gehört der Senegal in der westafrikanischen Region zu den wenigen Ländern, die für den Aufbau einer echten Demokratie, eines Rechtsstaates, kämpfen. Daher setzt der senegalesische Richter nicht wie sein togoischer Amtskollege seine Karriere aufs Spiel, wenn er ein Urteil fällt, das dem widerspricht, was die Regierung von ihm erwartet.

Die Affaire „Abdoulaye Wade[141]" zeigt dies deutlich: eine Demonstration des Kollektivs demokratischer Kräfte (*Collectif des Forces Démocratiques - CFD*) artete aus, und sechs Polizisten wurden getötet. Die Verantwortlichen der Opposition, darunter Abdoulaye Wade, wurden verhaftet.

---

138 RIT- Camp (Régiment interarmes togolais).

139 In Artikel 115 Absatz 1 der togoischen Verfassung von 1992 heisst es: „Der Präsident der Republik ist Garant der Unabhängigkeit der Rechtsprechung".
In Artikel 37 (3) der kamerunischen Verfassung von 1996 heisst es: „Der Präsident der Republik ist der Garant der Unabhängigkeit der judikativen Gewalt. Er ernennt die Richter".

140 Rapport de la FIDH, „Cameroun: Arbitraire, impunité et répression" Nr. 259, mai 1998, S. 38.

141 Rechtsanwalt Abdoulaye Wade ist seit April 2000 Staatspräsident von Senegal.

Die Richter, die über den Fall von Abdoulaye Wade zu urteilen hatten, stellten mutig das Verfahren gegen die Beschuldigten ein. Dies war selbstverständlich nicht die von Präsident Abdou Diouf gewünschte Entscheidung. Sie war das Zeichen, mit dem die senegalesische Justiz ihrer Unabhängigkeit gegenüber der Exekutive Ausdruck verlieh, und sie gab damit den Senegalesen das Vertrauen in ihre Justiz zurück.

Ein anderes Problem, unter dem die Justiz in unseren Ländern leidet, sind Korruption und Vetternwirtschaft. Ein togoischer Richter bezieht bei seinem Dienstantritt ein Monatsgehalt von 80.000 CFA-Francs (121.92 Euros), während ein ihm untergeordneter Polizeikommissar 150.000 CFA-Francs (228.60 Euros) verdient und außerdem noch in den Genuß von Naturalvergünstigungen (Wohnung, Telefon und kostenlose Dienstwagen)[142] kommt. Dieses lächerliche Gehalt veranlasst den Richter angesichts der hohen Lebenshaltungskosten und ganz im Gegensatz zu den Standesregeln der Richter, zu anderen Mitteln zum Überleben zu greifen. Unter diesen Umständen kann der Richter die Freiheiten nicht mehr garantieren, wie es nach den verschiedenen Verfassungen sein Auftrag ist.

Nach der Analyse der gerichtlichen Klagewege zum Schutz der Menschenrechte im afrikanischen Kontext ganz allgemein und im Senegal, Togo und Kamerun im Besonderen, stellt man fest, dass dieser gerichtliche Schutz der Menschenrechte und der Freiheitsrechte wirkungslos ist bzw. ganz fehlt. Es haben sich jedoch einige Staaten, ohne diese gerichtlichen Klagewege aufzugeben, anderen, außergerichtlichen Institutionen zugewandt, wie dem Vermittler oder dem Ombudsman.

2.3.2 Außergerichtliche Beschwerdemöglichkeiten gegen denStaat: Der staatliche Vermittler

In Kenntnis der Schwierigkeiten beim Schutz der Freiheiten und der Menschenrechte gegenüber der Verwaltung, aber in dem Bestreben, diese Rechte auf seinem Staatsgebiet dennoch zu schützen, schuf der Senegal mit Gesetz Nr. 91-14 vom 11. Februar 1991 die Institution des staatlichen Vermittlers.

Leider gibt es im togoischen und im kamerunischen Recht keine vergleichbare Einrichtung, mit der versucht würde, den Bürger gegen Rechtsverletzungen durch die Verwaltung zu schützen.

Im Rahmen unserer Analyse werden wir die Aufgabe des Vermittlers, seine Anrufung und sein Tätigwerden im Bereich der Schutz der Freiheiten im Senegal untersuchen.

---

142 Rapport de la FIDH, „Togo: Des pratiques totalitaires“, Januar 1999, Nr. 269, S. 10.

2.3.2.1 Die Aufgabe des staatlichen Vermittlers

Diese Institution, die durch das Gesetz Nr. 91-14 vom 11. Februar 1991 geschaffen wurde, hat die Aufgabe, Beschwerden über die Arbeitsweise der staatlichen Verwaltung, der kommunalen Gebietskörperschaften, der öffentlichen Einrichtungen und jedes anderen Organs entgegenzunehmen, das mit einer Aufgabe des öffentlichen Dienstes betraut ist (Art. 1); der Vermittler kann jedoch nicht in ein vor einem Gericht anhängiges Untersuchungsverfahren oder Hauptverfahren eingreifen oder die Begründetheit einer gerichtlichen Entscheidung in Frage stellen. Trotz einer rechtskräftigen Entscheidung kann der staatliche Vermittler aber die Körperschaft, der die Entscheidung zugute kommt, bitten, im Falle der Unbilligkeit auf alle oder einen Teil ihrer Rechte zu verzichten (Artikel 12). Der Vermittler ist auch nicht zuständig für Beschwerden privatrechtlicher Art, das heisst für Konflikte zwischen natürlichen oder juristischen Privatpersonen.

Um seine Aufgabe des Schutzes der Bürgerrechte erfüllen zu können, garantiert das Gesetz dieser Behörde institutionelle und funktionelle Unabhängigkeit. Hierzu garantiert Art. 1 des Dekretes (Nr. 91-144 vom 12. Februar 1991) zur Durchführung des Gesetzes Nr. 91-14, mit dem die Institution des Vermittlers eingeführt wurde, die finanzielle Unabhängigkeit dieser Behörde. Artikel 2 desselben Dekretes garantiert die Unabhängigkeit ihrer Zusammensetzung, wobei es dem Vermittler erlaubt ist, seine fünf unmittelbaren Mitarbeiter frei zu wählen.

2.3.2.2 Die Anrufung des staatlichen Vermittlers

Das Gesetz behält die Anrufung des staatlichen Vermittlers nicht nur den politischen Institutionen vor; vielmehr kann jede natürliche oder juristische Person, die der Ansicht ist, in einer sie betreffenden Sache geschädigt worden zu sein, oder glaubt, durch die staatliche Verwaltung, kommunale Gebietskörperschaften oder öffentliche Einrichtungen ungerecht behandelt worden zu sein, durch einfache schriftliche Beschwerde den staatlichen Vermittler anrufen.

Der Staatspräsident kann ebenso dem Vermittler jede Beschwerde vorlegen, mit der er befasst wird (Artikel 7). Es gibt dafür keinerlei Frist. Der Beschwerdeführer muss nur den Nachweis dafür erbringen, dass er die erforderlichen Schritte unternommen hat, um der betreffenden Dienststelle die Möglichkeit zu geben, seine Beschwerdegründe zu prüfen. Nach Prüfung der Beschwerde und falls erwiesen ist, dass ein Fehler oder eine schwere Verfehlung des Bediensteten einer Verwaltung oder eines öffentlichen Dienstes vorliegt, ersucht der Vermittler die zuständige Behörde, gegen den Bediensteten ein Disziplinarverfahren einzuleiten oder gegebenenfalls Strafanzeige zu erstatten. Wird dem Ersuchen des Vermittlers nicht Folge geleistet, so setzt dieser den Staatspräsidenten von der Angelegenheit in Kenntnis.

Mit der Tätigkeit des senegalesischen Vermittlers wird es möglich werden, dem Übel der Straflosigkeit beizukommen, das in der Verwaltung unserer Länder grassiert. Tatsächlich glauben die Verwaltungsbediensteten, die nicht daran gewöhnt sind, für Rechtsverletzungen gegenüber Privatpersonen bei der Ausübung ihres Dienstes zur Rechenschaft gezogen zu werden, manchmal, über dem Gesetz zu stehen. Jetzt, nach der Einrichtung des Organes des staatlichen Vermittlers, weiss jeder von ihnen, dass er sich Disziplinarstrafen oder strafrechtliche Folgen zuziehen kann, wenn er in Ausübung seines Dienstes die Rechte von Privatpersonen verletzt. Dieser Umstand zwingt ihn, die gesetzlichen Vorschriften besser einzuhalten und bei der Ausübung seiner Tätigkeit weniger diensteifrig zu sein. Im übrigen wird die Möglichkeit der Anrufung des Vermittlers, da sie jedem Bürger offensteht und mit keinerlei Kosten verbunden ist, von den Menschen eher wahrgenommen.

Die Funktionstüchtigkeit dieser neuen außergerichtlichen Institution wird im Senegal zum echten Aufbruch für eine vermehrte Einhaltung der Grundfreiheiten werden.

Es ist jedoch der Vermittler nicht das einzige außergerichtliche Organ, das auf nationaler Ebene zum Schutz der Menschenrechte existiert. Es gibt weitere nationale Menschenrechtsinstitutionen, denen wir uns im nächsten Kapitel zuwenden werden.

Kapitel 3: Die nationalen Menschenrechtsorgane: Prinzipien, Befugnisse und Arbeitsweise

Bereits in seiner Resolution 9 (II) vom 21. Juni 1946 forderte der Wirtschafts- und Sozialrat (*ECOSOC*) die Mitgliedstaaten der UNO dazu auf zu prüfen „ob es sinnvoll sei, im Rahmen der jeweiligen Länder Informationsgruppen oder lokale Menschenrechtskomitees zu bilden, die zusammen mit ihnen an der Fortentwicklung der Tätigkeit der Menschenrechtskommission arbeiten“[143].

Hierzu wurde dann vom 18. bis 29. September 1978 in Genf von der Menschenrechtskommission ein Seminar über die nationalen und lokalen Einrichtungen zur Förderung und zum Schutz der Menschenrechte abgehalten; dort wurde die Bedeutung dieser Einrichtungen einhellig anerkannt, außerdem wurde eine Reihe von Leitgrundsätzen zur Arbeitsweise und zu den Strukturen dieser Einrichtungen verabschiedet.

In ihrer Resolution Nr. 33/46 vom 14. Dezember 1978 nahm die Generalversammlung die auf dem Genfer Seminar erarbeiteten Leitprinzipien an;die Menschenrechtskommission schloss sich dem an, indem sie diese Grundsätze in die Resolution 24 (XXIV) vom 14. März 1979 aufnahm. Es dauerte jedoch bis zum Jahr 1991, bis in Paris ein erstes Treffen im Hinblick auf die Bildung der nationalen Einrichtungen zur Förderung und zum Schutz der Menschenrechte stattfand[144]. Die Ergebnisse dieses Workshops (Pariser Grundsätze), die von der Menschenrechtskommission und der Generalversammlung gebilligt wurden, bildeten eine Ergänzung und Präzisierung der Grundsätze von 1978.

Dazu ist anzumerken, dass die Rolle und die Bedeutung nationaler Einrichtungen im Bereich der Menschenrechte auch von der Afrikanischen Charta der Menschenrechte und Rechte der Völker anerkannt wird. Es wird dort in Artikel 45 den der Charta beigetretenen Staaten nahe gelegt, die Bildung nationaler und lokaler Organe zum Schutz der Menschen- und Völkerrechte zu fördern.

Die Afrikanische Kommission zum Schutz der Menschenrechte und Rechte der Völker unterstützte diese Idee auf ihrer vierten Session im Oktober 1988.

---

143 Rapport annuel du Comité Sénégalais des droits de l'homme, 1997, S. 4 (Eigene Übersetzung).

144 Der erste internationale Workshop über die nationalen Einrichtungen fand vom 7. bis 9. Oktober 1991 in Paris statt.

Dies führte dazu, dass inzwischen auf dem afrikanischen Kontinent mehrere Staaten, darunter auch Togo, Senegal und Kamerun, solche Institutionen einrichten mussten.

Durch die Einrichtung der nationalen Menschenrechtsorgane haben Togo, Senegal und Kamerun zwar ihren guten Willen gezeigt, an der Förderung und am Schutz der Menschenrechte in ihren jeweiligen Staatsgebieten zu arbeiten. Um aber diese Aufgabe gut zu bewältigen, sollten diese Institutionen bestimmte Voraussetzungen erfüllen (zweiter Teil).

Vor der Analyse der unerlässlichen Bedingungen für die Funktionstüchtigkeit werden wir in einem ersten Teil die historische Entwicklung dieser Institutionen aufzeigen, und in einem dritten Teil werden wir ihre Befugnisse und Arbeitsweise untersuchen.

In einem vierten Teil werden wir die Probleme darstellen, denen diese Institutionen bei ihrer Arbeit begegnen.

3.1 Historische Entwicklung der CNDH, des CSDHL und des CNDHL[145]

Die Bezeichnung für die jeweiligen nationalen Menschenrechtsinstitutionen ist von Land zu Land verschieden.

Einige Länder bezeichnen sie als „Kommission", wie zum Beispiel Togo: Nationale Menschenrechtskommission (*Commission Nationale des Droits de l'Homme - CNDH*); andere verwenden die Bezeichnung „Komitee", wie der Senegal: Senegalesisches Komitee für Menschenrechte (*Comité Sénégalais des Droits de l'Homme - CSDH*), und Kamerun: Nationales Komitee für Menschenrechte und Freiheiten (*Comité Nationial des Droits de l'Homme et des Libertés - CNDHL*). Unabhängig von der Bezeichnung ist das Ziel aber die Förderung und der Schutz der Menschenrechte im jeweiligen Staatsgebiet.

Obgleich durch die Generalversammlung der UNO immer wieder die Bedeutung dieser nationalen Institutionen betont wird, haben nur wenige Länder vor den Demokratisierungsbewegungen der neunziger Jahre diese Institutionen ins Leben gerufen.

Auf dem afrikanischen Kontinent war der senegalesische Staat der erste, der eine solche Institution einrichtete. Um sein Bekenntnis zu den Idealen der Menschenrechte zu dokumentieren und die in der Allgemeinen Erklärung der Men-

145 Die CNDH = Commission Nationale des Droits de l'homme (Nationale Menschenrechtskommission); das CSDHL = Comité Sénégalais des Droits de l'homme (Senegalesisches Komitee für Menschenrechte) und CNDHL = Comité National des Droits de l'Homme et des Libertés (Nationales Komitee für Menschenrechte und Freiheiten).

schenrechte enthaltenen Ideale der Vereinten Nationen in die Tat umzusetzen, schuf er bereits im Jahre 1970, mit dem Dekret Nr. 70.433 vom 22. April 1970, das *CSDH.*

Dieses Komitee hatte jedoch lediglich die Aufgabe, das Gedenken an den verschiedenen, von den Vereinten Nationen empfohlenen Jahrestagen zu pflegen, insbesondere die feierliche Begehung des internationalen Menschenrechtstages auszurichten. Die Institution war in der Bevölkerung nicht bekannt, und alles in allem hatte sie nach unserer Auffassung keine wirkliche Funktion.

Angesichts der schnellen Entwicklung auf dem Gebiet der Menschenrechte und des Stellenwertes der Menschenrechte in der internationalen Gemeinschaft änderte der Senegal seine Taktik, indem er den Status des Komitees anhob. So ist nunmehr das Komitee in einem Gesetz verankert und nicht mehr nur einem Dekret. Seit dem Gesetz Nr. 97-04 vom 10. März 1997 hat das Komitee außerdem erweiterte und sehr präzise Aufgaben.

Togo gründete im Jahr 1987, also vor dem Einsetzen der Demokratisierungsbewegungen der neunziger Jahre, ebenfalls eine Nationale Menschenrechtskommission. Welche Gründe veranlassten die togoische Regierung dazu, eine solche Institution ins Leben zu rufen? Geschah es, um - wie im Senegal - die verschiedenen Empfehlungen und Resolutionen der Vereinten Nationen umzusetzen?

Drei Hauptgründe haben die Führung Togos dazu veranlasst, die *CNDH* zu schaffen: Zum einen begann das togoische Volk, das der massiven und ständigen Menschenrechtsverletzungen unter dem Einparteiensystem (*R.P.T.*) des Präsidenten Eyadema und seiner Kollaborateure müde war, das Vertrauen in die Staatsführung zu verlieren. So ergriff der Staatspräsident, um dieses Vertrauen wieder zu gewinnen, die denkwürdige Initiative, eine Institution ins Leben zu rufen, die dem Schutz und der Förderung der Menschenrechte dienen sollte und die Regierung im Bereich der Menschenrechte beraten sollte.

Diktator Eyadema war sich außerdem bewusst, dass die Einrichtung einer solchen Institution das Ansehen von Togo in der internationalen Gemeinschaft heben würde.

Und schließlich knüpften die internationale Gemeinschaft und die Europäische Union (EU) die Gewährung wirtschaftlicher Hilfe an die Einhaltung der Menschenrechte in den jeweiligen Ländern[146].

In der IV. Konvention von Lomé vom 15.12.1989 wurden drei wichtige Punkte genannt, die durchgesetzt und eingehalten werden sollten:

---

146 Art. 5 der IV. Konvention von Lomé, verabschiedet am 15.12.1989; aus Courrier A.K.P.-C.E.E., Nr. 120, März/April 1990.

1. Das Bekenntnis zu den Menschenrechten als einem grundlegenden Faktor der sozialen Entwicklung.
2. Der Schutz der ausländischen Arbeitnehmer und Studenten sowie der Ausländer insgesamt.
3. Die Finanzierung der Programme für den Schutz und die Entwicklung der Menschenrechte in den A.K.P.-Ländern[147].

Durch die Einhaltung dieser Bestimmungen wollten die A.K.P.-Staaten den Nachweis erbringen, dass die Menschenrechte in ihren Ländern geachtet wurden.

Leider konnte die Schaffung der CNDH die Verletzungen der Menschenrechte auf togoischem Staatsgebiet weder verringern noch beenden. Diese Institution konnte im Einparteiensystem nicht funktionieren. Es dauerte daher bis zu den Demokratisierungsbewegungen der neunziger Jahre, ehe diese nationale Institution eine neue Grundlage erhielt. Die Verfassung der IV. Republik verankerte sie in Art. 156 als staatliche Institution, die nur der Verfassung und dem Gesetz unterliegt.

Nunmehr werden die Arbeitsweise, die Zusammensetzung und die Befugnisse der *CNDH* durch die Bestimmungen des Organgesetzes Nr. 96-12 vom 19. November 1996 geregelt, mit dem das Gesetz vom 9. Juni 1987 aufgehoben wurde.

In Kamerun fiel die Entscheidung zur Schaffung einer Menschenrechtsinstitution erst mit den Demokratisierungsbewegungen der neunziger Jahre. Das Nationale Komitee für Menschenrechte und Freiheiten wurde durch das Dekret Nr. 90-1459 vom 8. November 1990 ins Leben gerufen.

Wie bereits ausgeführt, bestand das oberste Ziel der nationalen Menschenrechtsinstitutionen darin zu zeigen, dass sie Instrumente sind, durch die es möglich sein sollte, den Schutz und die Förderung der Menschenrechte im Staatsgebiet zu gewährleisten.

Um dieses Ziel zu erreichen, müssen diese Organe einige unerlässliche Voraussetzungen erfüllen..

3.2 Unverzichtbare Grundsätze für das wirksame Funktionieren der nationalen Institutionen

Eine staatliche Menschenrechtsinstitution muss, um erfolgreich arbeiten zu können, unabhängig und für den Bürger leicht zugänglich sein.

147 A.K.P.-Länder: Länder aus Afrika, der Karibik und Pazifikstaaten.

3.2.1 Unabhängigkeit

Nach den Pariser Grundsätzen muss die nationale Institution für den Schutz der Menschenrechte ihre Tätigkeit in völliger Unabhängigkeit ausüben können. Dieses Prinzip ist sowohl in Artikel 1 Absatz 1 des Gesetzes Nr. 97-04 über das *CSDH* vom 10. März 1997 verankert, als auch im ersten Artikel des Organgesetzes Nr. 96-12 über die *CNDH* vom 19. November 1996[148]. Leider gibt es im Dekret Kameruns keinen Hinweis auf dieses Grundprinzip.

Bedeutet aber die völlige Unabhängigkeit das Fehlen jeglicher Beziehung zum Staat?

Nach Hamid Gaham kann Unabhängigkeit „nicht das völlige Fehlen einer Beziehung zum Staat bedeuten; ... die nationale Institution beruht auf einer Verfassungs- oder Gesetzesnorm, mit der sie eingerichtet wird und mit der ihre Verbindungen zum Staat sowie ihr Handlungsrahmen festgelegt werden“[149].

Im übrigen verdeutlicht auch Art. 1 Abs. 2 des Gesetzes über die *CNDH* mit dem Wortlaut „,... alle anderen Organe des Staates gewähren ihr die Unterstützung, die sie benötigt, um ihre Unabhängigkeit, ihre Würde und ihre Wirksamkeit zu wahren“ ebenfalls die Beziehungen, die zwischen dem Staat und den nationalen Institutionen bestehen müssen.

Dabei ist zu bedenken, dass das Prinzip der Unabhängigkeit die finanzielle Unabhängigkeit und die Unabhängigkeit in der Zusammensetzung nach sich zieht.

Was die **finanzielle Unabhängigkeit** betrifft, so ist eine Institution ohne eigene finanzielle Mittel automatisch abhängig von der Amtsgewalt des Ministeriums oder des staatlichen Organs, das die entsprechende Befugnis innehat.

Aus diesem Grund wurde bei den neuen Gesetzen, die ab den neunziger Jahren zur Bildung von nationalen Institutionen oder zur Stärkung des Status der bereits bestehenden verabschiedet wurden, dafür Sorge getragen, die Finanzquellen und die Art der finanziellen Mittel der nationalen Institutionen festzulegen.

Der Fall der *CNDH* von 1987 bis 1995 zeigt die Bedeutung der finanziellen Autonomie: Gemäß Artikel 17 des früheren Gesetzes Nr. 87-09 vom 9. Juni 1987 „bestehen die Finanzquellen der Kommission aus Subventionen, Spenden

---

148 In Artikel 1 des Gesetzes Nr. 97-04 vom 10. März 1997 heißt es: „das senegalesische Menschenrechtskomitee ist eine konsultationsfreie Institution...“ im Organgesetz Nr. 96-12 vom 19. November 1996 ist festgelegt, dass „die Nationale Menschenrechtskommission (CNHD), im Folgenden Kommission genannt, gemäß Artikel 156 der Verfassung eine unabhängige Institution“ ist (eigene Übersetzung).

149 Gaham Hamid, Les institutions nationales, REF, No. AFR. NI. HR CONF / YDE/96/PPR.2, S. 4.

und Einnahmen aus ihrer Tätigkeit". Da die *CNDH* praktisch keine Einnahmen aus eigener Tätigkeit hat, geriet sie zwangsläufig in die Abhängigkeit der Regierung. Dies bedeutete, dass jede kleine Kritik an ihrem Geldgeber sie ihre Subventionen kostete. Diese finanzielle Abhängigkeit gegenüber der Regierung hinderte die Kommission daran, ihre Hauptaufgaben zu erfüllen.

Um diesem Umstand abzuhelfen, schrieb der togoische Gesetzgeber in Artikel 25 des Gesetzes vom 19. November 1996 ausdrücklich vor, dass neben den Subventionen, Spenden und Vermächtnissen und den Einnahmen aus der Tätigkeit der Kommission der Staat im öffentlichen Haushalt jedes Jahres die Mittel bereitstellen muss, die für die Arbeit der Kommission erforderlich sind.

Artikel 5 des senegalesischen Gesetzes hingegen sieht vor, dass „das Komitee über die finanziellen, sachlichen und personellen Mittel verfügt, die ihm vom Staat zur Verfügung gestellt werden, um seine Funktionsfähigkeit zu gewährleisten"[150]. Die Formulierung „finanzielle Mittel..., die ihm vom Staat zur Verfügung gestellt werden" ist zwar sehr vage und ungenau; wenn man sich aber vor Augen hält, dass die senegalesische Regierung in Bezug auf die Menschenrechte stets ihren guten Willen gezeigt hat, so kann man davon ausgehen, dass die finanziellen Mittel für das Komitees tatsächlich jedes Jahr in den öffentlichen Haushalt des senegalesischen Staates eingestellt werden, um die Funktionsfähigkeit dieser Institution zu sicherzustellen.

Was das kamerunische Dekret betrifft, mit dem das *CNDHL* gegründet wurde, so muss man feststellen, dass es weder die Unabhängigkeit der Einrichtung noch deren finanzielle Unabhängigkeit garantiert. Gemäß Artikel 3 des Dekrets stammen die finanziellen Mittel des Komitees aus Subventionen des Staates, sowie aus Spenden und Vermächtnissen unterschiedlicher Herkunft. Diese Lücken behindern die Funktionstüchtigkeit dieses Organs. Da das *CNDHL* nicht die finanziellen Mittel hatte, um sein Personal zu bezahlen und seine Tätigkeit auszuüben, entstand 1998 das Kooperationsprojekt Kanada-Kamerun, mit dessen Unterstützung die kamerunische Regierung zwei Angestellte einstellte, damit diese sich zumindest der Verwaltungsfragen des Komitees annehmen konnten.

Die **Zusammensetzung** der nationalen Menschenrechtskommissionen ist unterschiedlich[151].

Es ergibt sich jedoch aus Artikel 4 (1) des Dekretes zur Gründung des *CNDHL*, aus Artikel 3 des Organgesetzes Nr. 96-12 zur Gründung der *CNDH* und aus Artikel 4 des Gesetzes Nr. 97-04 über das *CSDH*, dass diese drei Men-

150 Der originale Text des Artikels 5 lautet: „Le Comité dispose des moyens financiers, matériels et humains mis à sa disposition par l'Etat pour permettre son bon fonctionnement".

151 Die CNDH besteht aus 17 Personen; das CNDHL hat 23 und das CSDH 29 Mitglieder.

schenrechtsorgane sich an den pluralistischen Grundsätzen verpflichtet sind, halten und fast alle sozialen Schichten einbeziehen. Es finden sich dort Vertreter verschiedener sozialer und beruflicher Gruppen. Diese Zusammensetzung resultiert aus dem Bemühen der Regierenden um Herstellung eines Gleichgewichtes zwischen allen Interessengruppen.

Trotz dieses Bemühens stellt man fest, dass die Vertreter bestimmter sozialer und beruflicher Gruppen nicht vertreten sind. Dies gilt zum Beispiel für die Ärzte, die weder in der Zusammensetzung des *CNDHL* noch beim *CSDH* berücksichtigt sind. Nach meiner Auffassung wäre ihre Präsenz jedoch wichtig, zum Beispiel im Bereich der Tätigkeiten zum Schutz der Menschenrechte; Ärzte sind unverzichtbar, um bei den Todesfällen, die sich in den Gefängnissen und Haftanstalten ereignen, die Fälle von Folter und Misshandlungen festzustellen, wie sie die Gefangenen in den Haftanstalten erleiden.

Damit ein nationales Organ wirklich unabhängig ist und effektiv arbeiten kann, muss jedoch nicht nur seine Repräsentativität nach pluralistischen Grundsätzen gewährleistet sein, sondern die Ernennung der Mitglieder muss auch auf demokratischem Weg erfolgen.

In Kamerun werden die Vertreter der verschiedenen gesellschaftlichen/sozialen und beruflichen Gruppen, die das *CNDHL* bilden, gemäß Absatz 2 des Artikel 4 durch Dekret des Staatspräsidenten für eine Dauer von fünf Jahren ernannt. Man stellt fest, dass diese Mitglieder ernannt werden, ohne zuvor innerhalb ihrer jeweiligen gesellschaftlichen/sozialen Gruppe oder Berufsgruppe gewählt worden zu sein.

Die Bestellung der Mitglieder des Komitees durch die Exekutive und ohne vorherige Wahl innerhalb ihres jeweiligen Verbandes kann der Unabhängigkeit und der Effektivität des Komitees nur abträglich sein.

Denn die so zu Amt und Würden gelangten Personen könnten versucht sein, der Behörde gefallen zu wollen, die sie eingesetzt hat, und können somit das ihnen anvertraute Amt, nämlich den Schutz der Menschenrechte, nicht gut ausfüllen.

In dem Dekret ist nicht ausgeführt, ob die Amtszeit der Mitglieder des Komitees verlängert werden kann oder nicht. Es ist anzumerken, dass es seit 1995 keine neuen Ernennungen von Mitgliedern des Komitees mehr gegeben hat.

Im Falle des *CSDH* werden die Mitglieder des Komitees zunächst innerhalb der entsprechenden gesellschaftlichen/sozialen Gruppe oder Berufsgruppe gewählt und dann dem Justizminister vorgeschlagen, der sie durch Ministerialerlass für die Dauer von vier Jahren ernennt.

Diese Mitglieder werden zwar durch die Exekutive ernannt, sind aber nicht gezwungen, der Behörde zu gefallen, die sie eingesetzt hat. Vielmehr sind sie gehalten, die Interessen ihrer Gruppierungen oder der Behörde zu vertreten und zu verteidigen, zu der sie gehören, denn das Gesetz erlaubt es dem Herkunftsverband, seine Vertreter indirekt zu kontrollieren.

In Artikel 6 Absatz 2 heißt es: „wenn im Laufe seines Mandats ein Mitglied des senegalesischen Komitees für Menschenrechte die Eigenschaft verliert, aufgrund derer es ernannt wurde... wird es für die verbleibende Amtszeit ersetzt...“[152].

Das Gesetz sagt aber nichts aus zu der Frage der Verlängerung der Amtszeit von Mitgliedern des Komitees.

Was die *CNDH* betrifft, so werden, um die Wiederholung früherer Fehler zu vermeiden und eine wirkliche Unabhängigkeit des Organs zu gewährleisten, die Vertreter der verschiedenen Gruppierungen, die die Kommission bilden, der Nationalversammlung von der Organisation vorgeschlagen, der sie angehören. Anschließend werden sie von der Nationalversammlung mit der absoluten Mehrheit ihrer Mitglieder gewählt[153], und zwar für eine Amtszeit von vier Jahren, die verlängert werden kann[154].

Diese Mitglieder genießen gemäß Artikel 14 während der Ausübung ihres Amtes und ein Jahr nach dessen Ablauf Immunität.[155]

3.2.2 Das Prinzip der Zugänglichkeit

Ein anderes für die Effektivität des nationalen Organes erforderliches Prinzip ist die leichte Zugänglichkeit für den Bürger oder Gruppen von Bürgern, deren Rechte und Freiheiten sie schützen soll. Leider haben im Falle unserer drei Länder diese Menschenrechtsorgane häufig nur einen Sitz in der jeweiligen Hauptstadt[156], mit der Möglichkeit, Außenstellen an anderen Orten einzurichten. Sol-

---

152 Der originale Text lautet: „si au cours de son mandat, un membre du Comité sénégalais des Droits de l’Homme vient à perdre la qualité au titre de laquelle il a été nommé, il est considéré comme démissionnaire d’office par le président du Comité et remplacé pour la durée du mandat restant à courir...“

153 Originaltext des Artikel 3: „la Commission est composée de dix-sept (17) personnalités élus par l’Assemblée nationale à la majorité absolue de ses membres...“.

154 Artikel 4 (Original) lautet: „le mandat des membres de la Commission est de quatre (4) renouvelable“.

155 Artikel 14 (Original) lautet: „les membres de la Commission jouissent de l’immunité pendant l’exercice de leurs fonctions et un an après la cessation de celles-ci“.

156 Artikel 3 der Geschäftsordnung der CNDH bestimmt: „Der Sitz der Kommission befindet sich in Lomé“ (eigene Übersetzung); Artikel 1 (3) des Dekretes zu Gründung des CNDHL setzt den „Sitz in Yaoundé“ (eigene Übersetzung) fest; mit Artikel 9 des Gesetzes zur Gründung des CSDH wird dem Komitee ein Sitz und ein

che lokalen Außenstellen gibt es aber häufig nicht, was dazu führt, dass de facto das nationale Menschenrechtsorgan für die Bürger unzugänglich wird, die im Landesinneren leben, denn diese haben nicht die Mittel, um im Falle der Verletzung ihrer Grundrechte in die Hauptstadt zu reisen. Diese Sachlage stellt eine ziemlich starre Begrenzung der Anrufung des Menschenrechtsorganes dar. Hinzu kommt, dass der Mehrzahl der Bevölkerung von der Existenz dieser Institutionen nichts bekannt ist.

Ich denke daher, dass es sinnvoll wäre, diese Institutionen näher zur Bevölkerung zu bringen, indem tatsächlich lokale Außenstellen geschaffen werden. Dies würde es den Menschenrechtsorganen ermöglichen, die ihnen übertragenen Aufgaben effektiv zu erfüllen.

3.3 Die Befugnisse und Arbeitsweise der nationalen Menschrechtsorgane

3.3.1 Das CNDHL

Mit Artikel 2 des Dekretes vom 8. November 1990 werden dem *CNDHL* mehrere Aufgaben zugewiesen, die man zu zwei Hauptaufgaben zusammenfassen kann: zum einen die Verteidigung, zum anderen die Förderung der Menschenrechte und der Grundfreiheiten.

Im Bereich der **Verteidigung** der Menschenrechte und Grundfreiheiten nimmt das Komitee alle Meldungen entgegen, die Fälle von Verletzungen der Menschenrechte und der Grundfreiheiten betreffen. Es leitet die Untersuchung ein und nimmt alle erforderlichen Ermittlungen vor und erstellt darüber einen Bericht zur Vorlage beim Staatspräsidenten; es befasst außerdem alle Behörden mit den Fällen von Verletzung von Menschenrechten und Freiheiten. Leider erlaubt ihm das Gesetz aber nicht, Strafen gegen diejenigen zu verhängen, die Menschenrechtsverletzungen begangen haben, bzw. sie aufzufordern, diese Verletzungen einzustellen. Es hat nur beratende Funktion.

Außerdem erlaubt Artikel 2 des Dekretes dem Komitee theoretisch, bei Bedarf alle Arten von Strafanstalten, Kommissariaten und Gendarmerieposten zu besuchen, in Anwesenheit des zuständigen Staatsanwaltes oder seines Vertreters. Von diesen Besuchen wird ein Bericht erstellt, der den zuständigen Behörden zugeleitet wird. Wir haben hier ein sehr bedeutsames Vorrecht des Komitees, das auf diese Weise eine Kontrollfunktion gegenüber der Exekutive ausübt.

---

ständiges Sekretariat zugewiesen, ohne genaue Angabe, ob er sich in der Hauptstadt oder in einer anderen Stadt Senegals befindet.

Diese Kontrollaufgabe könnte jedoch nur wirksam sein, wenn die kontrollierten Behörden tatsächlich und eng mit dem Komitee zusammenarbeiten würden. Diesbezüglich üben aber die entsprechenden Behörden manchmal Zurückhaltung. So wurde am 7. März 1992 bei der Gendarmerielegion im Zentrum von Yaoundé eine Abordnung des Komitees, unter Führung des Vorsitzenden und in Begleitung des stellvertretenden Staatsanwaltes des Amts- und Landgerichtes von Yaoundé, in der Umfriedung der Brigade von den Gendarmen festgehalten, bis ein Offizier einschritt.

Kurz gesagt es erweist sich – da die Autorität des nationalen Menschenrechtsorganes von den Bediensteten der kamerunischen Verwaltung nicht akzeptiert wird – für das Komitee als unmöglich, seinen Auftrag der Verteidigung der Menschenrechte auf kamerunischem Staatsgebiet zu erfüllen. Es bleibt somit nur die Konzentration seiner Arbeit auf seinen Auftrag zur Förderung der Menschenrechte.

Was die **Förderung** angeht, so ergibt sie sich ebenfalls aus Artikel 2 des Dekretes zur Schaffung des *CNDHL* und teilt sich in zwei Bereiche:

Zum einen hat das Komitee die Aufgabe der Aufklärung und Information der kamerunischen Bevölkerung, durch Verbreitung aller Instrumente zum Schutz der Menschenrechte auf allen möglichen Wegen. Diese sehr wichtige Funktion ermöglicht es den Kamerunern, den Inhalt ihrer Rechte im täglichen Leben und auch ihre Pflichten zu erfahren.

Die Verbreitung erfolgt über Kolloquien und Seminare; das Komitee kann die Massenmedien (Radio, Fernsehen usw.) nutzen, um die Bevölkerung zu erreichen. Im übrigen hat im Bereich der Förderung das kamerunische Komitee in Yaoundé vom 5. bis 7. Februar 1996 die erste afrikanische Konferenz nationaler Menschenrechtsinstitutionen organisiert, um über die Menschenrechtssituation zu sprechen und sich zur Tätigkeit und zu den Problemen auszutauschen, denen die nationalen Institutionen bei ihrer Arbeit begegnen.

Schließlich ist das Komitee das einzige staatliche Organ, das befugt ist, die Tätigkeiten der verschiedenen außerpolitischen Organisationen zu koordinieren, die im Bereich der Menschenrechte tätig sind.

Zusammenfassend stellt man fest, dass es für das Komitee schwierig ist, die Aufgaben zu erfüllen, für die es gegründet wurde.

3.3.2 Das CSDH

Gemäß Artikel 2 des Gesetzes vom 10. März 1997 besteht die Aufgabe des Komitees in der Förderung und im Schutz der Menschenrechte auf senegalesischem Staatsgebiet.

Im Rahmen des Menschenrechtsschutzes kann es Stellungnahmen oder Empfehlungen zu allen Menschenrechtsfragen aussprechen, insbesondere zur Änderung von Gesetzen und Verordnungen und zu Verwaltungspraktiken, und zwar auf Antrag der Regierung, des Parlamentes und in eigener Initiative.

Anders als beim *CNDHL* trifft das *CSDH* im Falle von Menschenrechtsverletzungen nicht nur eine Feststellung; es ist ermächtigt, die Staatsorgane auf die Fälle aufmerksam zu machen und Maßnahmen zu deren Beendigung vorzuschlagen.

Die Stellungnahmen und Empfehlungen des Komitees werden öffentlich bekannt gemacht. Dies kann sehr günstig sein für den Schutz der Menschenrechte auf senegalesischem Staatsgebiet, denn die senegelasischen Behörden schätzen Kritik aus dem Ausland nicht sehr.

Im übrigen verpflichtet Artikel 8 den Präsidenten des Komitees dazu, dem Staatspräsidenten jährliche Tätigkeitsberichte vorzulegen, insbesondere die Bilanz der Menschenrechtssituation im Senegal.

Im Bereich der **Förderung** hat das Komitee den Auftrag erhalten, die Vereinbarungen und Gesetzestexte im Bereich der Menschenrechte allgemein zu verbreiten und die senegalesische Bevölkerung und Verwaltung durch Abhaltung von Konferenzen, Seminaren, über die Medien und durch alle anderen adäquaten Mittel über die Menschenrechte aufzuklären.

Wenn Verstöße gegen die Menschenrechte festgestellt und den Behörden mitgeteilt wurden, übernimmt das Komitee die Koordination zwischen den verschiedenen gesellschaftlichen Kräften, damit eine Wiedergutmachung erfolgt.

Ein bekannt gewordenes Beispiel für die Arbeit des Komitees im Bereich der Menschenrechte war die „Sache Famara Koné gegen den Staat Senegal“.

Der senegalesische Bürger Famara Koné war am 15. Januar 1982 in Banjul auf gambischem Staatsgebiet vom senegalesischem Militär festgenommen worden, als er sich an einer Protestdemonstration gegen die senegalesische Präsenz in diesem Land beteiligte, zu der es nach dem gescheiterten Putschversuch vom 30. Juli 1981 gegen Präsident Dawda Kairaba Diawara gekommen war. Famara Koné wurde nach Dakar gebracht, wo der Untersuchungsrichter Haftbefehl gegen ihn erließ. Zur ersten Gerichtsverhandlung wurde er am 10. Dezember 1983 geladen, danach wurde sein Prozess systematisch vertagt, bis er im Mai 1986 vorläufig auf freien Fuß gesetzt wurde.

Doch zwei Jahre später wurde er erneut von der senegalesischen Polizei gefasst. Sie warf ihm vor, das Notstandsgesetz verletzt zu haben. Er wurde festgenommen, und am 12. April 1988 erging Haftbefehl gegen ihn.

Er wurde am 18. April vom Strafgericht Dakar abgeurteilt, das ihn freisprach. Er wurde daher noch am gleichen Tag auf freien Fuß gesetzt. Im Juni 1988 kam er in den Genuss eines Amnestiegesetzes.

Da er die Meinung vertrat, von der senegalesischen Justiz gejagt und gequält worden zu sein, rief Famara Koné am 5. Dezember 1989 **den Menschenrechtsausschuss** der Vereinten Nationen an. Ohne explizit irgendeine Bestimmung des **Paktes über bürgerliche und politische Rechte** zu nennen, brachte er vor:

1) von der senegalesischen Polizei gefoltert worden zu sein;
2) in seinem Land politisch verfolgt und willkürlich inhaftiert worden zu sein;
3) die senegalesischen Behörden hätten sein Eigentumsrecht verletzt.

Bei der Prüfung der Zulässigkeit der Mitteilung am 5. November 1991 erklärte sich **der Menschenrechtsausschuss** für unzuständig für die Frage der Verletzung des Eigentumsrechtes und erklärte den Teil betreffend der von ihm erlittenen Folter für unzulässig.

Nach Auffassung des Menschenrechtsausschusses konnte die Inhaftierung von Famara Koné nicht als willkürlich bezeichnet werden, da die Entscheidung zur Inhaftierung von einer Gerichtsbehörde ausging.

Der Menschenrechtsausschuss erklärte jedoch die Mitteilung für zulässig mit der Begründung, sie zeige Probleme auf, die unter die Artikel 9 und 19 des Paktes fallen und ersuchte daher die senegalesischen Behörden, ihm Erklärungen zur Haftdauer von Herrn Koné von 1982 bis 1986, also vier Jahre und vier Monate, zu erteilen.

Der Menschenrechtsausschuss vertritt bei seiner Prüfung in der Sache am 21. Oktober 1994 die Ansicht, dass die Zeitspanne eigentlich viel länger als 4 Jahre und 4 Monate gewesen ist, wenn man bedenkt, dass die Schuld oder Unschuld von Herrn Koné zum Zeitpunkt seiner vorläufigen Entlassung am 9. Mai 1986 immer noch nicht erwiesen war.

Demzufolge habe Herr Koné gemäß Artikel 2 Absatz 3 (a) des Paktes Anspruch auf Wiedergutmachung des erlittenen Schadens.

Das Komitee ersuchte die senegalesischen Behörden darum, künftig Sorge dafür zu tragen, dass solche Verletzungen sich nicht wiederholen. Außerdem sollten die senegalesischen Behörden innerhalb einer Frist von 90 Tagen Auskünfte zu den Maßnahmen erteilen, die ergriffen wurden, um den in dieser Sache getroffenen Feststellungen Wirkung zu verleihen.

So bot die senegalesische Regierung Herrn Koné am 28. April 1997 den Betrag von 300.000 CFA-Francs (461.54 Euros) als pauschale Entschädigung an.

Dieses Angebot wurde von ihm abgelehnt. Die senegalesische Regierung, vertreten durch Premierminister Habib Thiam, rief daher das *CSDH* an, damit in dieser Sache eine endgültige Lösung gefunden werde.

Aufgrund der Vermittlungsarbeit des Komitees erklärte sich Herr Koné mit dem Betrag von 500.000 CFA-Francs (769.23 Euros) als pauschaler Entschädigung, einem Grundstück zur Nutzung zu Wohnzwecken und der Übernahme der Kosten medizinischer Behandlung durch den Staat einverstanden[157].

Dazu ist anzumerken, dass anders als das kamerunische Dekret das senegalesische Gesetz dem *CSDH* mehr Befugnisse gewährt.

Wie sieht es aber mit dem Gesetz in Togo aus?

3.3.3 Die CNDH: Mechanismus des Menschenrechtsschutzes

Aufgrund der unglücklichen Erfahrungen in der Vergangenheit, der Unmöglichkeit des Funktionierens der *CNDH*, der fehlenden Glaubwürdigkeit der Institution in der Bevölkerung und den massiven und schweren Menschenrechtsverletzungen, wurden mit Artikel 2[158] des Organgesetzes Nr. 96-12 vom 19. November 1996 die Aufgaben der *CNDH* erweitert.

Außer dem Auftrag des Schutzes und der Förderung, die sich beim *CNDHL* und beim *CSDH* finden, weist das togoische Gesetz der *CNDH* eine dritte Aufgabe zu, nämlich „die Feststellung von Fällen von Menschenrechtsverletzungen vorzunehmen".

Diese Aufgabe der *CNDH* findet sich weder im kamerunischen Dekret, noch im senegalesischen Gesetz.

Gemäß Artikel 17 des Gesetzes steht die Anrufung der Kommission jedem offen, der glaubt, Opfer einer Verletzung seiner Grundrechte geworden zu sein. Ist das Opfer dazu nicht in der Lage oder verhindert, kann der Antrag von einer dritten Person ausgehen. Die Kommission hat außerdem die Möglichkeit, sich im Falle von Menschenrechtsverletzungen auf Antrag ihres Präsidenten oder eines ihrer Mitglieder selbst anzurufen.

---

157 In: Rapport Annuel du CSDH, 1998, S. 51 f.

158 In Artikel 2 heisst es: „Die Kommission hat die Aufgabe:
  a) den Schutzund die Verteidigung der Menschenrechte im Staatsgebiet der Republik Togo zu gewährleisten;
  b) die Menschenrechte in jeder Weise zu fördern, insbesondere
    - alle Vorschläge von Normen, die im Zusammenhang mit den Menschenrechten stehen, zu prüfen und der Staatsgewalt im Hinblick auf ihre Verabschiedung zu empfehlen,
    - Stellungnahmen im Bereich der Menschenrechte abzugeben,
    - Seminare und Kolloquien auf dem Gebiet der Menschenrechte abzuhalten;
  c) die Feststellung der Fälle von Menschenrechtsverletzungen vorzunehmen" (eigene Übersetzung).

Der entsprechende Antrag muss die Zulässigkeitsvoraussetzungen des Artikel 18 erfüllen. Wird das Ersuchen als zulässig angesehen, tritt das Exekutivbüro innerhalb von achtundvierzig Stunden nach Anrufung der Kommission zusammen und bestellt zur Untersuchung des Falles einen Sonderberichterstatter.

Dieser ist ermächtigt, den Antrag zur Einholung von Erklärungen an den fraglichen Bediensteten oder die fragliche Behörde zu stellen, sowie eine Vernehmung des Opfers, des beteiligten Bediensteten oder jeder anderen Person vorzunehmen, die zur Aufklärung beitragen kann. Der Sonderberichterstatter erhält Zugang zu allen Berichten, Registern und anderen Unterlagen der Verwaltung, die einen Bezug zu der Untersuchung haben. Die Dienstvorgesetzten des beschuldigten Bediensteten müssen den Berichterstatter bei seiner Tätigkeit unterstützen.

Falls Veranlassung besteht, mit der betreffenden Verwaltung nach Mitteln und Wegen zu suchen, um diese Verletzungen zu beenden, ist der Berichterstatter dazu ermächtigt.

Das Gesetz ahndet mit Freiheitsstrafe von sechs Monaten bis fünf Jahren und einer Geldstrafe von 500.000 bis 1.000.000 CFA-Francs (769.23 bis 1538.46 Euros) oder nur mit einer dieser beiden Strafen jede Behinderung und jeden Versuch, die Kommission an der Erfüllung ihrer Aufgaben zu hindern[159].

Er reicht seinen Bericht innerhalb von fünfzehn Tagen nach seiner Bestellung ein. Besteht die Verletzung fort, so prüft die Kommission den vom Sonderberichterstatter eingereichten Bericht und legt alle Maßnahmen fest, die geeignet sind, sie zu beenden.

Sie kann dazu den Präsidenten der Nationalversammlung anrufen, der dann einen Bericht an die Nationalversammlung erstellt, oder aber den Staatspräsidenten.

Obgleich die behandelten Fälle und die Berichte vertraulich bleiben müssen, müsste das Verfahren vor der *CNDH* doch dazu beitragen, die Menschenrechte und Grundfreiheiten auf dem Staatsgebiet Togos wirksam zu schützen.

Leider ist die Abfassung wohlklingender Gesetzestexte alleine nicht ausreichend, um den Schutz der Menschenrechte und Grundfreiheiten zu gewährleisten.

Es müssten dazu auch diese Gesetzestexte tatsächlich eingehalten werden, und die eingerichteten Menschenrechtsinstitutionen oder -organe müssten uneingeschränkt arbeiten können.

In den meisten afrikanischen Ländern, und so auch in Togo, im Senegal und in Kamerun, besteht jedoch eine große Kluft zwischen den gesetzlichen Vorschriften und der Realität.

---

159 Artikel 27 des Gesetzes.

3.4 Die Schwierigkeiten der nationalen Menschenrechtsinstitutionen bei der Erfüllung ihrer Aufgaben

Wie bereits weiter oben ausgeführt, ist es nicht ausreichend, eine Gesetzgebung zum Schutz der Menschenrechte zu erarbeiten oder wie auch immer geartete ausgeklügelte Mechanismen einzurichten, damit die Rechte in vollem Umfang respektiert und geschützt werden[160].

Die entsprechenden Gesetzestexte müssten umgesetzt werden, und für die damit eingerichteten Organe müssten alle materiellen und finanziellen Voraussetzungen geschaffen werden, damit sie die Aufgaben erfüllen können, für die sie eingerichtet wurden.

In der Mehrzahl der afrikanischen Länder werden, um auf internationaler Ebene einen guten Eindruck zu machen und das Ansehen zu heben, ohne Unterlass Institutionen ins Leben gerufen, die nie wirklich arbeiten.

Die nationalen Institutionen sind mit mehreren Problemen konfrontiert, die ihre Funktionstüchtigkeit und ihre Effektivität enorm behindern.

Zunächst einmal garantiert ihnen das Gesetz finanzielle Unabhängigkeit, in Wirklichkeit aber haben die nationalen Institutionen Schwierigkeiten, Zugang zu diesen Mitteln zu erhalten. Die dafür genannten Gründe liegen in den strukturellen Anpassungen und der Abwertung, die die afrikanischen Länder erschüttern.

So kommt es, dass sowohl das *CSDH*, als auch das *CNDHL* und die *CNDH* mit enormen finanziellen Problemen konfrontiert sind, die sie daran hindern, ihre tägliche Arbeit auszuführen und die Aufgabe zu erfüllen, für die sie geschaffen wurden. Die regionalen und lokalen Außenstellen können also nicht, wie in den Gesetzen vorgesehen, eingerichtet werden. So sind sie nur in den Großstädten, vor allem in den Hauptstädten vertreten, und das in Ländern, in denen der größte Teil der Bevölkerung nach wie vor in Dörfern lebt. Da die Städte ihre eigene Dynamik haben, spiegeln sie nicht die Menschenrechtsproblematik der Menschen im ländlichen Raum wieder. Die finanzielle Schwierigkeit wird somit zum Hemmschuh für die Funktionsfähigkeit dieser Menschenrechtsorgane.

Ein weiteres Problem ist die Sicherheit der Mitglieder der nationalen Institutionen.

Am Beispiel der Mitglieder des *CNDHL* sieht man, dass sie bei der Ausübung ihrer Aufgabe über keinerlei Immunität verfügen. Sie können somit wegen der Meinungen, die sie äußern oder wegen Handlungen, die sie in Ausübung ihrer Funktion vollziehen verfolgt, inhaftiert und sogar festgehalten werden. Dies veranlasste sie dazu, am 03. Juni 1992 ein Pressekommuniqué herauszuge-

160 Hamid Gaham, a. a. O., S. 11.

ben, in dem sie sich Fragen zu ihrem Schutz stellten[161]. Trotz dieses Kommuniqués gab es keine Änderung, denn manche waren der Auffassung, die Immunität könne die Mitglieder des *CNDHL* dazu bringen, sich ungestraft der Verleumdung oder gar der Verletzung des Berufsgeheimnisses schuldig zu machen[162]. Nach unserer Auffassung ist diese Argumentation zur Verweigerung der Immunität gegenüber einer mit dem Schutz der Menschenrechte beauftragten Person nicht begründet.

Die Rolle des *CNDHL* besteht darin, am Schutz und an der Förderung der Menschenrechte auf kamerunischem Staatsgebiet zu arbeiten. Um diese Aufgabe zu erfüllen, muss es also Menschenrechtsverletzungen untersuchen, ob sie nun von Privatbürgern oder von staatlichen Behörden begangen werden. Nun weiß man aber, dass die Menschenrechtsverletzungen in den afrikanischen Staaten hauptsächlich auf das Konto der Regierung und der öffentlichen Verwaltung gehen.

Um die Mitglieder des Komitees also indirekt daran zu hindern, die von der Verwaltung begangenen Menschenrechtsverletzungen anzuzeigen und bekannt zu machen, verweigert man ihnen die Immunität. Da sie wissen, dass sie ohne weiteres verfolgt und verhaftet werden können, werden sie die schweren und massiven Menschenrechtsverletzungen durch Behörden und Verwaltungen nicht vor das Komitee bringen.

Wie ist diesbezüglich die Lage der Mitglieder der *CNDH*?

Obgleich Artikel 14 des Gesetzes theoretisch Immunität für die Dauer der Ausübung des Amtes und ein Jahr nach Ende der Amtszeit garantiert, gibt es für sie in Wirklichkeit keine Sicherheit; sie könnten, ebenso wie Oppositionelle oder Personen, die Kritik an Präsident Eyadema und seinem Regime äußern, wegen Meinungsäußerungen zu den Menschenrechten verhaftet werden oder schlicht verschwinden[163].

Dieses Damokles-Schwert, das über ihren Köpfen schwebt, hindert die Kommissionsmitglieder daran, die Aufgabe zu erfüllen, für die sie gewählt sind.

Obgleich Artikel 17 Absatz 3 der *CNDH* die Möglichkeit gibt, sich im Falle von Menschenrechtsverletzungen selbst anzurufen, findet man, wegen der Angst vor Repressalien und trotz schwerer und massiver Menschenrechtsverletzungen vor und nach den Präsidentschaftswahlen im Juni 1998, keinen Fall, in dem die

161 R. Djila, Contribution à l'étude de la protection de la liberté individuelle au Cameroun depuis 1990, in: Juris Périodique N° 26, 1996, S. 87.

162 Ibidem.

163 Dazu ist anzumerken, dass der frühere Präsident der CNDH, Rechtsanwalt Dovi Ahlonkor, nach wie vor im Exil lebt, da er eine Untersuchung zu Menschenrechtsverletzungen durchführte, die von den togoischen Sicherheitskräften begangen wurden und ihre Schuld nachwies.

Kommission sich von Amts wegen selbst angerufen hätte, um einen Fall zu behandeln.

Das jüngste Beispiel ist der Bericht von Amnesty International vom 5. Mai 1999, mit dem Titel „Togo: état de terreur“, in dem die Organisation auf Seite 26 schrieb:

„Im Juni 1998, während des Wahlkampfes für die Präsidentschaftswahlen und nach der Bekanntgabe der Wahlergebnisse, wurden Hunderte von Personen, darunter Angehörige des Militärs, ohne Gerichtsverfahren hingerichtet. Tote wurden am Strand von Togo und Benin gefunden, die Leichen sah man auf offener See mindestens vier Tage lang vor der Küste von Benin. Im Laufe ihrer Untersuchungsmission hatte die Delegation von Amnesty International die Möglichkeit, zahlreiche Personen zu befragen, darunter die Fischer von Benin und Togo, sowie togoische Bauern, die auf den Feldern arbeiteten. Die befragten Personen berichteten alle von ungewöhnlichen Flugzeug- und Hubschrauberbewegungen, die manchmal sehr tief das offene Meer überflogen. Frühere Militärs, Mitglieder des Para-Kommando-Regimentes, das nach Benin geflüchtet ist, erkannten das Flugzeug der Marke Buffalo an seinem charakteristischen Geräusch. Andere Personen haben ebenfalls angegeben, dass Tote an den Stränden gefunden wurden, kurze Zeit nachdem die Flugzeuge die Gegend überflogen hatten... Andere Fischer, insbesondere in Grand-Popo, in Benin, teilten uns dasselbe mit und führten aus, die Opfer hätten Schussverletzungen aufgewiesen und manche Militärangehörige hätten auch Handschellen getragen.“[164]

Es wäre eigentlich damit zu rechnen gewesen, dass die Kommission dies zum Anlass nimmt, sich selbst anzurufen und diese Ausführungen von *Amnesty International* zu untersuchen.

Leider aber gab es keinerlei Reaktion des Organs, das mit dem Schutz der Menschenrechte beauftragt ist.

Die Regierung Togos jedoch reagierte heftig, wie stets, und wies den Bericht zurück, den sie als grobe Montagen, Trickaufnahmen, falsche Zeugenaussagen und anderes mehr bezeichnete. Wieder einmal sollte es nach den Aussagen der togoischen Regierung der Oppositionelle Gilchrist Olympio sein, der mit dem Generalsekretär von *Amnesty International* ein Komplott organisiert haben sollte, um das togoische Regime zu destabilisieren.

Die togoische Regierung erstattete bei der togoischen Justiz Anzeige gegen Pierre Sané und mehrere Personen, die sie verdächtigte, bei der Untersuchung

---

164 Doc. des Nations Unies, Rapport de la Commission d'enquête internationale pour le Togo, E/CN.4/2001/134, S. 9 f. (eigene Übersetzung).

der außerpolitischen Organisation kollaboriert zu haben. Die Ausmaße, die der Konflikt zwischen *Amnesty International* und der togoischen Regierung annahm, veranlasste die Menschenrechtskommission der Vereinten Nationen und die Organisation für Afrikanische Einheit, am 7. Juni 2000 eine internationale Untersuchungskommission für Togo einzurichten, die den Fall untersuchte und ihren Bericht im Februar 2001 vorlegte, mit dem sich leider die schweren Vorwürfe von *Amnesty International* bestätigten[165].

Das legt die Auffassung nahe, die *CNDH* habe, aus Angst für Repressalien durch die togoische Regierung, ihre Funktion des Menschenrechtsschutzes indirekt an die NGOs wie *Amnesty International*, abgegeben, deren Mitglieder besser geschützt sind.

Was das *CSDH* betrifft, so ist festzustellen, dass abgesehen von den finanziellen Schwierigkeiten die Mitglieder keine Angst haben, wegen in Ausübung ihres Amtes geäußerter Meinungen verfolgt oder festgenommen zu werden.

Nach der Analyse dieser nationalen Institutionen stellt man fest, dass die *CNDH* und das *CNDHL* keine bestimmende Rolle beim Schutz der Menschenrechte und der Grundfreiheiten in ihren jeweiligen Ländern spielen. Sie sind mit finanziellen Schwierigkeiten und anderen Problemen konfrontiert, die mit der politischen Lage dieser Länder zusammenhängen. Dadurch sind sie daran gehindert, die Aufgaben zu erfüllen, für die sie geschaffen wurden.

Was das *CSDH* betrifft, so lässt sich, obgleich der Weg noch mehr oder weniger lang ist, sagen, dass mit der Unterstützung der senegalesischen Verwaltung diese Institution eine ziemlich wichtige Rolle im Bereich der Einhaltung und des Schutzes der Menschenrechte spielt.

Der Arbeitsstil des *CSDH* zeigt wieder einmal die Präferenzen der afrikanischen Staatsführungen, den nicht-obligatorischen Verfahren zur Verteidigung der Menschenrechte den Vorzug geben.

---

165 Doc. Des Nations Unies, Rapport de la Commission d'enquête internationale pour le Togo, E/CN.4/2001/134.

Kapitel 4: Die anderen zum Schutz der Menschenrechte geeigneten Mechanismen

Andere Mechanismen, die einen Beitrag zum Schutz der Menschenrechte auf nationaler Ebene leisten könnten, haben erst in jüngster Vergangenheit Eingang in die Rechtsordnungen unserer Länder gefunden. Es handelt sich beispielsweise um die Einrichtung eines Organs, dessen Aufgabe in der Kontrolle der staatlichen Medien besteht, wie die Hohe Behörde für Audiovision und Kommunikation in Togo; dazu gehören aber auch die Nicht-Regierungsorganisationen *(Non-government-organizations - NGOs)* zum Schutz der Menschenrechte, private Vereinigungen und Ligen für Menschenrechte ab den neunziger Jahren.

Daneben gibt es Organisationen, die seit Jahrzehnten bestehen und im Bereich der Menschenrechte aktiv sind, durch Untersuchungen und durch die Veröffentlichung von Einzel- oder Sammelberichten über willkürliche Verhaftungen, Folter und Todesurteile[166]. Diese internationalen Menschenrechtsorganisationen, zu denen als wichtigste *Amnesty International*, die Internationale Menschenrechtsvereinigung (*Fédération Internationlle des Droits de l'Homme - FIDH*), die internationale Gefängnisbeobachtungsstelle (*Observatoire Internationale des prisons - OIP*) gehören, haben nationale Sektionen in den meisten afrikanischen Staaten eingerichtet, komplementär zur Schutz- und Förderungsarbeit der nationalen Menschenrechtsorganisationen.

4.1 Die Medienaufsichtsbehörden zum Schutz des Pluralismus

Angeregt durch die Erfahrungen in Frankreich[167] sind diese Organe in allen drei hier untersuchten Ländern verankert und führen seit den neunziger Jahren, dem Beginn der Demokratisierung, verschiedene Bezeichnungen.

So ist in den Artikeln 130 und 131 der togoischen Verfassung von 1992 dieses neue Organ unter der Bezeichnung Hohe Behörde für Audiovision und Kommunikation (*Haute autorité de l'audiovisuel et de la communication*) vor-

166 Maurice Massengo-Tiassé, Comment peut –on vivre libre en Afrique ?, Ed. Michel de Maule, 1988, S. 135.

167 In Frankreich heisst dieses Organ Oberer Rundfunk- und Fernsehrat *(Conseil supérieur de l'audiovisuel - C.S.A.)* (eigene Übersetzung).

gesehen, mit der Aufgabe, Freiheit und Schutz der Presse und anderer Massenkommunikationsmittel zu gewährleisten und sicherzustellen.

Im Senegal wurde, obwohl das Mehrparteiensystem bereits seit Jahren existierte, erst ab dem Jahre 1991 das Aufsichtsorgan für Kommunikation, der Hohe Rundfunk- und Fernsehrat *(Haut Conseil de la Radio Télévision)* per Dekret eingerichtet.

Der kamerunische Staat schuf ebenfalls ab 1990, mit dem Gesetz Nr. 90/052, den Nationalen Kommunikationsrat (*Conseil National de la Communication*).[168]

Trotz unterschiedlicher Bezeichnungen sind Rolle und Aufgabe dieser Organe gleich. Sie sollen die Freiheit der Kommunikation von Gedanken sichern und darüber wachen, dass die staatlichen Medien und die anderen Massenkommunikationsmittel nicht nur der Regierungspartei dienen, da die Pressefreiheit demokratischen Pluralismus garantiert und die Massenmedien „are critical to the development of a genuine democratic system. They represent a forum for debate on issues of national importance and hold politicians up to public scrutiny“[169].

Die Behörde (der Rundfunk- und Fernsehrat) muss darüber wachen, dass die „Prinzipien des gleichen Zugangs“ aller rechtmäßig konstituierten politischen Parteien und Vereinigungen „zu den Medien, insbesondere in Wahlzeiten, eingehalten und harmonisch weiterentwickelt werden“[170], durch Aufteilung der Sendezeiten in den öffentlichen Medien während des Wahlkampfs und bei den Wahlen.

Hier ist nun die Frage zu beantworten, ob in der Praxis diese Behörden in der Lage sind, die Aufgaben zu erfüllen, für die sie eingerichtet wurden.

Was den Zugang für alle Akteure des politischen Lebens sowie für die Zivilbevölkerung angeht, ist der senegalesische Staat dem kamerunischen und togoischen Staat weit voraus. Auch wenn es von Zeit zu Zeit Unregelmäßigkeiten gibt, so besteht doch der effektive Zugang zum öffentlichen Rundfunk und Fernsehen. Alle rechtmäßig konstituierten Parteien haben eine dreißigminütige Wochensendung im Radio und im Fernsehen, um ihre Optionen und Programme vorzustellen und vor allem, um der senegalesischen Bevölkerung über ihre Ak-

---

168 Décret n° 91.537 zur Einrichtung des Hohen Rundfunk- und Fernsehrates in J.O.R.S. 1991; Gesetz Nr. 90/052 vom 10. Dezember 1990, geändert mit Gesetz Nr. 96/04 vom 4. Januar 1996 in J.O.R.C.

169 In Zeitschrift des International Centre against Censorship, Cameroon: A transition in Crisis, Oktober 1997, S. 15.

170 A. Boyomo, Le Conseil National de la Communication du Cameroun, Communication N° 15, in Haute autorité de l'audiovisuel et de la communication, Fondation Friedrich Ebert et la Coopération Suisse, les enjeux du pluralisme médiatique: Actes du premier colloque des instances africaines de régulation de la communication (Cotonou: les Editions du Flamboyant), 1996, S. 151.

tivitäten zu berichten. Der Rundfunk- und Fernsehrat wacht darüber, dass die Dauer der vorgesehenen Sendezeit für alle politischen Parteien, also für Regierungs- und Oppositionsparteien, jeweils gleich ist.

Was Togo und Kamerun angeht, so ist der ausgewogene Zugang für alle politischen Akteure zu den staatlichen Medien bisher noch Utopie.

In Togo hatte die Regierung die Zeit des unbefristeten Streiks von 1992 genutzt, um die streikenden Journalisten des togoischen Rundfunks und Fernsehens zu entlassen und sie durch Mitglieder der *RPT* zu ersetzen. So stehen, obgleich Radio und Fernsehen öffentliche Einrichtungen sind, die aus Mitteln des togoischen Staates finanziert werden, sowohl in normalen Zeiten als auch in Wahlzeiten der togoische Rundfunk und das togoische Fernsehen einzig und allein im Dienst der Regierungspartei, senden nur die Propagandaaktivitäten der *RPT* und seiner Verbündeten und ergehen sich in Lobpreisungen des Vorsitzenden und Begründers General Eyadema. Dies schließt de facto die anderen Akteure von der politischen Bühne Togos aus, da sie weder die Möglichkeit haben, ihre Programme auszustrahlen, noch die Bevölkerung über Fragen nationalen Interesses zu informieren.

In dem Versuch, diesem Problem zu begegnen und ihre Informationsaufgabe gegenüber dem togoischen Volk zu erfüllen, sind fast ein halbes Dutzend privater Radiosender entstanden.

Diese Radiosender jedoch können aufgrund ihrer schwachen Frequenzen nicht das gesamte togoische Staatsgebiet abdecken. Damit ist die Mehrheit der togoischen Bevölkerung aus dem politischen Leben des Landes ausgeschlossen, also in ihrem Recht auf Information verletzt, einem von der togoischen Verfassung und verschiedenen internationalen Rechtstexten garantierten Recht.

In Kamerun stellt man, trotz des Vorhandenseins einer Aufsichtsbehörde, zwar nicht die völlige Vereinnahmung der staatlichen Medien, aber doch die Vormachtstellung der Regierungspartei gegenüber den anderen Parteien fest.

Nach den Studien der NGO Afrikanisches Gewissen (*Conscience Africaine*) verfügte in den beiden Monaten vor den Kommunalwahlen 1996 von insgesamt 776 Sendeminuten im staatlichen Fernsehen für alle politischen Parteien die *RDPC* alleine über 727 Minuten, also 93,7 %. Die anderen politischen Parteien teilten sich 48 Minuten, also 6,3 %[171].

Ebenso stellte man auch bei den Präsidentschaftswahlen 1997 in der Zeit vom 27.09.1997 bis 11.10.1997 nach einer Analyse derselben Menschenrechtsorganisation ein Monopol der Regierungspartei im staatlichen Rundfunk und Fernsehen fest.

---

171 Zeitschrift *International Centre against Censorship*, a.a.O., S. 18.

Die quantitative Analyse der Ausstrahlungen der staatlichen Rundfunk-und Fernsehanstalt Kameruns (*Office de Radiodiffusion Télévision Camerounaise-CRTV)* ergab, dass von 98 Nachrichtensendungen während der Wahlzeit, davon 60 in französischer und 38 in englischer Sprache, bei der Aufteilung der Sendezeit, die den kandidierenden politischen Parteien zugestanden wurde, die RDPC alleine bereits 27 Stunden, 14 Minuten und 29 Sekunden für sich in Anspruch nahm, gegenüber 2 Stunden, 47 Minuten und 41 Sekunden für alle anderen Parteien zusammen.

Überdies stellt man in der qualitativen Behandlung der Informationen Unregelmäßigkeiten fest; so wurden die Informationen zur Wahlkampagne der Konkurrenzparteien des RDPC in den Zusammenfassungen nur flüchtig und oberflächlich erwähnt.

Tabelle Nr. 1: Sendezeitverteilung nach politischen Parteien[172]

Partei	Sendezeit in französischer Sprache	Sendezeit in englischer Sprache	Gesamtsendezeit	Anteil in %
R.D.P.C.	1341 Min. 41 Sek.	294 Min. 4 Sek.	1634 Min. 29 Sek.	90,6 %
M.D.P.	67 Min. 8 Sek.	18 Min. 50 Sek.	85 Min. 58 Sek.	04, 77 %
P.P.D.	22 Min. 19 Sek.	10 Min. 30 Sek.	32 Min. 50 Sek.	01, 82 %
U.D.C.	15 Min. 27 Sek.	14 Min. 34 Sek.	30 Min. 01 Sek.	01,66 %
R.D.P.F.	-----	-----	5 Min. 28 Sek.	0,30 %
D.I.C.	2 Min. 15 Sek.	2 Min. 15 Sek.	4 Min. 51 Sek.	0,26 %
U.P.A.	-----	-----	4 Min. 15 Sek.	0,23 %
A.M.E.C	-----	-----	2 Min.35 Sek.	0,14 %
U.S.D.	-----	-----	28 Sek	0,025 %

Man stellt hier im Falle Kameruns und Togos wieder einmal fest, dass die Einrichtung der Aufsichtsbehörden für die Kommunikation durch gut ausgearbeitete Gesetzestexte nicht zur Verbesserung des Schutzes der Presse und der Informationsfreiheit im Staatsgebiet geführt hat. Der Grund liegt in der Weigerung

172 Die Tabelle wurde erstellt auf der Grundlage der Daten der NGO Afrikanisches Gewissen (*Conscience Africaine*) zu den Präsidentschaftswahlen 1997 erstellt; vgl., 1er Rapport d'observation de la radio nationale, Yaoundé 1997.

der Regierenden dieser Länder, Gesetze einzuhalten. Die eingerichtete Behörde wird damit zu einer überflüssigen und wirkungslosen Institution.

Dieses ständige Scheitern staatlicher Institutionen bringt die Bürger dazu, ihr Schicksal selbst in die Hände zu nehmen und private NGOs zur Verteidigung der Menschenrechte ins Leben zu rufen, die den Auftrag haben, das Vakuum und die Unfähigkeit staatlicher Institutionen auszugleichen.

4.2 Nationale NGOs und ihre Auswirkung auf den Schutz der Menschenrechte

Einsatz für die Menschenrechte hat es in Afrika immer gegeben. Seit Jahrzehnten verfolgen engagierte Bürger, Rechtsanwälte, Journalisten, Gewerkschaftsmitglieder und Angehörige religiöser Organisationen aus der Nähe die Entwicklung der Menschenrechte in diesen Ländern und prangern Missbräuche unter sehr gewagten Umständen[173] und unter Gefahr für ihr Leben an. Und seit Ende der achtziger/Anfang der neunziger Jahre ist mit der Errichtung von Mehrparteiensystemen in den meisten subsaharischen Ländern Afrikas die Anzahl dieser Organisationen sprunghaft angestiegen[174].

Bevor wir jedoch mit der Untersuchung der Auswirkungen der Tätigkeit dieser Organisationen zur Verteidigung der Menschenrechte und ihrer Arbeitsmethode beginnen, wollen wir uns der Definition dieser Organisationen zuwenden.

Anschließend werden wir die Probleme darstellen, denen diese Organisationen bei ihrer Arbeit begegnen und schließlich Lösungswege zur effektiven Arbeit dieser NGOs aufzeigen.

4.2.1 Definition der NGOs[175]

Nach Teuber ist „der Begriff NGO ... trotz - oder vielleicht gerade wegen - der zunehmenden Zahl der Publikationen zu diesem Thema eher unklarer gewor-

---

173 In doc. de la Fondation Suédoise pour les droits de l'homme, La situation actuelle des organisations des droits de l'homme en Afrique Sub-saharienne, 1995, S. 1.

174 Nach P. Massina in Togo wurden zwischen 1990 und 1994 vom Innenministerium 309 Zulassungen privater Menschenrechtsorganisationen oder -vereinigungen ausgestellt. Ende 1994 warteten 2706 auf ihre Zulassung.
Dazu ist anzumerken, dass im März 1999 die Verf. im Innenministerium das Register der Menschenrechtsvereinigungen und -organisationen in Lomé einsehen wollte, ihr die Erlaubnis dazu jedoch verweigert wurde.

175 Non-Governmental Organization (dt.: Nichtregierungsorganisation - NRO). Wir verwenden - wie allgemein üblich - die englische Abkürzung.

den.... Die Erarbeitung einer Positiv-Definition des Begriffes konzentriert sich auf die Kriterien Nichtstaatlichkeit und Freiwilligkeit, Organisationsform, Gemeinnützigkeit sowie Zielsetzung.

Aus diesen vier Kriterien, ... ist eine NGO eine auf der Basis der Freiwilligkeit formal organisierte Gruppe der Gesellschaft im nichtstaatlichen Bereich, die einem Gewinnverteilungsverbot unterliegt und deren Ziel es ist, die Entwicklung der Gesamtgesellschaft oder bestimmter Zielgruppen in den Entwicklungsländern zu fördern."[176]

Es ist nun die Frage zu beantworten, ob die Organisation zur Verteidigung der Menschenrechte ebenfalls diesen Kriterien entspricht.

Zwar fällt die nationale NGO unter diese Definition, da sie ebenfalls eine Vereinigung von Privatpersonen ist, die gemeinsame Ziele verfolgen, nämlich Schutz und Förderung der Menschenrechte im Staatsgebiet. Unter einem anderen Aspekt gilt die Menschenrechts-NGO auch der gesellschaftlichen Entwicklung, da man heute weiss, dass ohne Schutz der Menschenrechte keine Entwicklung möglich ist. Andererseits jedoch bilden die nationalen Menschenrechts-NGOs keine homogene Gruppe.

Die Menschenrechtsorganisationen können nach unserer Auffassung in zwei Gruppen unterteilt werden.

Die erste Gruppe bilden die NGOs, die von den Anwalts- und Juristenkammern aus entstanden sind oder aus den Nationalkonferenzen hervorgingen. Dazu gehören beispielsweise: Die Nationale Organisation zum Schutz der Menschenrechte (*Organisation Nationale de Défense des Droits de l'Homme - ONDH*), die Afrikanische Konferenz zur Verteidigung der Menschenrechte (*Rencontre Africaine pour la Défense des Droits de l'Homme - RADDHO)*, die togoische Liga für Menschenrechte (*Ligue Togolaise des Droits de l'Homme - L.T.D.H*), die Gruppe zur Verteidigung der Menschenrechte (*Human Rights Defence Group - HRDG*), das Menschenrechtsklinik- und Erziehungszentrum (*Human Rights Clinic and Education Center - HURCLED*), um nur einige zu nennen.

Diese erste Gruppe von NGOs hat sich zum Ziel gesetzt, auf die Einhaltung der internationalen Menschenrechtstexte in der inneren Ordnung der Staaten und den Schutz aller Menschenrechte hinzuwirken. Nun wissen wir aber, dass dies ein sehr weites Rechtsgebiet ist, das Aktionsfeld ist also viel zu groß und unpräzise.

Es ist jedoch auch eine neue Generation von Menschenrechtsorganisationen entstanden, die ihr Aktionsfeld eingeschränkt und sich nur auf ganz bestimmte Rechte spezialisiert hat. Einige Beispiele dafür sind der Verein der kameruni-

176 Günter Max Teuber, Managementprobleme afrikanischer „Non-Government Organizations-NGOs", Peter Lang, 1994, S. 4 ff.

schen Juristinnen (*Association Camerounaise des femmes juristes - ACAFEJ*), die Gruppe für Reflexion und Aktion und Frauen für Demokratie und Entwicklung (*Groupe de réflexion et d'action, Femme Démocratie et Développement - GF2D*), die Frauenorganisation für Rechte und Entwicklung in Afrika (*Femmes, Droits et Développement en Afrique - FEDDAF*), die sich alle nur den Rechten der Frau widmen, unter allen ihren Aspekten, das Afrikanische Netz für integrierte Entwicklung (*Réseau Africain pour le Développement Intégré - RADI*), das sich als Spezialvereinigung für die Rechte von Häftlingen und die Rechte der Frau versteht, usw.

Jedoch verfolgen, unabhängig vom Umfang des Aktionsgebietes, die Menschenrechts-NGOs fast die gleichen Aufgaben.

4.2.2 Die Rolle der NGOs im Bereich des Menschenrechtsschutzes

Im Rahmen ihrer Aktivitäten zum Schutz der Menschenrechte leisten die NGOs eine sehr wichtige Aufgabe bei der Erarbeitung internationaler Normen. So kam beispielsweise auf europäischer Ebene durch die Initiative zweier NGOs (*Comité suisse contre la torture* (Schweiz Komitee gegen Folter) und die *Commission Internationale des Juristes – (CIJ)* (Internationale Juristenkommission) die Europäische Folterkonvention zustande[177].

Auf nationaler Ebene gelingt es den NGOs ebenfalls, durch zahlreiche Empfehlungen an die Regierungen die Abänderung von Gesetzen, die nicht den internationalen Menschenrechtstexten entsprechen, und die Erarbeitung von Gesetzen zum Schutz der Menschenrechte zu erreichen. Dies war der Fall in Togo und im Senegal im Jahre 1999, wo dank der Arbeit der NGOs zur Sensibilisierung der Bevölkerung aufgrund vielfältiger Empfehlungen an die Regierungen diese entschieden, Gesetze zur Verabschiedung vorzulegen, mit denen die Exzision und die für die Gesundheit von Mädchen und Frauen verheerenden traditionellen Praktiken unter Strafe gestellt wurden.

Eine weitere sehr wichtige Funktion der NGOs ist die Menschenrechtserziehung der Bevölkerung. Diese Funktion ist umso wichtiger, als es für die richtige Anwendung der internationalen Menschenrechtsnormen erforderlich ist, dass die Bevölkerung in der Lage ist, diese Vorschriften zu lesen und zu verstehen. Die Bevölkerung muss den Umfang ihrer Rechte und die rechtlichen Möglichkeiten

---

177 A. Dieng, La protection régionale des droits de l'homme du point de vue d'une organisation non gouvernementale, in „Regional systems of human rights protection in Africa, America and Europe", (Hrsg.) W. Benedek / W. Heinz, Strasbourg 1992, S. 36.

kennen, wenn diese Rechte verletzt worden sind. Sowohl im Senegal, als auch in Togo und in Kamerun sind jedoch die meisten Bewohner Analphabeten und leben im ländlichen Raum. Es ist daher unabdingbar, den Kontakt zu diesen Menschen herzustellen und ihnen diese „lebenswichtige Nahrung, die das Recht ist“[178] zur Verfügung zu stellen.

Diese ganz grundlegende Funktion wird von den nationalen NGOs erfüllt, die durch Kampagnen, Workshops, Theaterstücke und in sonstiger Weise in einfachen Worten, in der lokalen Sprache, die wichtigen internationalen Menschenrechtsinstrumente den ländlichen Bewohnern erklären.

Damit die Aufklärung greift, richten die NGOs in ländlichen Gegenden Zentren ein und bilden Laienjuristen und Aufklärungspersonal aus, zur Fortsetzung der Aufklärungsarbeit.

Beispielsweise bildete im Senegal im Jahre 1984- unter der Ägide des Rates der Entwicklungsunterstützungs-Nichtregierungsorganisationen *(Conseil des Organisations Non Gouvernementales d'appui au Développement - CONGAD)* und der *Internationalen Juristenkommission-* die senegalesische Nichtregierungsorganisation *RADI* in der Region Tambaconda rund dreißig Laienjuristen in der Menschenrechtserziehung aus. Dieses Ausbildungsprojekt wurde durch *RADI* in dem Gebiet um den Senegalfluss zwischen 1988 und 1990 fortgesetzt, wo dreißig weitere Laienjuristen ausgebildet wurden.[179]

Da die Menschenrechts-NGOs auch regelmäßige Besuche in Haftanstalten vornehmen, haben sie eine wichtige Kontrollfunktion.

Dadurch wird die Strafvollzugsbehörden indirekt dazu gezwungen, die Hygiene- und Haftbedingungen der Gefangenen zu verbessern.

Im Senegal beispielsweise arbeiten die Justizverwaltung mit der NGO *RADI* zusammen. Die Delegationen dieser Organisation statten den Haftanstalten des Landes regelmäßige Besuche ab[180], richten Empfehlungen an die Strafvollzugsbehörden und bieten den Häftlingen kulturelle Aktivitäten an.

In Togo und Kamerun widersetzt sich die Justizverwaltung solchen Besuchen. Und so wurde die kamerunische NGO *OIP*, deren Hauptziel darin besteht, daran zu arbeiten, dass die Gefängnisse und die Haftbedingungen den internationalen Normen entsprechen, durch laufende Probleme mit der kamerunischen

---

178 A. Dieng, a.a.O., S. 37.

179 In Yoon Wi (Mitteilungsblatt des juristischen Informationszentrums des *RADI*), Nr. Spécial, 1997, S. 2.

180 Im Januar 1999 erhielten wir aufgrund der Hilfe dieser NGO eine Sondergenehmigung, zwei Haftanstalten in Dakar zu besuchen. In Kamerun gelang es uns trotz der Bemühungen der NGO *OIP* nicht, das Zentralgefängnis von Yaoundé zu besuchen.

Verwaltung gezwungen, ihre Pforten zu schließen und ihre Arbeit einzustellen.[181]

Schließlich haben die NGOs eine wichtige Informationsfunktion für verschiedene Menschenrechtsgremien. So stellen sie unter anderem für den Menschenrechtsausschuss der Vereinten Nationen und für die Afrikanische Kommission für Menschenrechte und Rechte der Völker Informationsunterlagen zusammen, die diesen eine enorme Hilfe bei der Prüfung der regelmäßig von den Staaten vorgelegten Berichte sind, da ein Regierungsvertreter, der vor einem Menschenrechtsorgan erscheint, stets dazu tendiert vorzugeben, dass in seinem Land auf dem Gebiet der Menschenrechte alles zum Besten sei[182].

4.2.3 Die Einsatzgebiete der NGOs: Praktische Analyse einiger Menschenrechts-NGOs

Um die bevorzugten Aktionsziele der NGOs analysieren zu können, muss man mehrere NGOs befragen[183]. Leider aber mussten wir feststellen, dass die Mehrzahl von ihnen, obgleich sie rechtlich existieren, da sie entweder beim Innenministerium angemeldet sind oder eine schriftliche Satzung haben, über keine eigenen Räume verfügen. Bei den anderen, die einen Sitz, also eigene Räume hatten, die als Sitz der Organisation dienten, war nicht einmal die notdürftigste Ausstattung zum Betrieb eines Büros vorhanden. Dies hat zur Folge, dass schriftliche Unterlagen über ausgeführte Aktivitäten, ja sogar die Satzung und die Programme der NGOs schwierig zu erhalten waren. Recherchen bei einigen besser strukturierten Organisationen führten uns jedoch zu der Feststellung, dass die Mehrheit der Menschenrechts-NGOs im Senegal, in Togo und in Kamerun ihre Priorität eher bei den bürgerlichen und politischen Rechten ansetzen bzw. setzen und die wirtschaftlichen, gesellschaftlichen und kulturellen Rechte dahinter zurückstehen müssen.

---

181 Obgleich die Justizverwaltung uns eine Besuchserlaubnis erteilt hatte, hatte dieselbe Institution ganz offenbar den Leiter der Haftanstalt angewiesen, uns nicht einzulassen.

182 A. Dieng, a. a. O., S. 36.

183 Wir haben in jedem Land mindestens fünf Organisationen befragt:
Im Senegal: *RADI, RADDHO, Association des femmes juristes, ONDH, CAEDHU, OIP.*
In Togo: *GF2D, LTDHLP, ATPDH, ATLT.*
In Kamerun: *HURCLED, HRDG, ACAFEJ, ALVF, OIP.*

In diesem Abschnitt werden wir untersuchen:
- Raddho, ONDH (für den Senegal),
- HURCLED und ACAFEJ (für Kamerun) und
- GF2D und L.T.D.H.L.P. (für Togo).

4.2.3.1 Das Tätigkeitsfeld der RADDHO und der ONDH

Die Wurzeln der *RADDHO* gehen zurück auf das Jahr 1988; zur Demonstration ihrer Unterstützung und ihrer Solidarität mit den Opfern der ethnischen Säuberung in Mauretanien schlossen sich damals einige Dozenten der Universität Cheikh Anta Diop in Dakar zusammen und verfassten am 21. Dezember 1988 einen Appell, in dem sie die Übergriffe gegen die Negro-Mauretanier verurteilten und an das internationale Ausland appellierten, Druck auf die mauretanische Regierung auszuüben.

Es dauerte jedoch bis zum 21. April 1990, ehe eine Gründungsversammlung zusammentrat und die NGO rechtlich ins Leben rief.

Die *RADDHO* versteht sich, wie jede afrikanische NGO zur Verteidigung der Menschenrechte, als ein Organ zur Förderung, zum Schutz und zur Verteidigung der Menschenrechte.[184]

Um diese Ziele zu erreichen, setzt die NGO jedes ihr zur Verfügung stehende gesetzliche Mittel ein, wie Protestmärsche, Organisation von Seminaren, Recherchen und Studien zu bestimmten wichtigen Themen wie Polizeigewahrsam, Untersuchungshaft usw.

So erstellte die *RADDHO* im Rahmen ihrer Aktivitäten zum Schutz der Menschenrechte im Jahre 1995 mit Unterstützung der Ford-Stiftung eine Studie über die senegalesischen Gefängnisse. Diese Studie zeigte den beklagenswerten Zustand der senegalesischen Gefängnisse auf: Während die Gesamtaufnahmekapazität bei 3.283 Häftlingen liegt, waren die Gefängnisse belegt mit 4.310 Häftlingen belegt; von diesen befanden sich 1.194 in Untersuchungshaft und waren nicht verurteilt.

Die Überbelegung der senegalesischen Gefängnisse ist an sich schon ein drängendes Problem, für das die Regierung bisher keine Lösung gefunden hat. Die zahlreichen Fälle von langer Untersuchungshaft aber verschärfen das bereits bestehende Problem noch weiter.

Außerdem entsprechen die senegalesischen Gefängnisse nicht den Mindestanforderungen. So gibt es, obwohl Artikel 19 des UN-Mindestanforderungskataloges über die Haftbedingungen vorsieht, dass jeder Häftling über ein eigenes Bett verfügen soll, in den Gefängnissen keine ausreichende Anzahl von

184 Artikel 4 Abs. 1 der Satzung der *RADDHO*.

Betten. Und die vorhandenen Betten bestehen aus Eisen, Beton, einigen Matratzen und Matten. Die meisten Häftlinge schlafen auf dem blanken Boden oder auf den Betonplatten. Dazu kommt das Problem der elenden Unterbringungsverhältnisse. Eine weitere Feststellung der *RADDHO* betrifft die Nahrungsmittelversorgung der Häftlinge. Das pro Tag und Häftling bewilligte Budget ist verschwindend gering (120 CFA-Francs pro Tag, dies entspricht rund 0,2 Euros).

Nach einer Änderung der Gefängnisordnung vom 29. Juni 1967 sollte die Nahrung wie folgt zusammengesetzt sein[185].

Leider aber kann nicht einmal dieses Minimum erreicht werden. Denn durch die Abwertung des CFA-Francs reicht das Tagesbudget von 120 CFA-Francs (0,2Euros) nicht aus, um die Tagesration wie in der Tabelle angezeigt zu finanzieren.

Tabelle Nr. 2:Die Nahrungzusammensetzung der Häftlinge

Lebensmittel	**Mengen**
Getreide (Hirse, Mais oder Reis)	625 Gramm
Fleisch	75 Gramm
Fisch	140 Gramm
Öl	0,02 Gramm
Salz	8 Gramm
Kaffee oder Quinquéliba	20 Gramm
Zucker	20 Gramm
Tomaten	10 Gramm
Brot	60 Gramm
Mehl	8 Gramm
Niébe	20 Gramm

So besteht beispielsweise das Frühstück aus Tee (Quinquéliba) und trockenem Brot, das Mittagessen aus Reis und geräuchertem Fisch, und am Abend gibt es Grieß oder Couscous, vermischt mit einer Soße aus den Resten der Mittagsmahlzeit

Die *RADDHO* legte also die Ergebnisse ihrer Studien der senegalesischen Regierung vor und regte an, das Budget pro Häftling auf 200 CFA-Francs (0,33 Euros) zu erhöhen.

Diese Studie brachte auch den Richtermangel im Senegal ans Licht. Tatsächlich verfügt der Senegal nur über 173 Richter bei einer Bevölkerung von mehr als 8 Millionen Einwohnern, das ist ein Richter pro 46.300 Einwohner.

185 Siehe Tabelle Nr. 2.

Die Beziehungen zwischen *RADDHO* und der senegalesischen Regierung waren am Anfang sehr gespannt. Inzwischen aber beginnt die senegalesische Regierung trotz der anfänglichen Schwierigkeiten die Unparteilichkeit und die Tatkraft dieser NGO zu bemerken. So hat der interministerielle Menschenrechtsausschuss[186] die Empfehlungen der *RADDHO* in Bezug auf die Gefängnisse befürwortend geprüft[187].

Außerdem ist die *RADDHO* in Bezug auf Wahlen aktiv und war an der Beobachtung der Parlamentswahlen im Mai 1998 beteiligt.

Dazu stellte sie insgesamt 358 Beobachter, verteilt auf alle zehn senegalesischen Verwaltungsregionen, für die Parlamentswahlen vom 24. Mai 1998.

Die Wahlbeobachter der *RADDHO* hatten die offizielle Zulassung zur unabhängigen und unparteiischen Wahlbeobachtung der Parlamentswahlen und waren in allen Phasen der Wahl anwesend, also von der Öffnung der Wahllokale an bis zur Auszählung der Stimmen[188].

Ein anderes Einsatzgebiet der *RADDHO* ist die Casamance-Region. Seit ihrer Gründung führt die Organisation in Zusammenarbeit mit anderen nationalen und internationalen NGOs Studien über Fälle von Folter und über die Haftbedingungen in den Gefängnissen der Casamance durch.

Sie bietet auch mittellosen Bürgern, welche die Kosten für einen Rechtsanwalt nicht aufbringen können, Rechtsbeistand.

Schließlich organisierte die *RADDHO*, mit dem Ziel, den Menschenrechtsorganisationen in der westafrikanischen Unterregion den Austausch ihrer Erfahrungen und die Entwicklung gemeinsamer Strategien zum Schutz der Menschenrechte zu ermöglichen, in der Zeit vom 16. April bis 17. April 1998, mit Unterstützung des westafrikanischen *British Council*, ein Treffen nationaler Menschenrechtsinstitutionen und westafrikanischer Menschenrechts-NGOs in Dakar.

Ganz sicher ist die *RADDHO* eine tatkräftige Organisation, die einen großen Beitrag zum Schutz und zur Förderung der Menschenrechte leistet, bei der Analyse ihrer Aktivitäten haben wir jedoch festgestellt, dass ihr Schwerpunkt nur im Bereich einiger bürgerlicher und politischer Rechte liegt, wie Meinungsäußerungs- und Vereinigungsfreiheit, Beteiligung an der staatlichen Führung, Schutz gegen Folter und willkürliche Inhaftierung.

---

186 Der interministerielle Menschenrechtsausschuss ist ein staatliches Organ, das durch Entscheidung des Premierministers geschaffen wurde (Dekret Nr. 97.674 vom 2. Juli 1997). Er hat die Aufgabe, die Erarbeitung der regelmäßigen Berichte zu verfolgen, die für die internationalen Menschenrechtsinstanzen bestimmt sind.

187 Kaly Niang, „L'impact de l'intervention des organismes de défense des droits de l'homme au Sénégal“, mémoire année 1997-98, S. 54.

188 Kaly Niang, a. a. O., S. 28.

Das zweite Beispiel ist die *ONDH*, gegründet im Jahre 1987, die „älteste Menschenrechtsvereinigung im Süden der Sahara"[189], deren Ziel wie bei allen Menschenrechts-NGOs die Förderung, der Schutz und die Verteidigung der Menschenrechte ist.

Auf nationaler Ebene gelten die Aktionen der *ONDH* der Förderung des Menschenrechtsbewusstseins in der Bevölkerung und der Sensibilisierung aller Akteure des politischen Lebens für die Menschenrechte, durch die Abhaltung von Konferenzen über verschiedene Themen wie: „Die Rolle der Justiz im demokratischen System des Senegal (1994)", „Frauen und Frieden in der Casamance im Jahre 1996"[190] und durch die Organisation von Kursen über Menschenrechte in den Grund- und Sekundarschulen, in den Gymnasien und den Militärschulen.

Die Organisation kämpft dafür, dass es für die Senegalesen eines Tages transparente freie Wahlen geben soll. Aus diesem Grund setzt sie die Priorität bei der Beobachtung der verschiedenen senegalesischen Urnengänge[191].

Schließlich bietet die *ONDH* mittellosen Häftlingen, insbesondere Frauen und Minderjährigen, die das Honorar eines Anwaltes nicht bezahlen können, Rechtsbeistand an.

Im Falle dieser beiden Menschenrechtsorganisationen zeigt sich, dass die Priorität nur bei den bürgerlichen und politischen Rechten liegt, zu Lasten der wirtschaftlichen, gesellschaftlichen und kulturellen Rechte. Außerdem wird auf Frauen und Kinder Bezug genommen, doch haben wir bedauerlicherweise keine spezifischen Aktivitäten und keine speziell auf sie zugeschnittenen Projekte gesehen oder feststellen können.

Wie stellt sich nun das Bild bei den kamerunischen Menschenrechts-NGOs dar?

4.2.3.2 Methode und Einsatzgebiet des HURCLED und der ACAFEJ

Hier haben wir, aus Gründen der Repräsentativität und der Ausgewogenheit, eine frankophone kamerunische NGO und eine NGO aus der anglophonen Zone untersucht.

Das *HURCLED* wurde im Januar 1993 als NGO anerkannt und hat seinen Sitz in Bamenda, im anglophonen Teil. Diese Menschenrechts-NGO hat sich die

---

189 Sidiki Kaba, a. a. O., S. 37.

190 Sidiki Kaba, a. a. O., S. 39.

191 Zur Wahlbeobachtung bietet die *ONDH* ihre Dienste auch in anderen afrikanischen Ländern an. Sie war unter anderem präsent bei den Präsidentschafts- und Parlamentswahlen in Madagaskar im Februar 1992, in Guinea-Bissau im August 1993 und in Gabun im Dezember 1993.

Förderung und den Schutz der Menschenrechte und den Aufbau einer demokratischen Kultur in Kamerun zum Ziel gesetzt.

Um die gesetzten Ziele zu erreichen „monitors documents and publishes human rights violations.

Undertakes civil and human rights education.

Provides clinical counselling to victims of human rights violations.

Provides rehabilitative assistance to victims of human rights violations, such as Legal Aid.

Consults on human rights education, promotion and protection.

Researches and works at resolving political and ethnic conflicts which constitute a major source of violation of individual and group rights“[192].

Jedoch hat das *HURCLED*, im Hinblick auf mehr Effizienz und angesichts der im Moment in Kamerun vorherrschenden Bedürfnisse sowie der Aktivitäten anderer NGOs, beschlossen, seine Aktivitäten auf vier Hauptthemen zu konzentrieren:

„capacity building for good governance, peace and Human development which essentially involves the training of elected representatives of peoples at local, regional and national levels.

Development and operation of Non-partisan Democratic election observation system.

Capacity building for women's self development.

Access to justice in it's broad sense which includes popular education on the law and ist? procedures, legal aid, lobbing for better legislation as a means to securing and sustaining equality and rule of law“[193].

Aus diesem Grund beteiligte sich das *HURCLED* im Jahre 1996 an der Beobachtung der Kommunalwahlen. Nach Absolvierung eines Einführungslehrganges wurden 15 Beobachter in 7 Gemeinden entsandt, und zwar Bamenda, Urban, Bafut, Bali und Santa im Département Mezam sowie nach Mbengwi und Batibo im Département Momo, um die verschiedenen Wahlhandlungen zu verfolgen. Leider aber beschränkten sich die Beobachter nur auf die anglophone Zone. Die NGO begründete diesen Umstand mit mangelnden Geldmitteln; wir vermuten jedoch als tatsächlichen Grund die Probleme gesellschaftlicher Spaltung zwischen dem anglophonen und dem frankophonen Teil Kameruns.

192 H. Bobga Mbuton, Publication of HURCLED, Bamenda 1996, S. 2.

193 Clara Enow Ayompe, „Empowerment of Women through ownership of Land and Access to justice at the Hurcled Center (the case of Mezam Division)“ University of BUEA, August 1998, S. 6.

Im Jahre 1997 begann das Zentrum mit einem Projekt zur Aufklärung der Kinder über ihre Rechte. Hierzu erstellte die NGO eine Studie über die verschiedenen Formen von Menschenrechtsverletzungen innerhalb der Familie. Auf dem Umweg über die Entwicklungs-NGO *Musang Women' development group* in Bamenda begann das *HURCLED* mit der Aufklärung und der Sensibilisierung der Frauen für die Rechte der Frau, durch Organisation eines Workshops und von Seminaren über Themen wie „The cameroonian Woman and property rights, particularly access to land rights" und „Women and access to justice in Cameroon". Außerdem sensibilisierte *HURCLED* die Frauen „on the fundamental rights of the cameroonian Woman and the physiological implications such as clinical counselling which enables them to be able to defend themselves and their families"[194].

Und im Jahre 1998, im Rahmen des Projektes der kanadischen Regierung zur Zusammenarbeit und Hilfe beim Aufbau der Demokratie in Kamerun, konnte das *HURCLED* sein Pilotprojekt zum Zugang zur Justiz im ländlichen Raum lancieren.

So bot das *HURCLED* von 1998 bis 1999 Rechtserziehung und juristische Dienste für die Bewohner an, die theoretisch wegen fehlender Geldmittel oder wegen Unkenntnis der Gesetze und ihrer Rechte von der nationalen Justiz ausgeschlossen sind.

Zunächst bildete die ONG bei einem Ausbildungsseminar 32 Laienjuristen, deren Aufgabe die Aufklärung und Sensibilisierung der Bewohner ihrer Dörfer ist.

Dann richtete sie an zwei Orten (Bali und Tubah) zwei Zentren für Beratung und Rechtshilfe ein.

Werden mit dem Projekt die angestrebten Ziele erreicht, so wird es auf andere Orte im anglophonen Kamerun, wie die Verwaltungsbezirke Momo und Boyo, ausgedehnt[195].

Die Analyse zeigt, dass obgleich das *HURCLED*, wie jede afrikanische Menschenrechts-NGO, sich mehr der Förderung und dem Schutz der bürgerlichen und politischen Rechte widmet, dass diese Organisation auch im Bereich der wirtschaftlichen, sozialen und kulturellen Rechte tätig wird, wie dem Recht der kamerunischen Frau auf Eigentum und Gesundheit.

Das *HURCLED* hat außerdem verstanden, dass es aufgrund der soziologischen und kulturellen Kräfteverhältnisse für einen wirklichen Schutz der Rechte der Kinder erforderlich ist, die Interessen der Kinder in die der Eltern oder der

---

194 Clara Enow Ayompe, a. a. O., S. 9.

195 Dokument des *HURCLED* über „Proposal for Funding", November 1998-Dezember 1999, S. 4.

gesetzlichen Vertreter einzugliedern. Die Organisation führt daher Kampagnen zur Sensibilisierung der Frauen über die Rechte des Kindes durch, wie Meinungsäußerungs- und Meinungsfreiheit des Kindes[196], das Recht auf Bildung für Mädchen usw.

Trotz der Bedeutung dieser Projekte und ihres Stellenwertes für den Schutz der Menschenrechte in Kamerun stellt man aber fest, dass häufig das Überleben der Projekte von den Entscheidungen der Geldgeber abhängt. Die Finanzierung der Aktivitäten ist eines der Probleme, die die Arbeit des *HURCLED* behindern.

Die *ACAFEJ*, die im Jahre 1996 in Yaoundé, im frankophonen Teil, gegründet wurde, konzentriert sich nur auf die Rechte der Frau, das heißt auf die politischen, aber auch die sozialen und kulturellen Rechte der Frau. Im Jahre 1996 veröffentlichte die Organisation eine Arbeit mit dem Titel „*Guide Pratique des droits de la femme Camerounaise*" (dt.: Praktischer Führer für die Rechte der kamerunischen Frau). Diese Arbeit zeigte den Stand der kamerunischen Gesetzgebung in Bezug auf die Rechte der Frau auf. Sie führte zu der Feststellung, dass es in der kamerunischen Gesetzgebung noch zahlreiche Gesetze gibt, die nicht im Einklang mit der Konvention über die Rechte der Frau stehen.

Sie erstellte auch eine Studie zur Frage des Erwerbs der kamerunischen Staatsangehörigkeit im Vorentwurf des kamerunischen Zivilgesetzbuches.

Tatsächlich beruht die Gesetzgebung über die Staatsangehörigkeit auf den universalen Prinzipien wie der Allgemeinen Erklärung der Menschenrechte von 1948, wo es in Artikel 15 heißt: „Jeder Mensch hat Anspruch auf eine Staatsangehörigkeit.

Niemand darf seine Staatsangehörigkeit willkürlich entzogen noch ihm das Recht versagt werden, seine Staatsangehörigkeit zu wechseln."

In Art. 16 Abs.1 Satz1 dieser Erklärung heißt es: „Heiratsfähige Männer und Frauen haben ohne Beschränkung durch Rasse, Staatsbürgerschaft oder Religion das Recht, eine Ehe zu schließen und eine Familie zu gründen".

Außerdem sieht die *Convention on the Elimination of All Forms of Discrimination against Women (CEDAW)*, der Kamerun im Jahre 1988 beitrat, in Artikel 9 vor, dass „1. States Parties shall grant women equal rights with men to acquire, change or retain their nationality. They shall ensure in particular that neither marriage to an alien nor change of nationality by the husband during marriage shall automatically change the nationality of the wife, render her stateless or force upon her the nationality of the husband.

2. States Parties shall grant women equal rights with men with respect to the nationality of their children."

---

196 Artikel 13 der Konvention über die Rechte des Kindes.

Obgleich die kamerunische Verfassung von 1996 sich auf alle diese internationalen Übereinkommen bezieht, findet im Vorentwurf des Staatsangehörigkeitsgesetzes eine Diskriminierung statt zwischen dem Kameruner, der eine Ausländerin heiratet, und der Kamerunerin, die einen Ausländer heiratet.

Die Prüfung des Vorentwurfes zeigt, dass das Gesetz der ausländischen Frau zwei Möglichkeiten gibt, die kamerunische Staatsangehörigkeit zu erwerben.

Sie kann sie entweder durch Erklärung zum Zeitpunkt der Eheschließung oder durch Einbürgerung nach der Eheschließung erhalten[197]. Heiratet ein Ausländer eine kamerunische Frau, so erwirbt er andererseits nicht automatisch durch einfache Erklärung im Zeitpunkt der Eheschließung die kamerunische Staatsangehörigkeit. Die *ACAFEJ* hat nach dieser Studie der Regierung Vorschläge zur Gleichstellung der Frau unterbreitet.

Die *ACAFEJ* bietet den Frauen kostenlose Rechtsberatung an und führt Sensibilisierungskampagnen durch. Derzeit hat die NGO nur drei Sektionen auf nationaler Ebene: eine im Zentrum des Landes, eine an der Küste und eine im Westen[198].

Die *ACAFEJ* versucht gleichermaßen, auf den Gebieten der bürgerlichen und politischen Rechte, wie auf dem Gebiet der wirtschaftlichen, gesellschaftlichen und kulturellen Rechte der Frau tätig zu werden. Aber wie das *HURCLED* konzentriert sie ihrerseits ihre Aktivitäten lediglich auf das frankophone Gebiet.

Wie sieht es nun mit den Organisationen zur Verteidigung der Menschenrechte in Togo aus?

4.2.3.3 Das Beispiel der L.T.D.H.L.P. und der GF2D

Die *L.T.D.H.L.P.* wurde im September 1990 durch eine Gruppe togoischer Bürger, als Reaktion auf die massiven Menschenrechtsverletzungen im Lande gegründet. Obwohl diese NGO zu den ersten gehört, die gegründet wurden, hat sie bis heute vom Innenministerium und von der Territorialverwaltung ihre Zulassung nicht erhalten, um einen rechtmäßigen Status zu haben. Der Grund dafür liegt darin, dass die *L.T.D.H.L.P.* anlässlich der Nationalkonferenz Togos vehement die Verletzungen der Grundrechte und die Behandlung der Gefangenen in den Lagern in Kazaboua und Agombio angeprangert hatte. Die NGO, deren Ziele der Schutz und die Förderung der Menschenrechte und die Menschenrechtserziehung sind, hat seit 1990 viel für die Demokratisierung Togos ge-

---

197 Art. 214 und 221 des Vorentwurfes zum Staatsangehörigkeitsgesetz.

198 Die Sektion im Zentrum des Landes und der Sitz der Organisation befinden sich in Yaoundé, die Küstensektion befindet sich in Douala und die Westsektion in Bafoussam.

kämpft, indem sie Berichte über die Menschenrechtsverletzungen in Togo veröffentlichte und das internationale Ausland alarmierte. Sie beteiligte sich auch an der Seite der Parteien und der Gewerkschaften am unbegrenzten Generalstreik des Jahres 1992.

Die Angehörigen von Menschenrechts-NGOs in Togo riskieren ohnehin schon täglich bei ihrer Arbeit ihr Leben, die Angehörigen der L.T.D.H.L.P. aber sind beim diktatorischen Regime von Präsident Eyadema geradezu verhasst, da sie an der Seite der politischen Parteien und nationalen Gewerkschaften für die Demokratisierung in Togo gekämpft haben. Aus diesem Grund erhielt ihr Vorsitzender Occansey bereits Drohbriefe, und sein Haus wurde zweimal in Folge von den togoischen Sicherheitskräften bombardiert. Aufgrund dieser ständigen Bedrohung leben die meisten Angehörigen dieser NGO außerhalb Togos.

Die *GF2D* wurde am 2. Mai 1992 von einer Gruppe von Frauen verschiedener gesellschaftlicher und beruflicher Herkunft gegründet (Juristinnen, Wirtschaftswissenschaftlerinnen, Ärztinnen, Studentinnen usw). Ihr Ziel ist die Verteidigung der Rechte von Frauen unter allen Aspekten, das Hinarbeiten auf die Beteiligung der Frau auf nationaler Ebene im Besonderen und in Afrika im Allgemeinen, die Förderung des Wohls von Frau und Kind im ländlichen wie im städtischen Raum, sowie das Hinwirken darauf, dass Frauen in allen Lebensbereichen des Landes in Entscheidungspositionen gelangen.

Um diese Ziele zu erreichen, organisiert die *GF2D* Seminare zur Sensibilisierung und Aufklärung der Frauen; sie veröffentlicht Manifeste und Führer für und über die togoische Frau. Der erste Akt dieser NGO war die Veröffentlichung des Manifestes „*Autrement*“ (dt.: Anders) im Mai 1992, in dem das Problem der Stellung der Frau in der togoischen Gesellschaft von morgen thematisiert wird; dieser Veröffentlichung folgten im Jahre 1995 zwei weitere.

Die *GF2D* richtete am 12. April 1994 in Lomé[199] ein Zentrum für Forschung und Information und Ausbildung der togoischen Frau (*Centre de recherche, d'information et de formation de la femme togolaise - CRIFF*) ein, dessen Aufgabe es ist, Frauen Hilfe zukommen zu lassen und Rechtsrat zu erteilen.

Dieses Zentrum bildet Frauen aus, die ihre Rechte kennen möchten. Das *CRIFF* führt Forschungen im Bereich der Menschenrechte durch und macht Frauen die Dokumentation zugänglich. Da die Mehrzahl der Frauen Analphabeten sind - 52 % der auf 4 Millionen geschätzten Einwohner - arbeitet die NGO mit Karikaturen und Zeichnungen mit nur wenig Text, um auf sehr einfache Weise die sehr komplizierten Gesetze zu erklären.

---

199 Derzeit existieren 4 lokale Zentren der *GF2D* im gesamten togoischen Staatsgebiet: in Lomé, Sokodé, Atakpamé und Bafilo.

Im Weißbuch *„Femmes togolaises Aujourd'hui et Demain"* (dt.: Togoische Frauen heute und morgen) analysierte die *GF2D* das Gesetz über Personen und Familie von Togo und zeigte die für die togoische Frau diskriminierenden Artikel auf.

Beispielsweise sieht Artikel 42 des Gesetzes über Personen und Familie sowohl die Polygamie als auch die Monogamie vor. Aber selbst im Falle der Option für die Polygamie kann sich die verheiratete Frau möglicherweise der Heirat ihres Mannes widersetzen, wenn dieser nicht die Mittel hat, um für die Bedürfnisse der Familie aufzukommen. Da die Mehrzahl der Frauen ihr Recht nicht kennt, sind sie auch nicht in der Lage, diese ihnen vom Gesetz eingeräumte Möglichkeit zu nutzen.

In anderen Fällen nehmen die Ehemänner ihre anderen Eheschließungen heimlich vor, in anderen Standesämtern, außerhalb ihres Wohnsitzes oder im Ausland.

Mit ihrer rechtsberatenden Tätigkeit versucht die *GF2D*, den Frauen zu helfen, sowohl juristische als auch soziale Lösungen für diese Probleme zu finden.

Für diejenigen, die für die Rechte der Frau in Westafrika kämpfen, kommt zu den Problemen wie Polygamie, Gewalt gegenüber Frauen, Verletzung des Rechtes der Mädchen auf Bildung und anderen das Problem des Mädchenhandels in der westafrikanischen Unterregion hinzu.

Denn manche togoischen Eltern zögern angesichts schwerwiegender wirtschaftlicher Schwierigkeiten nicht, ihre Kinder über die Grenze zu verkaufen, um ihr Einkommen aufzubessern.

Nach vorsichtigen Schätzungen befinden sich an die 500 togoischen Kinder aufgrund zweifelhafter Vereinbarungen in Ghana oder an der Elfenbeinküste. Einige von ihnen dienen als Hausangestellte, während andere in eine endgültige Sklaverei verkauft wurden, ohne Möglichkeit, nach Hause zurückzukehren[200].

Um eine Lösung für dieses Problem zu finden, hat sich *GF2D* der unterregionalen NGO *WILDAF* angeschlossen.

Die Zusammenarbeit mit *WILDAF* hat es ermöglicht, eines dieser Netze aufzudecken und die Täter festzunehmen[201].

Die *GF2D* setzt, wie die anderen untersuchten Menschenrechtsorganisationen, zur Erreichung ihrer Ziele auf Seminare, runde Tische zur Diskussion über die Frauen betreffenden Themen, Workshops und Veröffentlichungen von Führern und Manifesten für und über die togoische Frau, die in französischer Sprache geschrieben sind.

---

200 In WILDAF West Africa, News letter N° 3, August 1998, S. 2.

201 Wildaf, a. a. O., S. 6.

Leider sind bei allen untersuchten NGOs die der Öffentlichkeit zur Verfügung gestellten Unterlagen in fremden Sprachen (Französisch oder Englisch) geschrieben. Wir haben keine einzige Veröffentlichung in den Landessprachen wie Wolof, Ewe usw. gefunden. Wenn man bedenkt, dass die Mehrzahl der Bewohner Analphabeten sind, könnte dieser Umstand der Wirksamkeit der Aufklärungsarbeit dieser Organisationen entgegenstehen, da die Unterlagen über Menschenrechte, die gesammelt und den Massen zugänglich gemacht werden, von diesen nicht gelesen und verstanden werden können.

4.2.4 Die Hindernisse für eine effektive Arbeit der besuchten NGOs

In diesem Teil werden wir die Hauptprobleme darstellen, mit denen die Organisationen zur Verteidigung der Menschenrechte konfrontiert sind und die sie an einer effektiven Arbeit hindern. Diese Schwierigkeiten sind den NGOs im Senegal, in Kamerun und in Togo gemeinsam.

4.2.4.1 Das Problem der Finanzierung

Das Fehlen des Geldes zur Finanzierung der Aktivitäten ist ein allen besuchten NGOs gemeinsames und ernstes Problem[202].

Fast alle Organisationen erhalten keine staatliche Unterstützung. Und so leben zahlreiche Organisationen in der Abhängigkeit von ausländischen Geldgebern. Einige der besuchten NGOs arbeiten ohne die notdürftigste Ausstattung; so verfügte beispielsweise die Senegalesische Menschenrechtsorganisation (*Organisation sénégalaise de défense des droits de l'homme*), genannt Afrikanisches Zentrum für Menschenrechtserziehung (*Centre africain pour l'éducation aux droits humains - C.A.E.D.HU.*) im Januar 1999, das heisst nach dreijährigem Bestehen, weder über Räume noch über die für die Funktionstüchtigkeit der Organisation erforderliche Ausstattung. Der Sitz der Organisation befand sich nach wie vor am Wohnsitz des Vorsitzenden, und die Mitglieder der Führungsorgane der Organisation und die Ausbilder arbeiteten ohne jegliche Bezahlung. Diese Situation ist für die Mitglieder der Organisation untragbar geworden und hindert sie an einer effektiven Arbeit.

In der Praxis stellt sich dies so dar, dass sie, um Projekte und Schutz- oder Förderungsaktivitäten durchführen zu können, Gelder bei ausländischen Geldgebern oder bei Nichtregierungsorganisationen der westlichen Länder erbetteln

---

202 Offenbar ausgenommen von den finanziellen Problemen sind die an die Kirchen gebundenen NGOs, vgl. Doc. de la fondation suédoise des droits de l'homme, S. 8.

müssen. Diese gewähren gegebenenfalls Gelder für einen Zeitraum von höchstens zwei Jahren.

Nach Ablauf der Frist ist der Geldgeber nun entweder zufrieden mit den erreichten Ergebnissen und setzt die Finanzierung des Projektes fort, oder er stellt die Finanzierung ein, und die Organisation muss wieder neue Geldgeber für das Projekt suchen.

Gelingt es der NGO nicht, andere Geldgeber zu finden, muss das Projekt zuweilen eingestellt werden, ohne abgeschlossen zu sein.

Diese Situation trat beim *HURCLED* im Jahre 1998 ein, bei seinem Pilotprojekt zur Ausbildung von Laienjuristen zur Erleichterung des Zugangs zur Justiz im ländlichen Gebiet Kameruns. Das Projekt wurde zu Beginn durch das kanadisch-kamerunische Kooperationsprogramm finanziert. Aufgrund unvorhergesehener Ausgaben, die der Geldgeber nicht finanzieren konnte, und der wirtschaftlichen Krise der Organisation, mussten andere Finanzierungsmöglichkeiten, wie die Finanzierung durch den *Swiss Catholic Lenten Fund (SCLF)* über die *Helvetas* gefunden werden, um mit der zweiten Phase des Projektes zu beginnen.

Der *SCLF*, auf dem Weg über *Helvetas*, beurteilte das Projekt als interessant und wichtig für die Menschenrechte und erteilte auch sein Einverständnis für die dritte Phase des Projektes, die in der Eröffnung von drei Beratungs- und Rechtshilfebüros in drei weiteren Dörfern bestehen sollte. Dazu ist zu sagen, dass der kamerunische Staat über 600 Rechtsanwälte bei einer Bevölkerung von 12 Millionen Einwohnern verfügt. Das *HURCLED* hat zwar Rechtsanwälte, um seine Funktion als Rechtsbeistand zu erfüllen, ist aber mit den zahlreichen Bitten um Rechtsbeistand, die bei ihm eingehen, überlastet. Daher erwies es sich als wichtig, Laienjuristen auszubilden, zum Betrieb der Büros in den Dörfern. Dies ermöglicht eine wirksame und dezentrale Arbeit der NGO[203].

Es gibt aber auch Projekte und Programme, die fortgeführt werden, „nachdem die Anfangsphase mit aktiver Beteiligung des Gebers abgelaufen ist". Dies gilt vor allem für die Projekte betreffend die Rechte der Frau und der Kinder, welche die Frauen „durch Partizipation und das Einbringen ihrer Selbsthilfefähigkeiten selbst mitgestaltet haben"[204].

203 Dokument des *HURCLED*, a. a. O., S. 7.
204 Günter Max Teuber, a. a. O., S. 33.

4.2.4.2 Der Mangel an Kooperation und Koordinierung der Aktivitäten der NGOs auf nationaler und regionaler Ebene

Sowohl in Togo, als auch in Kamerun und im Senegal ist der Mangel an Kooperation und Koordination der Aktivitäten auf nationaler Ebene zu beklagen. Dadurch kommt es häufig zu Doppelaktivitäten, und die NGOs greifen gegenseitig in ihre jeweiligen Arbeitsgebiete ein, anstatt darauf hinzuarbeiten, ihre Kooperation zu verbessern und ihre Aktivitäten zu koordinieren.

Konkurrenzdenken, Misstrauen und der Wunsch, den anderen zu übetrumpfen, sind jedoch stärker.

Jeder hat Angst, der andere könnte ihm seine Projekte und seine Ideen stehlen. Gerne wird die Ansicht vertreten „Alle sollten sich uns anschließen."[205]

In Togo und im Senegal gab es Bemühungen zum Zusammenschluss von Vereinigungen und NGOs; doch alle diese Versuche scheiterten. Der Grund: Sie wollen nicht „ihre organisationsegoistische Sichtweise überwinden und mehr als bisher zusammenarbeiten ..., um Netzwerke und damit politische Gegenmacht zu bilden"[206].

Die von einigen NGOs im Namen verwendete Bezeichnung „afrikanisches Netz", „afrikanische Bewegung" oder „afrikanische Vereinigung" in ihrer Namensbezeichnung, um die Idee einer afrikanischen Menschenrechtsbewegung anklingen zu lassen, ist mehr Wunsch als Realität. Und ebenso fehlt es auf regionaler Ebene auch völlig am Austausch von Erfahrungen, Ausrüstung und Informationen zwischen den verschiedenen NGOs.

Nach der zitierten Untersuchung der schwedischen Stiftung über NGOs gibt es auch dort, wo regionale Menschenrechtsorgane existieren, wie die Innerafrikanische Menschenrechtsunion (*Union Interafricaine des droits de l'homme - UIDH*) Tendenzen der Behinderung durch persönliche und politische Rivalitäten sowie strukturelle Schwächen.

Nur die NGOs, die sich für die Rechte der Frauen und Kinder einsetzen, sind besser organisiert, mit besser definierten Aufgaben, und sie sind weniger durch politische und persönliche Konflikte zerrissen.

Es ist ihnen gelungen, sich zusammenzuschließen und ihre Aktivitäten im Rahmen der regionalen *WILDAF* zu koordinieren.

---

205 Doc. de la fondation suédoise, a. a. O., S. 7.

206 Günter Max Teuber, a.a.O., S. 37.

4.2.4.3 Ungenau definierte oder sehr weit gestreute Ziele

Das Gebiet der Menschenrechte ist sehr umfangreich, und es wäre daher erforderlich, dass die nationalen NGOs zur Verteidigung der Menschenrechte sich auf verschiedene Gebiete spezialisieren, aber auf jeden Fall „so gestaltet werden, dass eine komplementäre Ergänzung ihrer Stärke erreicht wird....“[207]

Aber die Mehrzahl der besuchten nationalen NGOs hat kein genau definiertes Profil. Alle diese NGOs wollen sich für die Verteidigung der Menschenrechte einsetzen und setzen sich fast identische Ziele, nämlich:

- Ausbildung, Information und Verbreitung des Ideals der Menschenrechte; Kampf gegen ihre Verletzung und Hinwirkung auf die Einhaltung dieser Rechte;
- Beratung der Staatsorgane über die Einbeziehung der Menschenrechte bei der Erarbeitung und Durchführung von Rechtstexten;
- Rechtsbeistand für die Opfer von Menschenrechtsverletzungen;
- und Verstärkung der Bildung des nationalen und regionalen Netzes für die NGOs mit gleichen Zielen.

Dieses umfangreiche Programm, zusammen mit den finanziellen Problemen, führen bei der Mehrzahl der NGOs zur Beeinträchtigung einer wirkungsvollen Arbeit.

Eine andere Feststellung ist die fehlende Anpassung der Methoden zur Aufklärung der Bevölkerung. Fast alle NGOs veranstalten, zur Realisierung ihrer Hauptfunktion, nämlich der Menschenrechtserziehung der Bevölkerung, Workshops und Seminare und veröffentlichen Führer und Manifeste.

Was die veröffentlichten Dokumente betrifft, so haben wir bei unseren Recherchen festgestellt, dass sowohl bei der *ACAFEJ* als auch bei der *HRDG* oder der *GF2D* alle publizierten Unterlagen in englischer oder französischer Sprache verfasst sind. Die Mehrheit der Bewohner sind jedoch Analphabeten und können weder lesen noch schreiben. So wird nicht nur das angestrebte Ziel nicht erreicht, sondern diese Zeitschriften und Manifeste bleiben auch in den Räumen der NGOs liegen.

Die NGOs müssen versuchen, ihre Unterlagen mehr und mehr in wichtigen Landessprachen zu veröffentlichen, wie Wolof oder Serer im Senegal und Ewe oder Kotokoli in Togo, und zudem mehr gezeichnete Broschüren zu verwenden, um die Masse der ländlichen Bevölkerung zu erreichen.

---

207 K. Peter Fritzsche, a. a. O., S. 73.

Manchmal ist das Problem der fehlenden Anpassung der Methodik nach unserer Auffassung die indirekte Folge des Problems der finanziellen Abhängigkeit afrikanischer NGOs von ausländischen Geldgebern, das heißt von den westlichen Ländern, die, wenn sie ein Projekt finanzieren, auch die Strategien zur Durchführung des Programms oder des Projektes vorgeben. Bei diesen Strategien werden die Realitäten des afrikanischen Umfeldes häufig nicht berücksichtigt. Und so sind die Projekte zum Scheitern verurteilt.

4.2.4.4 Eingeschränkter Aktionsradius der NGOs und gesellschaftliche Spaltung

Zwischen den Städten und den ländlichen Gebieten besteht ein großes Gefälle. Die Mehrzahl der NGOs befindet sich nur in der Hauptstadt oder in den großen Städten. Fast alle besuchten NGOs planen die Einrichtung von Sektionen im ländlichen Raum, aber wegen fehlender Geldmittel wurden diese Sektionen bisher nicht gegründet oder sind nicht in Betrieb.

In Kamerun sind, neben dem Stadt-Land-Gefälle die Menschenrechts-NGOs zudem mit den gesellschaftlichen Spaltungen konfrontiert, die einerseits mit den Auswirkungen der englischen und französischen Kolonialisierung und anderseits mit den ethnischen Spaltungen verbunden sind, die im Lande herrschen.

Die *ACAFEJ* beispielsweise hat, neben dem Sitz in Yaoundé, eine Sektion in Douala und eine in Bafoussam, das heisst nur im französisch-sprachigen Gebiet.

In Bezug auf das *HURCLED* beispielsweise stellt man anhand einer Analyse der Tätigkeitsberichte von 1996 bis 1999 fest, dass es seine Arbeit nur auf das anglophone Kamerun konzentriert hat. Es existiert auch nach unserer Kenntnis keine Sektion des *HURCLED* im frankophonen Gebiet.

Dennoch leisten, trotz aller aufgezeigten Probleme, die hier analysierten Menschenrechts-NGOs einen gewaltigen Beitrag zum Schutz und zur Förderung der Menschenrechte in unseren Ländern. Ihr Einsatz wird akzeptiert zur Wiedergutmachung von Schaden oder zur Verbesserung der Strukturen zum Schutz der Menschenrechte und hat auch zur Demokratisierung in vielen afrikanischen Ländern beigetragen.

4.2.5 Lösungen und Empfehlungen für eine effizientere und effektivere Arbeit

Um ihre Arbeit wirkungsvoller zu gestalten, müssen die nationalen Organisationen zur Verteidigung und zum Schutz der Menschenrechte darin ausgebildet werden, wie Untersuchungen und Nachforschungen über Menschenrechtsverletzungen im Land durchzuführen und die erhaltenen Informationen zu prüfen und auszuwerten sind. Dies zeigt sich am Beispiel der *RADDHO* im Fall der illegalen

Ausweisung von Cheick Saad Bouh Kamara, dem Vorsitzenden der mauretanischen Menschenrechtsvereinigung (*Association mauritanienne des droits de l'homme - AMDH*). Dieser wurde anlässlich eines Seminars über Menschenrechtserziehung, das von der *UIDH* in Dakar organisiert worden war, von seinen Amtskollegen zu diesem Seminar eingeladen. Nach seiner Ankunft in Dakar wurde er ohne Haftbefehl von der senegalesischen Polizei festgenommen, die ihm einen Ministerialerlass vorlegte, mit dem seine Ausweisung verfügt wurde. Es wurde ihm nicht gestattet, sich vor einem senegalesischen Gericht zu verteidigen, und er wurde mehr als zwei Tage von der senegalesischen Polizei im Flughafenhotel festgehalten, ohne jede Möglichkeit der Kontaktaufnahme nach außen, dann wurde er in ein Linienflugzeug der Air Mauritanie in Richtung Nouakchott gesetzt.

Als die Sache der *RADDHO* zu Ohren kam, richtete sie, ohne alle Einzelheiten der Angelegenheit zu prüfen, ein Schreiben an das Senegalesische Menschenrechtskomitee und an andere Menschenrechtsorganisationen, darunter die *UIDH*[208].

In einem Schreiben der *UIDH* vom 20. August 1998 an den Präsidenten des Senegalesischen Menschenrechtskomitees äußert sich die *UIDH* anerkennend über den Einsatz der *RADDHO* und ihre wirkungsvolle Arbeit zum Schutz der Menschenrechte. „Doch die von ihr am 21. April 1998 beschriebene Situation ist eine andere als die des 16. April. Der einzige gemeinsame Nenner sind die beteiligten Personen...“[209].

Eine solche Situation kann dem Image einer NGO abträglich sein und ihre Glaubwürdigkeit in Frage stellen. Daher wäre es sinnvoll, wenn die nationalen NGOs ihre Mitarbeiter in der Durchführung von Untersuchungen und der Überprüfung von Informationen schulen würden.

Außerdem benötigen alle NGOs eine Schulung zur Verwendung der internationalen und regionalen Rechtsnormen bei ihrer Arbeit. In Kamerun, in Togo und im Senegal mit ihrer französischen Rechtstradition ermöglichen die Verfassungen die Anwendung internationalen Rechts vor den innerstaatlichen Gerichten, aber davon wird fast nie Gebrauch gemacht.

In Nigeria beispielsweise haben sich die Menschenrechts-NGOs selbst über die Anwendung der Afrikanischen Menschenrechtscharta vor den örtlichen Gerichten kundig gemacht und die Justiz über ihre Anwendungsmöglichkeiten informiert.[210]

---

208 Rapport annuel du Comité Sénégalais des droits de l'homme, année 1998 (Jahresbericht des Senegalesischen Menschenrechtskomitees, Jahr 1998 (eigene Übersetzung)), S. 36.

209 Ibidem, S. 43.

210 Doc. de la Fondation suédoise, a. a. O., S. 9.

Die NGOs müssen die Führungs- und Kontrolltechniken der Verwaltungsstrukturen stärken, indem sie mehr fachlich geschulte Mitarbeiter ausbilden. Denn Engagement alleine ist nicht ausreichend, um eine effiziente Organisation aufzubauen.

Die Aktivitäten müssen in friedlicher Weise durchgeführt werden, unter Umgehung der Versuche mancher Regierungen, sie aufzufangen.

Die NGOs müssen präzise und sachlich bei der Formulierung und Beschreibung der Menschenrechtsverstöße und -verletzungen sein, denn terminologisches Entgegenkommen und ungenaue Ausdrucksweise helfen bei der Legitimierung des Verbrechens; auch Übertreibungen und Schärfe bei der Beschreibung von Gewaltsituationen oder Menschenrechtsverstößen banalisieren Situationen extremer Repression[211].

Die Verwaltung der zur Verfügung stehenden Geldmittel muss transparenter sein, und die NGOs müssen ihre Initiativen koordinieren und ihre Möglichkeiten bündeln, um wirkungsvoller zu werden.

4.3 Die internationalen Organisationen zum Schutz der Menschenrechte

Die internationalen Menschenrechts-NGOs sind, im Unterschied zu den nationalen NGOs, Organisationen der entwickelten Länder (Nord-NGOs)[212], die über ihre nationalen Sektionen Aktivitäten in den hier untersuchten Ländern entfalten. Sie führen Untersuchungen über Menschenrechtsverletzungen durch, machen sie der Öffentlichkeit zugänglich, kämpfen dafür, dass die allgemeine Menschenrechtserklärung und die verschiedenen internationalen Menschenrechtsverträge eingehalten werden. Diese NGOs „helfen, dass Fortschritte beim nationalen, regionalen und internationalen Menschenrechtsschutz gemacht werden. Alle diese Fortschritte dürfen aber nicht darüber hinwegtäuschen, dass die Folter als Mittel zur Durchsetzung von Herrschaftsinteressen nicht rückläufig ist“[213].

Die bekanntesten sind, um nur einige zu nennen: *Amnesty International*, die *FIDH*, die *C.I.J.*, die Aktion der Christen für die Abschaffung der Folter (*Action des Chrétiens pour l'Abolition de la Torture- ACAT)*, das Internationale Komitee

211 Moncef Marzouki, Le rôle des NGOs de droits de l'homme en Afrique, in : Benedek / Heinz (Hrsg.), Regional system of human rights protection in Africa, America and Europe, 1992, S. 69 f.

212 G.M. Teuber, der in seiner Analyse zwischen NGOs der Entwicklungsländer (Süd-NGOs) und denen der Industrieländer (Nord-NGOs) unterscheidet.

213 Volkmar Deile, Bilanz und Perspketiven der Menschenrechtsarbeit 50 Jahre nach der Erklärung der Menschenrechte; in Menschenrechte zwischen Anspruch und Wirklichkeit, a. a. O., S. 72.

von Roten Kreuz (*Comité International de la Croix Rouge - CICR)* und die Internationale Bewegung für die friedliche Einheit von Rassen und Völkern (*Mouvement International pour l'union Fraternelle entre les Races et les Peuples-UFER)*.

Die meisten dieser NGOs haben lokale Sektionen in zahlreichen Ländern in der ganzen Welt eingerichtet, so auch im Senegal, in Togo und in Kamerun, um ihr Ziel zu verwirklichen, die Menschenrechte in der ganzen Welt zu einer Realität zu machen und darauf hinzuwirken, dass diese Rechte eingehalten, geschützt und für alle Menschen dieser Erde gewährleistet sind. Diese NGOs arbeiten mit den nationalen NGOs zusammen, um ihre Arbeit zu ergänzen und sie an ihrer Erfahrung teilhaben zu lassen. Es sollte aber diese Zusammenarbeit „so gestaltet werden, dass eine komplementäre Ergänzung ihrer Stärken erreicht wird"[214].

Im Rahmen der vorliegenden Untersuchung ist es nicht unser Anliegen, die mehreren Hundert existierenden internationalen NGOs zu untersuchen. Wir werden uns auf die drei bekanntesten konzentrieren, die unablässig für den Schutz der Menschenrechte in den hier untersuchten Ländern arbeiten: *AI, FIDH* und *IKRK*.

4.3.1 Amnesty International

Amnesty International ist die größte Menschenrechtsorganisation der Welt, die im Mai 1961 entstanden ist, durch eine Zeitungsanzeige des Londoner Rechtsanwaltes Peter Benenson, der kurz zuvor von der Inhaftierung zweier portugiesischer Studenten gelesen hatte, die öffentlich auf die Freiheit angestoßen hatten. Der Rechtsanwalt wandte sich an die Öffentlichkeit und suchte Gleichgesinnte, die sich nicht damit abfinden wollten, daß Menschen nur wegen ihrer politischen Haltung inhaftiert wurden[215].

In der Zwischenzeit haben sich Tätigkeitsgebiet und Aufgaben der Organisation erweitert. So hat sich *AI* als Aufgabe gesetzt, die Befreiung inhaftierter Personen zu erreichen, die, wo auch immer, wegen ihrer politischen Überzeugung, ihrer Farbe, ihres Geschlechts, ihrer ethnischen Herkunft, ihrer Sprache oder ihrer Religion inhaftiert sind, unter der Voraussetzung, dass sie keine Gewalt angewendet haben. Neben der Freilassung von gewaltlosen politischen Gefangenen

214 Volkmar Deile, a. a. O., S. 73.
215 Harald Gesterkamp, Amnesty international von der Gefangenenhilfsorganisation zum Menschenrechtsmulti? in Menschenrechte zwischen Anspruch und Wirklichkeit, a. a. O., S. 75.

(prisoners of conscience) forderte *AI* faire Gerichtsverfahren für alle in politischen Zusammenhängen Angeklagten. Die Organisation widersetzt sich mit allen geeigneten Mitteln der Todesstrafe und ihrer Vollstreckung, der Folter und grausamen, unmenschlichen oder entwürdigenden Strafen und Behandlungen, bei allen Personen, die inhaftiert oder in ihrer Freiheit beschränkt sind.

In den letzten Jahren kommt zu den extralegalen Hinrichtungen, den willkürlichen Inhaftierungen, den Problemen inhumaner und entwürdigender Behandlung, denen die Oppositionellen ausgesetzt sind, noch eine neue Methode hinzu, nämlich das gewaltsame Verschwinden, um unliebsame Oppositionelle zum Schweigen zu bringen. Um dem zu begegnen, hat *AI* sein Aktionsfeld auch auf das gewaltsame Verschwinden von Personen ausgedehnt.

Um die Menschenrechte weltweit wirksam und unparteiisch zu schützen und an allen Fronten präsent zu sein, wurden in zahlreichen Ländern nationale Sektionen von *AI* eingerichtet. Diese verschiedenen nationalen Sektionen unterhalten in Bezug auf ihre Arbeitsmethoden enge Beziehungen zum Sitz in London.

Auf dem afrikanischen Kontinent gibt es derzeit elf Sektionen von *AI*, darunter eine in Togo und eine im Senegal[216]. In Kamerun gibt es keine gesetzlich anerkannte Sektion, es gibt jedoch einige Mitgliedergruppen, die sich für dieselbe Sache einsetzen.

Die *AI* hat eine wichtige, ja vorrangige Rolle bei der Umsetzung der Mechanismen, deren Ziel es ist, die Menschenrechtsverletzungen zu beenden, wie dringende Aufrufe an die internationale Gemeinschaft, die Entsendung von Delegationen zu Regierungen, um über die Freilassung von gewaltfreien Gefangenen oder die Zulassung von Prozessbeobachtern zu verhandeln. Alleine im Jahre 1997 entsandte die NGO „150 Ermittlungsdelegationen und Prozessbeobachter in 62 Staaten" und hat „rund tausend Eilaktionen gestartet"[217].

Im Senegal veröffentlicht die Organisation im Rahmen ihrer Schutzaktivitäten seit 19 Jahren laufend Berichte über den Konflikt in der Casamance und die schweren Menschenrechtsverletzungen seitens der Armee und der senegalesischen Gendarmerie wie auch seitens der Rebellen. In seinem Bericht „Sénégal la terreur en Casamance" stellt *AI* fest, dass die senegalesischen Streitkräfte angesichts des Zieles, die Bevölkerung abzuschrecken, die Unabhängigkeitsbewegung der Bewegung der demokratischen Kräfte von Casamance *(MFDC)*[218] zu unterstützen, die Zivilbevölkerung in Angst und Schrecken zu halten und sich für die menschlichen Verluste durch Angriffe der bewaffneten Kämpfer der

---

216 AI-section sénégalaise, Boîte postale: 21910, Dakar; AI-section togolaise, Boîte Postale 20013, Lomé; in AI-Jahresbericht 2001, S. 622.

217 Harald Gesterkamp, a. a. O., S. 75.

218 MFDC (Mouvement des Forces Démocratiques de Casamance- Bewegung der demokratischen Kräfte von Casamance).

MFDC zu rächen, die senegalesischen Streitkräfte ihre klassische Rolle des Zivilschutzes gegen einen inneren oder äußeren Feind nicht mehr erfüllen.

Die senegalesische Armee, die seit Jahren völlig ungestraft handelt, „foltert und und richtet in der Casamance hin, und die Opfer [werden] dann nicht weit entfernt von den militärischen Unterkünften und den Kontrollposten begraben“[219]. Seitens der *MFDC* gibt es ethnisch begründete Übergriffe. Die Rebellen greifen die Nicht-Diola-Bevölkerung an (das heisst die Manjak, die Mandingue, die Balante und die Mancagne), da sie meinen, diese setze sich im Kampf für die Unabhängigkeit der Casamance nicht stark genug ein. Obgleich AI die frühere senegalesische Regierung unter Präsident Abdou Diouf gebeten hat, unabhängige Untersuchungen über die Menschenrechtsverletzungen in der Casamance durchzuführen und die Angehörigen der Verwaltung vor Gericht zu bringen, die verdächtigt wird, diese Verletzungen begangen zu haben, wurde diesen Forderungen von *AI* kein Gehör geschenkt.

Man könnte daraus schließen, dass „die Versprechungen der Regierung und das Bekenntnis zu dem von Präsident Abdou Diouf so viel gerühmten Rechtsstaat nur leere Worte sind, die nur den Zweck haben, die internationale Meinung zu beruhigen und das Image des Senegal in der zivilen Gesellschaft aufrechtzuerhalten“[220].

Inzwischen jedoch, seit dem Regierungsantritt der neuen Regierung unter Präsident Abdoulaye Wade, kann man sagen, dass es einige vorsichtige Versuche seitens beider Konfliktparteien gibt, um friedliche Lösungen für den Konflikt in der Casamance zu finden.

Nach dem Bericht von *AI* kam es „im Dezember ... in Zinguinchor zu einem ersten offiziellen Treffen zwischen senegalesischen Vertretern und dem Generalsekretär der *MFDC*, Pater Diamacoune Senghor. Gegenstand der Gespräche waren unter anderem die Zukunft der Militärstützpunkte, die Freilassung von Gefangenen, die Rückkehr der Vertriebenen und die Durchführung von Entwicklungsprojekten in der Casamance. Dennoch blieb die Lage ... gespannt“[221].

In Bezug auf Togo wurde durch den Druck von *Amnesty International* und anderen internationalen Menschenrechts-NGOs wie der *FIDH*, des internationalen Verbandes der Aktion der Christen für die Abschaffung der Folter und anderer erreicht, dass die schweren und wiederholten Menschenrechtsverletzungen in Togo auf der Tagesordnung der 46., 47., 48., 49. und 50. Sitzung der Menschenrechtskommission der Vereinten Nationen besondere Beachtung fanden, auf denen Resolutionen zu Togo verabschiedet wurden. Dieses Land war sodann Ge-

---

219 Doc. d’A.I., Sénégal la terreur en Casamance, AI Index: AFR 49/01/98/F, S. 65.
220 Ibidem, S. 67 (eigene Übersetzung).
221 vgl. AI Jahresbericht 2001, S. 487.

genstand des 1503-Verfahrens. Die Unterkommission hatte daher eine kleine Arbeitsgruppe gebildet, die alle Mitteilungen im Zusammenhang mit Menschenrechtsverletzungen prüfte und dann die togoische Regierung um eine präzise Stellungnahme zu den festgestellten schwerwiegenden Sachverhalten bat.

Leider hat dieses Verfahren nicht dazu beigetragen, die schweren Menschenrechtsverletzungen innerhalb des togoischen Staatsgebiets/ auf togoischen Boden zu beenden.

Dies veranlasste Amnesty International dazu, die Anprangerung schwerer Menschenrechtsverletzungen durch die Veröffentlichung von Berichten fortzusetzen, darunter der Bericht von Mai 1999 mit dem Titel: „Togo: état de terreur". Nach der Veröffentlichung des Berichts nahmen die togoischen Behörden Menschenrechtler fest, darunter Mitglieder der nationalen Sektion von AI, da sie mit *AI* zusammengearbeitet hatten. Außerdem erhob die togoische Regierung Anklage gegen den Generalsekretär der Organisation, Pierre Sané vor dem Oberen Gericht in Lomé.

Aufgrund dieser Spannungen regte im August 1999 die UN-Unterkommission für die Förderung und den Schutz der Menschenrechte die Einrichtung einer Untersuchungskommission an, die Vorwürfen über extralegale Hinrichtungen in Togo im Jahre 1998 nachgehen sollte [222].

So wurde bei ihrer sechsundfünfzigsten Sitzung die Aufmerksamkeit der Menschenrechtskommission auf den Tagesordnungspunkt 9 gelenkt, betreffend die Erklärung vom 20. August 1999, die der Präsident der einundfünfzigsten Sitzung der Unterkommission für die Förderung und den Schutz der Menschenrechte über die Menschenrechtssituation in Togo abgegeben hatte[223]. Um dieser Erklärung nachzukommen, wurde am 7. Juni 2000 zusammen mit der OAU eine internationale Untersuchungskommission für Togo eingerichtet.

Nach der fünfwöchigen Untersuchung vor Ort stellte die Kommission aufgrund übereinstimmender Zeugenaussagen Fälle extralegaler Hinrichtungen, gewaltsamen Verschwindens und andere schwere Menschenrechtsverletzungen fest, wie unter anderem die Vergewaltigung von Frauen.

Die Kommission teilte den togoischen Behörden die Liste der festgenommenen und als verschwunden geltenden Personen mit, um Auskünfte über das Schicksal dieser Personen zu erhalten[224]. Diese Behörden haben bis zum Zeitpunkt der Auflegung des Berichts nicht reagiert.

Demzufolge ist die Kommission der Überzeugung, dass von Menschenrechtsverletzungen auszugehen ist. Sie empfiehlt den togoischen Behörden,

---

222 Vgl. AI Jahresbericht, a. a. O., S. 558.
223 Dokument der Menschenrechtskommission, S. 3.
224 Siehe die Tabellen Nr. 3 und Nr. 4.

strafrechtliche Ermittlungen einzuleiten und diejenigen zu bestrafen, die diese Menschenrechtsverletzungen begangen haben.

Darüber hinaus liefert *AI* mit seinem Beratungsstatus bei der Afrikanischen Kommission für Menschenrechte und Rechte der Völker Fakten, mit denen die Menschenrechtssituation bewertet werden kann und bringt somit regionale Schutzmechanismen auf den Weg.

Trotz der vorrangigen Rolle dieser NGO im Bereich des Schutzes und der Förderung der Menschenrechte, auch der Menschenrechtserziehung, ziehen sie den Zorn unserer Regierungen auf sich, die mit vielgestaltigen Repressionen gegen die Menschenrechtler vorgehen.

Tabelle Nr. 3: Liste der Personen, die nach den Untersuchungen Opfer extralegaler Hinrichtungen waren.

Name	**Geburtsdatum und- Ort oder Alter**	**Beruf**	**Letze bekannte Adresse**	**Todestag**	**Ort der Hinrichtung**
Pomeavor Hoffia Messan	1968	Lotterie einnehmer	Akato Avoeme	März 1968	Akato
Teko Allyn Anani	24. Dezember 1957	Hilfsarbeiter	OTP-Kpeme (Togo)	November 1998	Sei vor seinem Haus getötet worden.
Amouzou Koffi	27 Jahre		Aflao (Ketu District) Ghana	Juni 1998	Azaou
Ahiakpo Koffi Roger	30 Jahre		Aflao (Ketu District) Ghana	Juni 1998	Azaou
Kossi Kossi	25 Jahre	Schneiderlehrling	Afagnan	26. Juni 1998	Afagnan
Kekgbe Koffi Mathieu		Photograph	Village Dokpohoe	28. September 1998	Wurde in seinem Haus getötet und aufgeschlitzt.
Palanga N'Gamnouwe Germain	31.Juli 1963 in Lome	Forst-Wachtmeister	Kara Quartier Chaminade	27 April 1998	An den Folgen der Folter in der Gendarmerie Kara gestorben
Keleou Pele	32 Jahre		Kara	April 1998	In der Gendarmerie Kara gestorben

Tabelle Nr. 4: Liste der als verschwunden geltenden Personen[225].

Name	Geburtsdatum und -ort	Beruf	Letzte bekannte Anschrift	Tag der Festnahme	Anmerkungen
Akakpossa Koffi „Hitler“	1970 in Lomé	Schweißer	Flüchtlingscamp Sanzulé	22. Dezember 1998	Wurde seit diesem Tag nicht mehr gesehen.
Assiongbon Nicolas	1968 in Lomé	Schneider	Avoemé-Lokotomey V/R Ghana	Oktober 1998	Wurde seit diesem Tag nicht mehr gesehen.
Djiewone Adrisse „Ringo“	1970	Verkäufer von Kraftfahrzeugteilen	Sikakope Denu Ghana	10. August 1998	Wurde seit diesem Tag nicht mehr gesehen.
Edoh Komlan	28. August 1978 oder 1968?[226] Akato	Student	CEG Sanguera-Lomé	20. August 1998	Wurde seit diesem Tag nicht mehr gesehen.
KOUNI Kodjo	1976 in Akato	Maler	Akato Avoeme	20. August 1998	Wurde seit diesem Tag nicht mehr gesehen.
Homawoo Yao	24 Jahre	Spediteur	Stadtviertel Gbenyedji	8. Februar 1998	Wurde seit diesem Tag nicht mehr gesehen.
Akakpo Kokou	39 Jahre geb. in Lomé	Kraftfahrer	Aflao- V/ R-Ghana	7. Februar 1998	Wurde seit diesem Tag nicht mehr gesehen.
SENYO Eugène	47 Jahre geb. in Palimé	Kraft-Fahrer	Ghana	7. Februar 1998	Festgenommen auf dem Weg nach Lomé.

Aus diesem Grund verabschiedete unter dem Druck der internationalen NGOs die Unterkommission für Menschenrechte der UNO am 20. August 1998 eine Resolution, die dem chilenischen Experten José Bengoa vorgelegt und von 18 weiteren Experten mitgetragen wurde, zum internationalen Schutz der Menschenrechtler[227]. So verabschiedete am 9. Dezember desselben Jahres die Gene-

225 Die beiden Tabellen sind dem Bericht der Kommission, S. 21-23, entnommen.

226 In dem Bericht heißt es „1998“. Die Verf. geht davon aus, dass es sich um einen Druckfehler handelt.

227 Die Resolution wurde verabschiedet mit 21 Stimmen und 3 Gegenstimmen verabschiedet, sie ist abgedruckt in dem Lettre de la Fédération Internationale des Droits de l’homme, S. 10, 3.-17. September 1998, Nr. 761-762-763.

ralversammlung der UNO eine Erklärung[228], mit der die Rechtmäßigkeit der Aktionen der Menschenrechtsverteidiger bestätigt wurde und bekräftigt wurde, dass sie demzufolge geschützt werden müssten.

4.3.2 Die FIDH

Sie ist die erste internationale Menschenrechtsorganisation. Sie wurde 1922 in Frankreich gegründet. Die *FIDH* ist eine internationale NGO, die aus Ligen, Kommissionen und nationalen Vereinigungen zur Verteidigung der Menschenrechte besteht, das heisst aus nationalen Menschenrechts-NGOs. Sie ist jedoch unabhängig von allen Regierungen und allen Staaten. Wenn eine nationale Menschenrechts-NGO sich der *FIDH* anschließt, so erkennt sie die Grundsätze der Allgemeinen Erklärung der Menschenrechte von 1948 an und gibt sich den Auftrag, ihnen in ihrem Land zur Durchsetzung zu verhelfen, indem sie über die strikte Einhaltung im öffentlichen Leben und in der Arbeit der staatlichen Institutionen wacht.

Zu den Arbeitsmethoden der *FIDH* zählen Prozessbeobachtungen und Untersuchungen. Nach Abschluss der Missionen veröffentlicht sie ihre Schlussfolgerungen und Feststellungen.

Als Beispiel für eine Untersuchung ist der Fall Togo nach den Auswüchsen bei der Präsidentschaftswahl im Juni 1998 zu nennen, die zu einer Verschärfung der Krise geführt hatten, in der sich Togo seit einem Jahrzehnt befindet.

Um einen Beitrag zur Bewältigung der Krise zu leisten und zu versuchen, an der Lösung für die schweren Menschenrechtsverletzungen mitzuarbeiten, die in diesem Land unentwegt geschehen, entsandte die *FIDH* eine Untersuchungsdelegation nach Togo. Die Mitglieder der Delegation hielten sich vom 26. November 1998 bis zum 5. Dezember 1998 in Togo auf und stellten ihre Nachforschungen an.

Ihre Untersuchung brachte schwerwiegende Unregelmäßigkeiten bei den Wahlhandlungen an den Tag, die gegen die Bestimmungen von Artikel 21 der Allgemeinen Erklärung der Menschenrechte, von Artikel 25 des Internationalen Paktes über bürgerliche und politische Rechte und von Art. 13 der Afrikanischen Charta der Menschenrechte und Rechte der Völker verstoßen, die alle die freie Wahl der Vertreter des Volkes in freien und ehrlichen Wahlen vorsehen.

Außerdem hat sie im Mai 1998 einen Bericht über Willkür, Straflosigkeit und Repression in Kamerun veröffentlicht. In ihren Schlussfolgerungen prangert die Organisation das System der Straflosigkeit und der Willkür an, das in alle

228 Die Resolution Nr.53/144 vom 9.12. 1998.

Bereiche der kamerunischen Gesellschaft Eingang gefunden hat. So sind diejenigen, denen die Regierungsgewalt anvertraut ist, verantwortlich für unzählige Menschenrechtsverstöße im Land. Die Blockade von Aktivitäten der Zivilgesellschaft durch die Mitglieder der Regierungspartei und die Missachtung der Menschenrechte durch die Behörden lässt keine signifikante Entwicklung in diesem Bereich absehen[229]. Die Organisation appelliert daher an die internationale Gemeinschaft, Druck auf den kamerunischen Staat auszuüben. Sie empfiehlt, dass jede Hilfe oder Kooperation von Fortschritten im Bereich der Menschenrechte abhängig gemacht wird; außerdem müsse die Internationale Gemeinschaft alles tun, was in ihrer Macht steht, um die Stärkung und Entwicklung der Zivilgesellschaft und ihrer Handlungs- und Meinungsfreiheit zu gewährleisten[230].

Heute sind 105 nationale Ligen, verteilt auf 80 Länder, Mitglied der *FIDH*, darunter die *ONDH* im Senegal, die *LTDH* in Togo und die *LCTH* [231] in Kamerun.

Durch ihr Büro koordiniert die *FIDH* die Aktivitäten und die Aktionen der nationalen Menschenrechts-NGOs.

Wie weiter oben bereits ausgeführt, stellt der Mangel an Koordination bei den Arbeiten der nationalen NGOs eines der Hindernisse für die Wirksamkeit dieser Organisationen dar. Außerdem gelingt es den meisten nationalen NGOs in Ermangelung der Beherrschung der internationalen Rechtsinstrumente und eines Beobachterstatus bei den wichtigen internationalen Menschenrechtsinstitutionen nicht, die internationale Gemeinschaft zu erreichen, damit bestimmte schwere Menschenrechtsverletzungen in ihren Ländern beendet werden. Daher werden, auf dem Weg über die *FIDH*, die einen Beobachter- oder Beraterstatus bei den wichtigen internationalen Instanzen wie der UNO, der UNESCO, dem Europarat und der Afrikanischen Menschenrechtskommission hat, diese Verletzungen den internationalen Instanzen zur Kenntnis gebracht, die dann Untersuchungsdelegationen in die fraglichen Länder entsenden oder Resolutionen verabschieden, um diese Verletzungen zu beenden.

So hat beispielsweise aufgrund von Informationen über Folter und schlechte Behandlung in den Haftanstalten und Gefängnissen in Kamerun, die zahlreiche Menschenrechts-NGOs, darunter die *FIDH*, der Menschenrechtskommission der UNO lieferten, diese am 12. Mai 1999 einen Sonderberichterstatter über Folter

229 Dokument der *FIDH*, Nr. 259, a. a. O., S. 39.
230 Dokument der FIDH, a. a. O., S. 41.
231 *Ligue Camerounaise des Droits de l'Homme* (Kamerunische Menschenrechtsliga) für die Kameruner im Exil; (Die anderen beiden Abkürzungen sind bereits zuvor im Text erwähnt worden).

nach Kamerun entsandt[232]. Im Laufe seiner Untersuchung griff der Sonderberichterstatter weiter auf die NGOs zurück, um Erklärungen zu finden und bestimmte Situationen zu verstehen. Durch diese Untersuchung wurden die Ausführungen der *FIDH* in dem Bericht mit dem Titel: „Cameroun: arbitraire, impunité et répression", der im Mai 1998 veröffentlicht wurde, bestätigt.

Neben diesen Verteidigungs- und Schutzaktivitäten für die Menschenrechte auf der ganzen Welt kämpft die *FIDH* mit anderen Menschenrechts-NGOs für die Gewährleistung des Schutzes der Menschenrechtsverteidiger. Es ist bekannt, dass in zahlreichen, vor allem in diktatorischen Ländern die Menschenrechtsverteidiger von den Machthabern gejagt und verfolgt werden wie Verbrecher.

Das Beispiel von „Albert Mukong", Menschenrechtler für die Rechte der anglophonen Minderheiten in Kamerun, der unaufhörlich von den verschiedenen kamerunischen Regierungen gejagt und verfolgt wird (sowohl durch die Regierung des verstorbenen Präsidenten Ahidjo, als auch durch die Regierung des Präsidenten Paul Biya), zeigt die Notwendigkeit, die Menschenrechtler bei ihrer Aufgabe zu schützen.

Man stellt auch fest, dass die Repressionen immer komplexere und subtilere Formen annehmen; in Togo reichen die verwendeten Methoden von der Einschüchterung der Mitglieder der NGOs und der Verhinderung von Versammlungen bis hin zur Inhaftierung.

Eine neue Methode besteht darin, NGOs zu gründen, die von der Regierung organisiert und finanziert werden und die wirklichen NGOs in Verruf bringen.

Zum internationalen Schutz der Menschenrechtler wurde ein erster Schritt gemacht durch die Unterkommission für Menschenrechte der UNO, die eine Resolution verabschiedete, die durch den chilenischen Experten José Bengoa am 20. August 1998 vorgelegt wurde und unter der Patenschaft von 18 weiteren Experten stand und mit der die Ermordung von mehreren Menschenrechtlern aus verschiedenen Regionen entschieden verurteilt wurde und die Staaten darum ersucht wurden, den Einzelpersonen, Gruppen, Organisationen und Vereinigungen, die für die Menschenrechte eintreten, die Bedingungen zu garantieren, die zur freien Ausübung ihrer Aktivitäten für die Anerkennung, die Förderung und die Verteidigung der Menschenrechte erforderlich sind[233].

Auf diese Resolution folgte am 9. Dezember 1998 die Verabschiedung einer Erklärung durch die Generalversammlung der Vereinten Nationen mit dem Titel „Erklärung über den Schutz der Menschenrechtsverteidiger", über das Recht und die Verantwortung von Einzelpersonen, Gruppen und Organen der Gesellschaft,

---

232 Rapport sur la visite du rapporteur spécial au Cameroun, 11 novembre 1999; E/CN, 4/2000/9/Add. 2.

233 Aus dem Lettre de la *FIDH*, S. 10, 3.-17. September 1998.

die allgemein anerkannten Menschenrechte und Grundfreiheiten zu fördern und zu schützen[234].

Nach dieser Verabschiedung wurde durch eine Auslegungserklärung, die von Ägypten im Namen von 26 Staaten verlesen wurde, der Primat des nationalen Gesetzes über die internationalen Instrumente bekräftigt. Obgleich sich diese Staaten der Verabschiedung der Erklärung nicht widersetzt hatten, legten sie dennoch Wert auf die Bekräftigung, dass sie auf ihre Praktiken nicht verzichten würden[235].

Die Liste der Länder[236], die sich der internationalen Erklärung zum Schutz der Menschenrechtsverteidiger verweigerten, zeigt, dass es sich um die Staaten mit den zahlreichen Menschenrechtsverletzungen handelt, wie Kuba, Algerien, Sudan, Iran, China usw. Für diese Staaten stellt ein Menschenrechtsverteidiger eine Gefahr dar, vor der man sich schützen muss, da er dazu beitragen könnte, mehr Licht in die schweren Menschenrechtsverletzungen zu bringen, derer sich diese Länder schuldig machen, und dies wäre dem Ansehen in der internationalen Gemeinschaft abträglich.

In Togo, obwohl nicht auf der Liste vertreten, setzt die Regierung die alten Praktiken und die Hetze auf Menschenrechtsverteidiger fort. Einige von ihnen wurden aufgrund ständiger Verfolgung und Drohungen gezwungen, ins Exil zu gehen.

Die *FIDH* trägt aufgrund ihrer Dynamik, ihrer Wachsamkeit und ihres Engagements in sehr wirksamer Weise dazu bei, dass die allgemeinen Rechte des Menschen in der ganzen Welt im Allgemeinen und in Togo, Kamerun und im Senegal im Besonderen geschützt und eingehalten werden.

Zur Untersuchung des Beitrages, den die internationalen NGOs im Bereich der Menschenrechte leisten, werden wir abschließend das Internationale Komitee vom Roten Kreuz(*IKRK)* behandeln, das zwar eine humanitäre Hilfsorganisation ist, aber eine sehr wichtige Rolle im Bereich der Menschenrechte in den afrikanischen Ländern spielt.

---

234 Vgl. Nouvelle lettre de la *FIDH*, décembre 1998.

235 Vgl. Rapport annuel de la *FIDH* 1999, S. 14.

236 Die 26 Staaten sind: Algerien, Bahrain, Benin, China, Kuba, Demokratische Volksrepublik Korea, Djibouti, Ägypten, Äthiopien, Iran, Irak, Kuweit, Demokratische Volksrepublik Laos, Libanon, Libyen, Mauretanien, Myanmar, Niger, Oman, Pakistan, Qatar, Singapur, Sudan, Syrien, Vereinigte Arabische Emirate und Vietnam.

4.3.3 Der Beitrag des IKRK

Das Internationale Komitee vom Roten Kreuz, das im Jahre 1863 gegründet wurde, ist eine humanitäre NGO, die in neutraler und unparteiischer Weise in zwischenstaatlichen Kriegen, Bürgerkriegen und internen Konflikten tätig wird und den Opfern, ob Soldaten oder Zivilbevölkerung, Schutz und Hilfe zukommen lässt. Das *IKRK* beteiligt sich auch unabhängig von Krisen und Konflikten an einer großen Anzahl humanitärer Hilfsaktionen in Notzeiten.

Das *IKRK* spielt eine einzigartige Rolle bei der Verbesserung der Haftbedingungen von Gefangenen; man kann insgesamt sagen, dass es eine ganz grundlegende Rolle beim Schutz der Menschenrechte von Privatpersonen spielt. Es ist die einzige Organisation, die seit mehr als einem Jahrhundert regelmäßig politische Gefangene besucht, die in ihren eigenen Ländern oder im Ausland inhaftiert sind.

Heute besitzt es nationale Komitees in fast allen Staaten. Im Unterschied zu den reinen Menschenrechts-NGOs veröffentlicht das *IKRK* seine Feststellungen von Verstößen gegen die Menschenrechte oder das humanitäre Völkerrecht nicht. Seine Berichte sind vertraulich und werden nur an die betreffenden Behörden gesandt. Auf diese Weise ist es möglich, gute Beziehungen zu den verschieden Staaten zu unterhalten, die ihnen ohne Vorbehalt die Erlaubnis zu regelmäßigen Besuchen an allen Haftorten erteilen.

In Kamerun hat das *IKRK* das Einverständnis der kamerunischen Behörden erhalten, regelmäßig alle Haftorte zu besuchen; es nahm seine Tätigkeit am 19. Februar 1999 auf.

Diese dem *IKRK* erteilte Erlaubnis wurde vom Sonderberichterstatter für Folter der Menschenrechtskommission der Vereinten Nationen sehr gewürdigt, der in seinem Bericht schrieb:

„...one positive element in the dismal situation described in the preceding paragraphs is the recent arrangement permitting the International Committee of Red Cross to visit places of detention in Cameroon on its own conditions. This work only began in february 1999.

...Its traditional professionalism should ensure that it is in a position to bring matters such as those described in the present report to the immediate attention of high governmental authorities.“[237]

Das *IKRK* wird aufgrund seiner vertraulichen Vorgehensweise die Lage der Häftlinge in den kamerunischen Gefängnissen verbessern können, denn da der kamerunische Staat bestrebt ist, sein Ansehen auf internationaler Ebene zu verbessern, würde es ihm sehr ungelegen kommen, wenn das *IKRK* das Prinzip der

---

237 Rapport sur la visite du rapporteur spécial au Cameroun, a. a. O., S. 41.

Vertraulichkeit aufgeben und ebenfalls einen Bericht über Willkür, Folter, Repression und Straflosigkeit in Kamerun veröffentlichen würde.

Denn tatsächlich kann das Prinzip der Vertraulichkeit in zwei Fällen aufgegeben werden:

Zum einen in dem Fall, in dem die Konfliktparteien nichts unternehmen, um die Lage zu ändern, oder den Opfern jegliche Hilfe verweigern.

Zum anderen, wenn die Staaten eigene Versionen oder veränderte Passagen aus dem Bericht veröffentlichen, den das *IKRK* ihnen übersandt hat.

Darüber hinaus ist zu bedenken, dass sich die Welt seit dem Ende des Kalten Krieges die Welt sich im Wandel befindet und sich dadurch die Typologie der Konflikte verändert; das *IKRK,* das in der Vergangenheit nur in Konflikten und während der Zeit bis zum Frieden im Einsatz war, hat nicht mehr so viele Gründe wie in der Vergangenheit, sich von Maßnahmen der Konfliktprävention zu distanzieren[238].

Es muss somit einen neuen Ansatz für seine Tätigkeiten definieren und sein Handlungsfeld erweitern, indem es mehr auf dem Gebiet der Konfliktprävention tätig wird.

Man geht davon aus, dass das Bewusstsein dieser neuen Situation des Wandels das *IKRK* dazu veranlasst hat, bei der 51. Sitzung der Menschenrechtskommission der UNO zu erklären, die derzeitige Welt sei gekennzeichnet durch die Ausweitung von Gewalt und Menschenrechtsverletzungen, die häufig in einen Konflikt münden. Diese für die Menschenrechtskommission beunruhigende Lage beschäftigt auch das *IKRK*[239].

So muss das Internationale Rote Kreuz in Zukunft, um in seinem Handlungsgebiet effektiver zu sein und sich dem derzeitigen Wandel in der Welt anzupassen, seinen Einsatz mehr in die Phase verlagern, die Konflikten vorausgeht. Es muss bereits in Situationen politischer Erschütterungen, Krisen und schwerer Menschenrechtsverletzungen, wie derzeit in Togo, aktiv werden, um zu verhindern, dass solche Krisen entgleisen und daraus mörderische Konflikte wie in Ruanda oder Somalia werden.

Im Jahre 1994 sprach der Präsident des *IKRK* in San Remo während der Teilnahme an einem Runden Tisch von einem Frühwarnsystem, durch das ein Einmünden von Krisen in Konflikte verhindert werden soll. Tatsächlich ist das

238 Jean-Luc Chopard, zitiert nach Têtêvi Dodzi Didier Agbodjan, Violations graves et répétées des droits de l'homme, troubles et tensions internes, un processus de désintégration étatique? Mémoire à l'institut des droits de l'homme de Lyon, France 1996, S. 111.

239 Tagesordnungspunkt : Action visant à encourager et à développer davantage le respect des droits de l'homme et des libertés fondamentales, Genf, 21. Februar 1995, Veröffentlichung des *IKRK*.

IKRK überall in der Welt mit seinen nationalen Komitees sehr häufig in der Lage, anschwellende Krisensituationen und zunehmende Unruhen in einem Land im Vorfeld abzusehen.

Um eine mögliche Verschlechterung der Situation zu vermeiden, muss die Organisation in solchen Fällen an die Weltöffentlichkeit appellieren, damit umgehend Druck auf die Regierungen ausgeübt wird.

Über das Frühwarnsystem hinaus sah das *IKRK* einen Verhaltenskodex vor, dessen Ziel in einem neuen Ansatz zum Schutz der Menschenrechte zu jeder Zeit und in jeder Situation bestand. Wenn auch die in diesem Kodex genannten Regeln keinen im Sinne der internationalen Normen unverletzlichen Rechtscharakter haben, so wurden damit doch dreizehn grundlegende Regeln vorgeschlagen, die grundsätzlich in den internationalen Menschenrechtstexten verankert sind.

Einige dieser Regeln sind beispielsweise:

- Die Garantie des Rechtes auf Leben und Achtung des Menschen, unabhängig von den ihm zur Last gelegten Taten;
- Verbot von Gewalt, unabhängig davon, woher sie kommt, insbesondere von Mord, Folter, unmenschlicher und entwürdigender Behandlung, gewaltsamem oder unfreiwilligem Verschwinden, usw.;
- Menschliche Behandlung jeder inhaftierten Person;
- Das Recht auf ein faires Prozess und Mindestverfahrengarantien;
- Allgemeine Verpflichtung, Maßnahmen gemäß den internationalen Rechtstexten zu ergreifen, die den Staat binden, und die Verpflichtung, Verstöße gegen die internationalen Regeln zum Schutz der Menschenrechte zu verfolgen, usw.;

Obgleich mit diesen Regeln nur die Bestimmungen wieder aufgenommen werden, die bereits in den internationalen Menschenrechtsvereinbarungen enthalten sind, wird damit durch das *IKRK* nochmals die Bedeutung ihrer Einhaltung betont, die gerade in Zeiten innerer Spannungen unabdingbar ist, da der Dialog zwischen den gesellschaftlichen und politischen Gruppen dann abbricht. Wo aber der Dialog abbricht, nisten sich schnell Hass und Misstrauen bei den Menschen ein, und solche Hassgefühle führen dann häufig - wie in Ruanda - zu schweren Menschenrechtsverletzungen.

Zusammenfassend ist festzuhalten, dass sowohl die nationalen als auch die internationalen NGOs, wenngleich ihre Methoden und ihr Auftrag unterschiedlich ist, dieselben Ziele haben, nämlich den Schutz und die Förderung der Menschenrechte.

Ihre ständige Wachsamkeit und ihr unermüdliches Engagement stellen oftmals den einzigen Schutz vor Ungerechtigkeit und Machtmissbrauch dar.

Dennoch bleibt trotz der Anstrengungen der verschiedenen NGOs die Durchsetzung der in den verschiedenen internationalen Instrumenten proklamierten Grundrechte und -freiheiten des Menschen, in den meisten afrikanischen Ländern eine Illusion; in Togo beispielsweise vergeht kein Tag, ohne dass die Rechte und Freiheiten der Menschen, der Bürger, verletzt werden.

Dies führt uns zu der Frage, was die Durchsetzung des Menschenrechtsschutzes in den afrikanischen Ländern behindert und woran die Einhaltung und der Schutz der Menschenrechte in unseren Ländern scheitern.

Kapitel 5: Das Scheitern der afrikanischen Staatsführungen im Bereich der Menschenrechte

Ob im Kamerun des Paul Biya, im Togo des Generals Gnassingbé Eyadema oder im Senegal des neuen Präsidenten Abdoulaye Wade: In allen drei Ländern herrscht trotz des gesamten juristischen Instrumentariums und der Mechanismen, die eingeführt wurden, um die Einhaltung der Menschenrechte zu gewährleisten und die Menschen in deren tatsächlichen Genuss zu bringen, nach wie vor eine breite Kluft zwischen Gesetz und Realität. Es vergeht auf ihrem Staatsgebiet kein Tag, an dem nicht grundlegenden Menschenrechte verletzt würden.

Diese traurige Tatsache veranlasste Dégni-Segui (Elfenbeinküste), zu der Feststellung, die Menschenrechtsverletzungen in Afrika seien eines der Hauptmerkmale dieses Kontinents, und in gleicher Weise einzuordnen wie die Unterentwicklung, mit der sie untrennbar verbunden ist.[240]

Wie lässt sich dieses Scheitern der togoischen, senegalesischen und kamerunischen Staatsführungen im Bereich der Menschenrechte auf ihrem Staatsgebiet erklären?

5.1 Die Gründe für das Scheitern auf dem Gebiet der Menschenrechte

Hier ist zunächst einmal zu bedenken, dass die Armut, das Analphabetentum, die Außenhandelsschulden, die Unterentwicklung und bestimmte kulturelle Gegebenheiten, um nur einige Gründe zu nennen, einen effizienten Schutz der Menschenrechte in den afrikanischen Staaten behindern.

Allerdings besteht in der afrikanischen Literatur sehr häufig die Tendenz, die Krisen und Nichteinhaltung der Menschenrechte der Sklaverei und der europäischen Kolonialisierung anzulasten, durch die es möglich wurde, dass die europäischen Kolonialherren ihre Kultur, ihre Institutionen und ihre Rechtsauffassung durchsetzten und damit afrikanische Kultur und einheimische Traditionen zerstörten.

Wir haben nicht die Absicht, das Unrecht und die verheerenden Folgen der Sklaverei und der Kolonialisierung zu bestreiten. Doch wir stellen uns angesichts der traurigen Tatsache, dass Afrika auch vierzig Jahre nach der Unabhängigkeit Afrika nicht den Anschluss an die restliche Welt gefunden hat, die Frage, ob es

240 R. Dégni Segui, a. a. O., S. 170.

nicht an der Zeit ist, dass die afrikanischen Länder sich von dieser Sicht lösen und jenseits der fernen und äußeren Gründe für die Missstände ihr Augenmerk auf die neuen Gründe im Inneren richten, die nach unserer Auffassung den meisten Missständen zugrunde liegen, unter denen Afrika heute leidet.

Oder wollen wir weiterhin „die Vergangenheit beweinen, anstatt uns optimistisch und kraftvoll der Zukunft zuzuwenden...“?[241]

Wir denken, dass die Afrikaner aufhören müssen, sich in der Opferrolle zu sehen, und zum Aufbruch in das neue Jahrtausend beginnen müssen, selbst aktiv zu werden, Verantwortung zu übernehmen. Wir werden daher im Rahmen dieser Untersuchung keine besondere Analyse der Kolonialisierungsfrage und der Auswirkung der afrikanischen Kultur auf das Menschenrechtsverständnis vornehmen, sondern uns vielmehr den Problemen der politischen Straflosigkeit, der Korruption, der Ineffizienz der Justiz, der Verweigerung eines politischen Wechsels usw. widmen, die der wirklichen Umsetzung der Menschenrechte in den afrikanischen Ländern im Wege stehen.

5.1.1 Die politische Straflosigkeit

Die politische Straflosigkeit ist „the impossibility, de jure or de facto, of bringing criminal proceedings against the perpetrators of humans rights violations, as well as civil, administrative or disciplinary proceedings, since they are not subject to any inquiry that might lead to their being accused, arrested, tried and, if found guilty, convicted and given appropriate punishment, including reparation for the harm suffered by their victims“ [242]. Aus dieser Definition ist das Vorhandensein von zwei Arten der Straflosigkeit ersichtlich: der tatsächlichen und der rechtlichen.

5.1.1.1 Die tatsächliche Straflosigkeit

Dies ist in den afrikanischen Ländern die gängigste Form der Straflosigkeit. Sie besteht seitens der Regierenden in der Weigerung, Untersuchungen in Bezug auf schwere und massive Menschenrechtsverletzungen im Land durchzuführen, denn sehr häufig sind diejenigen, die sie verüben, Sympathisanten der Machthaber, Milizen, die für die Partei an der Macht operieren. Somit können sich die

241 So Präsident Abdoulaye Wade im Senegal in „Observateur des Droits de l'Homme“ (Informationsblatt der RADDHO), Sonderausgabe Mai 2001, S. 26.

242 Definition aus „Campaign against Impunity; portrait and plan of action”, in Essays on Human Rights and Democratic Development, International Centre for Human rights and democratic development, Montreal, 1997, S. 248.

mutmaßlichen Täter völlig frei bewegen, ohne die Befürchtung haben zu müssen, für ihre Verbrechen zur Rechenschaft gezogen zu werden.

An Beispielen hierfür fehlt es in keinem der drei Länder.

So spielen sich in Togo seit dem Beginn des Demokratisierungsprozesses im Jahre 1990 unaufhörlich massive und schwere Menschenrechtsverletzungen ab, beispielsweise am 11. April 1991, wo achtundzwanzig Leichen aus der Lagune Bè in Lomé gezogen wurden, bei denen es sich laut Amnesty International um Demonstranten handelte, die „am Vortag festgenommen und an die Inhaftierungsorte in Lomé gebracht worden waren. Dort aber wurden sie zu Tode gefoltert oder vorsätzlich getötet, und ihre Leichen wurden in die Lagune geworfen“ [243].

Die Untersuchungen der Nationalen Menschenrechtskommission ergaben damals, dass diese Verbrechen das Werk eines Fallschirmjägerkommandos der togoischen Streitkräfte waren; auf diese Weise wurde das Ergebnis der Untersuchungen von Amnesty International bestätigt[244].

Obgleich die Täter bekannt sind und internationale NGOs wie AI und FIDH sich bei den togoischen Behörden dafür einsetzten, dass sie vor Gericht gebracht würden, wurden bis heute weder Maßnahmen ergriffen, noch ergingen Strafen.

Ebenso waren auch die Massaker vom 25. Januar 1993, die ebenfalls durch die Sicherheitskräfte an der Zivilbevölkerung von Lomé begangen wurden, in keiner Weise Gegenstand von Untersuchungen. Die Bevölkerung war an jenem Tag auf die Straße gegangen, um den HCR *(Haut Conseil de la République* - Hoher Rat der Republik: das Gesetzgebungsorgan der Übergangszeit) anlässlich eines Treffens mit einer deutsch-französischen Ministerabordnung zu unterstützen (Herr Debarge, französischer Minister für Zusammenarbeit, und Herr Schäffer, deutscher Staatssekretär im Außenministerium), welche zur Hilfe bei der Beilegung der innenpolitischen Krise nach Lomé entsandt worden war, zu unterstützen. Und auch ein weiteres Massaker am 30. Januar 1993 zog für die Verantwortlichen keine Folgen nach sich.

Die unaufhörlichen und massiven Menschenrechtsverletzungen in Togo, die seit mehr als zehn Jahren anhalten, haben die Unterkommission für Menschenrechte der Vereinten Nationen dazu veranlasst, die internationale Untersuchungskommission für Togo einzurichten; diese empfahl der togoischen Regierung in ihrem Bericht vom 22. Februar 2001 über die Menschenrechtsverletzungen nach den Präsidentschaftswahlen im Juni 1998, „innerhalb kürzester Zeit eine strafrechtliche Untersuchung einzuleiten, durch Einsetzung einer Sonderkommission von Richtern, die nicht nur damit beauftragt werden, die verschiedenen Be-

243 Vgl. Jahresbericht AI (französische Fassung) 1992, S. 10 (eigene Übersetzung).
244 Echos de la CNDH, Sonderausgabe Februar 1992, S. 30.

hauptungen zu klären,... sondern auch, gegebenenfalls die Täter zu verfolgen und zu bestrafen.“[245]

Desgleichen sollte nach dem Wunsch der internationalen Untersuchungskommission wünschen, dass die togoische Regierung die UNO und die OUA (*Organisation de l'Unité Africaine* – Organisation für die Afrikanische Einheit) informieren, falls Initiativen ergriffen werden, um die Täter zur Verantwortung ziehen. Leider aber hat die togoische Regierung bisher keine Maßnahmen ergriffen, um die Taten, aufzuklären.

Auch in Kamerun und im Senegal gibt es eine erhebliche Anzahl von Menschenrechtsverletzungen. Es seien hier jedoch nur zwei Fälle genannt: So wurde in Kamerun im Jahre 1994 durch bewaffnete Männer des Lamido(des traditionellen Oberhauptes) das Feuer eröffnet, etwa zehn Menschen starben, und es gab mehrere Verletzte. Eine Untersuchung der Angelegenheit fand nicht statt, trotz der Proteste der Parlamentsmitglieder des Ortes[246].

Im Senegal hat es seit dem Beginn des Krieges in der Casamance, zur Abschreckung der Bevölkerung vor einer Unterstützung der Unabhängigkeitskräfte Übergriffe durch die senegalesische Armee und die Gendarmerie gegeben, die bis heute nicht geahndet wurden.

In ihrem Bericht: „Sénégal: terreur en Casamance“ empfahl Amnesty International der senegalesischen Regierung, „dass alle Personen, die der Folter verdächtigt werden, vor Gericht gebracht werden. Dieser Grundsatz muss unabhängig von dem Ort gelten, an dem diese Personen sich befinden, dem Ort, an dem das Verbrechen begangen wurde,...“

Die Organisation wiederholte ihre Empfehlung an die senegalesischen Behörden, dass „schnelle und unparteiische Untersuchungen über alle behaupteten Vorfälle eingeleitet werden..., die angeblich auf die senegalesischen Sicherheitskräfte im Rahmen des Casamance-Konfliktes zurückgehen, damit die Verantwortlichen vor Gericht gestellt werden“ [247].

In jedem Fall wurden, soweit uns bekannt ist, von den senegalesischen Behörden noch keine Maßnahmen gegen die verdächtigten Angehörigen der Sicherheitskräfte ergriffen, und ebenso wenig wurden Untersuchungen über alle Menschenrechtsverletzungen vorgenommen, die in der Casamance begangen wurden oder weiterhin begangen werden.

---

245 Bericht von „Commission d'enquête internationale pour le Togo; E/ CN.4/ 2001.

246 AI-Jahresbericht (französische Fassung), 1994, S. 75 (eigene Übersetzung).

247 Bericht A.I., op.cit., S. 115.

5.1.1.2 *Rechtliche Straflosigkeit (legal impunity): der ungeregelte Gebrauch der Amnestie*

Die rechtliche Straflosigkeit ist gefährlicher als die tatsächliche Straflosigkeit, denn sie ermöglicht es den Tätern, sich endgültig der Verfolgung zu entziehen. Diese Straflosigkeit, die ab den neunziger Jahren, bei den Bewegungen zum Kampf für die Demokratisierung und während der Nationalkonferenzen in Afrika an Bedeutung gewann, kann verschiedene Formen annehmen, etwa die einer Begnadigung oder einer Amnestie.

In den afrikanischen Ländern ist die Amnestie die üblichere Form, sie wurde unter anderem in Südafrika, in Benin, in Mauretanien und in Togo angewandt.

In Südafrika beispielsweise, wo die Mehrheit der Bevölkerung gehofft hatte, dass mit der Demokratisierung unter Präsident Mandela die ganze Wahrheit über das Apartheid-Regime und seine schweren und massiven Menschenrechtsverletzungen ans Licht käme und die Täter vor Gericht gestellt würden, meinte die Regierung, dass „in the interest of national reconciliation, it does not dismiss the idea of granting limited impunity, in respect of deeds committed in the course of strife for political reasons“[248].

So wurden, mit dem Ziel, die Wunden der Vergangenheit zu heilen und die Zukunft aufzubauen, Amnestiegesetze erlassen; zunächst der „South Africa Indemnity Act of 1990“ und dann der „South Africa Indemnity Act of 1992“. Einige Jahre später wurden diese beiden Gesetze aufgehoben und durch den „Promotion of National Unity and Reconciliation Act number 34 of 1995“ ersetzt.

Nach Ansicht der Verfasserin spiegelte das neue Gesetz auch den Geist der südafrikanischen Verfassung von 1993 wieder, in deren Präambel es heißt:

„and whereas it is necessary...that provision should be made for the promotion of national unity and the restructuring and continued governance of South Africa...“.

Außerdem ist in der „Postamble“ festgelegt, dass „in order to advance such reconciliation and reconstruction, amnesty shall be granted in respect of acts, omissions and offences associated with political objectives and committed in the course of the conflicts of the past“ [249].

Der Wille des Gesetzgebers, diejenigen Personen, die schwere Menschenrechtsverletzungen begangen haben, durch ein Gesetz, einen Akt der Souveränität, endgültig der Gerechtigkeit zu entziehen, wird also durch ein sehr wichtiges

---

248 Benedicta Monama, South Africa Confronts Impunity, in Essays on Human Rights and Democratic Development, International Centre for Human rights and democratic development, Montréal, 1997, S. 39.

249 Ibidem.

Staatsziel gestützt, nämlich den nationalen Frieden und die nationale Aussöhnung.

Auch im Falle der Republik Benin im Jahre 1990 gewährte die Nationalkonferenz Präsident Kérékou[250] ein Amnestiegesetz für die gesamten neunzehn Jahre kommunistischer Diktatur, um die nationale Aussöhnung zu ermöglichen und die Grundlagen für die friedlich beginnende Demokratie zu legen.

Im Falle Senegals führten die Verhandlungen zwischen den Angehörigen der Bewegung der demokratischen Kräfte der Casamance (MFDC) und der Regierung zur Verabschiedung von Amnestiegesetzen; zunächst zu dem Gesetz Nr. 88-01 vom 4. Juni 1988, mit dem Amnestie erging für alle Verbrechen und Vergehen erging, die zwischen dem 1. Januar 1982 und dem 31. Juli 1987, sowohl auf senegalesischem Staatsgebiet, als auch im Ausland, begangen wurden und in Zusammenhang mit dem Konflikt in der Casamance standen.

Im Jahre 1991, nach dem Abkommen von Cacheu zwischen dem senegalesischen Staat und den Angehörigen des MFDC in Guinea-Bissau, wurde ein neues Amnestie-Gesetz verabschiedet (Gesetz Nr. 91-40 vom 10. Juli 1991), mit dem alle Gesetzesverstöße unter Amnestie gestellt wurden, die anlässlich der Ereignisse in der Casamance begangen wurden.

Auch in Togo[251] gab es in der Vergangenheit Amnestiegesetze nach den verschiedenen Regierungswechseln und inneren Unruhen, die das Land erlebte. Im Rahmen dieser Studie werden nur die Amnestiegesetze untersucht werden, die zu Beginn der neunziger Jahre verabschiedet wurden.

So wurden am 12. April 1991 gleichzeitig zwei Amnestiegesetze wegen politischer oder politisch motivierter Straftaten verabschiedet[252], zwanzig Jahre nach dem Amnestiegesetz von 1971.

Tragende Gedanken des Gesetzes waren die nationalen Aussöhnung und der Festlegung von Grundlagen der neuen demokratischen Gesellschaft, die im Entstehen war. Daher deckte es die Ereignisse von 1979[253], die Ereignisse vom 5.

250 Amnestie-Gesetz Nr. 90-028 vom 9. Oktober 1990.

251 Die verschiedenen Amnestiegesetze wegen politischer oder politisch begründeter Straftaten sind: Gesetz Nr. 58-51 vom 2. Juli 1958; Gesetz Nr. 59-48 vom 10. Juli 1959; Verordnung *(Ordonnance)* Nr. 63-3 vom 26. Januar 1963 zum Erlass einer Amnestie; Gesetz Nr. 66-7 vom 4. Juli 1966; und Verordnung *(Ordonnance)* Nr. 3 vom 15. Februar 1971 zum Erlass einer Amnestie.
Nach der Amnestie von 1971 gab es Amnestiegesetze nur noch für gemeine Straftaten.

252 Amnestie-Gesetz Nr. 91-2 und Amnestiegesetz Nr. 91-3 vom 12. April 1991, JORT Nr. 7 *bis* vom 12. April 1991.

253 Die so genannte „Söldner-Affäre von 1979" geht zurück auf ein Kommunique, das von der togoischen Regierung und den Mitgliedern des Politbüros der Einheitspartei R.P.T. veröffentlicht wurde, und das sich auf Informationen ausländischer be-

Oktober 1990 und die Straftaten ab, die im Zusammenhang mit den Unruhen im ersten Vierteljahr 1991 standen.

Dieses Gesetz wurde von der togoischen Bevölkerung sehr gut aufgenommen, das sie als einen unvermeidbaren Umweg ansah, um die Grundlagen für die neue demokratische Gesellschaft in Togo zu legen. So ermöglichte das Gesetz allen Akteuren des politischen Lebens einen Neubeginn auf neuen Grundlagen, ohne Angst vor Verfolgungen gleich welcher Art. Auch die im Exil lebenden Togoer hatten nun die Möglichkeit, in die Heimat zurückzukehren, und die togoischen Sicherheitskräfte mussten keine Angst mehr haben, verfolgt wegen Straftaten zu werden, die sie in Ausführung der Befehle ihrer Vorgesetzten begangen hatten. So aber wurden nunmehr für die Bevölkerung diejenigen, die politische oder politisch begründete Straftaten begangen hatten, zu Helden, und die Taten, die ihnen bis zu diesem Zeitpunkt zur Last gelegt worden waren, zu einem normalen und legitimen Kampf gegen die herrschende Diktatur.

Auch seitens der Sympathisanten der Herrschenden, des Militärs und der togoischen Sicherheitskräfte wurde nach unserer Auffassung das mit dem Amnestiegesetz vom togoischen Gesetzgeber angestrebte Ziel falsch ausgelegt. Sie glaubten nunmehr, über dem Gesetz zu stehen und ungestraft Verbrechen begehen zu können, ohne Angst, eines Tages vor der Gesellschaft darüber Rechenschaft ablegen zu müssen. Und so setzten einige Angehörige der Armee, die der herrschenden Partei nahe standen, die Begehung von Straftaten fort; dazu gehörten das gewaltsame Vorgehen gegen den demokratischen Wechsel am 1. und 8. Oktober 1991, das Attentat auf den Oppositionellen Tavio Amorin am 23. Juli 1992 und die Massaker vom 25. und 30. Januar 1993, um nur einige Ereignisse zu nennen.

Anstatt Maßnahmen zu ergreifen, um diese Verbrechen zu beenden, ließ die togoische Regierung jedoch vom togoischen Parlament am 15. Dezember 1994 ein neues Gesetz über eine Generalamnestie verabschieden. Dort heißt es in Artikel 2, in dem der Anwendungsbereich definiert ist, das Gesetz gelte für „alle politischen oder politisch begründeten Straftaten, die in den Strafgesetzen vorgesehen sind und vor dem 15. Dezember 1994 begangen wurden".

Amnesty International sah die Amnestiegesetze als inakzeptabel an, da ihre Wirkung darin besteht, zu verhindern, dass die Wahrheit ans Licht kommt und die Täter vor Gericht für ihre Taten zur Verantwortung gezogen werden. AI wies auch darauf hin, dass gemäß Artikel 18 der Erklärung über den Schutz aller Menschen vor gewaltsamem Verschwinden die mutmaßlichen Täter solcher

---

freundeter Mächte Togos bezog, wonach in einigen Ländern Söldner angeworben wurden, um in Togo einzumarschieren. In der togoischen Tageszeitung *„La Nouvelle Marche"* vom 28. Oktober 1977.

Akte nicht in den Genuss eines Sonderamnestiegesetzes oder anderer, ähnlicher Maßnahmen kommen dürfen, die bewirken, dass sie von jeder Verfolgung oder Bestrafung ausgenommen sind.

Außerdem war nach der NGO dieses neue Amnestiegesetz unvereinbar mit der Wiener Erklärung und dem Aktionsprogramm, die am 25. Juni 1993 bei der Weltkonferenz der Vereinten Nationen über Menschenrechte verabschiedet wurden und mit denen die Notwendigkeit für alle Staaten bekräftigt wurde, Gesetze abzuschaffen, die zur Straflosigkeit für die Verantwortlichen schwerer Menschenrechts-verletzungen führen.[254]

Man muss jedoch feststellen, dass durch das neue Gesetz die für die Verbrechen Verantwortlichen keine Veranlassung hatten, etwas zu bereuen. So treten sie weiterhin ungestraft die Menschenrechte mit Füßen. Nach den Präsidentschaftswahlen im Juni 1998, die durch massiven Betrug und erneute schwere Menschenrechtsverletzungen gekennzeichnet waren, geriet Togo erneut in eine tiefe politische Krise.

Mit dem Ziel, diese neue Krise zu beenden, wurde am 29. Juli 1999 vom Lager des Präsidenten und von der togoischen Opposition eine neue politische Vereinbarung unterzeichnet, die so genannte Rahmenvereinbarung von Lomé *(Accord-cadre de Lomé)* [255], um die Wiederaufnahme des innertogoischen Dialoges und das Engagement der Parteien in einem Prozess der nationalen Aussöhnung zu ermöglichen.

Doch stand im Mittelpunkt dieser Vereinbarung in erster Linie die Abhaltung von Neuwahlen in Togo, und sie enthielt keinerlei konkrete Maßnahmen, um die Straflosigkeit zu beenden, neue Menschenrechtsverletzungen zu verhindern und die Einhaltung der Menschenrechte zu fördern. Außerdem änderte sich durch die Rahmenvereinbarung von Lomé nichts am neuen Amnestiegesetz von 1994, das zwar die Freilassung politischer Gefangener ermöglichte, aber gleichzeitig wiederum den Verantwortlichen von Menschenrechtsverletzungen Straflosigkeit gewährte.

Man erkennt hier eine kriminelle und missbräuchliche Verwendung von Amnestiegesetzen, die es denjenigen, die Menschenrechtsverletzungen begehen, ermöglicht, sich ganz legal der Justiz zu entziehen. Diese Verfahrensweise ist in vielen afrikanischen Ländern verbreitet und stellt eine der Ursachen für das Scheitern des Menschenrechtsschutzes in diesen Ländern dar.

---

254 Zeitschrift *Le Reporter* Nr. 65, Freitag, 29.10.1999, S. 6; Exklusivveröffentlichung AI mit dem Titel: „Togo: il est temps de rendre les comptes“.

255 Der *Accord-Cadre* (Rahmenabkommen) von Lomé kam durch Vermittlung von vier von der Europäischen Union, den frankophonen Ländern, Deutschland und Frankreich bestimmten Vermittlern zustande.

5.1.2 Die Korruption als Hindernis für den wirksamen Schutz der Menschenrechte

Das Problem der Korruption, das in allen öffentlichen Stellen der unterentwickelten Länder - so auch in Kamerun, in Togo und im Senegal - verbreitet ist, stellt ein weiteres Hindernis für einen wirksamen Schutz der Menschenrechte dar und liegt nach unserer Auffassung zahlreichen Menschenrechtsverletzungen zugrunde.

Denn die Korruption führt zur Pervertierung des Begriffes der Gegenseitigkeit und damit zur Verfälschung der zwischenmenschlichen Beziehungen, auf denen die Menschenrechte aufbauen.

In der Tat sind die meisten staatlichen Dienstleistungen zu Handelsobjekten geworden, für die insbesondere Geldsummen „unter dem Tisch" fließen, bzw. dazu dienen, „die Funktionsmechanismen des Verwaltungsapparates zu schmieren" [256], um nur zwei von mehreren Bezeichnungen zu nennen. Chancengleichheit kann es bei diesem Syndrom nicht geben.

Das Korruptionssyndrom hat in den letzten Jahren zum Entstehen einer kleinen Minderheit von Milliardären geführt und die große Mehrheit der Bevölkerung ins Elend geführt, so dass sie nicht einmal die elementarsten menschlichen Bedürfnisse befriedigen kann[257].

Auch die hier untersuchten drei Länder sind von diesem Syndrom nicht ausgenommen; dabei lässt sich aber ohne weiteres sagen, dass der Grad der Korruption in Kamerun und in Togo ausgeprägter ist als im Senegal.

Dieses Phänomen, das auch die Justiz erreicht hat, zog im Bereich des Schutzes der Grundfreiheiten schwerwiegende Folgen nach sich, indem es zum Verlust des Vertrauens der Bevölkerung in die staatlichen Institutionen führte[258].

---

256 I. Nguema, Violence, Droits de l'homme et développement en Afrique, in Revue Nord-Sud XXI ; Nr. 8, 1996, S. 16 (eigene Übersetzung).

257 Hyacinthe Cabogo Sarossoro, Justice, morale et droits de l'homme, in Afrique Contemporaine Nr. 156, S. 195.

258 Im Jahre 1999, bei unseren Nachforschungen auf kamerunischem Staatsgebiet, erfuhren wir von erschreckenden Fällen von Selbstjustiz in den Städten Douala und Bamenda.
In beiden Fällen handelte es sich um mutmaßliche Diebe, die von jungen Männern des Stadtviertels gefasst worden waren. Im ersten Fall kamen die Bewohner des Viertels aus den Häusern und begannen den Betreffenden durch die Straße zu prügeln, bis er kein Lebenszeichen mehr von sich gab.
Im zweiten Fall legten sie einen Autoreifen um den Hals des mutmaßlichen Diebes, den sie dann anzündeten.

In Kamerun beispielsweise haben wir es mit einer institutionalisierten Korruption zu tun: So bedient sich Präsident Biya der Dienste von Kriminellen wie Donatien Koagne, der es nach einem Spendenaufruf im Jahre 1994 durch die Regierung von Paul Biya mit einer Spende von 10 Millionen CFA-Francs an die kamerunische Regierung ermöglichte, die Fußballnationalmannschaft „Die unbezähmbaren Löwen“ (*Les lions indomptables*) zur Fußballweltmeisterschaft in die Vereinigten Staaten zu schicken.

Damit stand er von nun an unter der Protektion der Machthaber; und wenn er straffällig wurde, wurde er nicht festgenommen, oder aber, falls er festgenommen wurde, wurde er stets wieder auf freien Fuß gesetzt. Die öffentlichen Bediensteten, die gegen ihn vorgingen, wurden - wie Kommissar Ondo von der Kriminalpolizei, der ihn ins Gefängnis gebracht hatte - aus dem Dienst entlassen[259].

Nach Auffassung eines Journalisten wird diese neue Korruptionsklasse von den Machthabern und der Partei unterstützt, im Gegenzug gegen Geld, das eingesetzt werde, um der Opposition mit Gewalt zu begegnen, und überall, wo dies möglich sei, kaufe man die Stimmen ganzer Gemeinschaften, die sonst die Oppositionspartei SDF gewählt hätten[260].

Zusammenfassend bedeutet dies, dass die kamerunische Regierung sich der Hilfe korrupter Straftäter bedient, um den Machtwechsel und einen funktionierenden Rechtsstaat zu verhindern.

Neben der Korruption der Bediensteten der öffentlichen Verwaltung, die als „kleine Korruption“ bezeichnet wird, besteht die „große Korruption“, die Korruption der Regierenden selbst, die auch Hilfen und Darlehen, die für das Land bestimmt sind, fast gänzlich zu ihren persönlichen Gunsten veruntreuen, während die Bevölkerung immer tiefer im Elend versinkt.

Diese Art und Weise der Regierenden, Interessen zu verfolgen, die ein durch Korruption pervertiertes System über das Gemeinwohl stellt, führt zur unmittelbaren Verletzung der gesellschaftlichen und wirtschaftlichen Rechte und höhlt die gesellschaftlichen und wirtschaftlichen Bedingungen aus, unter denen die Ausübung der persönlichen Freiheiten möglich ist[261]; sie führt nach unserer

---

Auf meine Fragen erklärte man mir, dass die Justiz und die Strafvollzugsbehörden so korrupt seien, dass selbst wenn sie die Diebe den Behörden übergeben, jene durch Bestechung einige Tage später wieder auf freiem Fuß seien.
Aus diesem Grund würden sie zur Selbstjustiz greifen.

259 Dominique Malaquais, Arts de Feyre au Cameroun, in Politique Africaine, Nr. 82, Juni 2001, S. 113.

260 Le messager, 20. November 1998.

261 Borghi M. in „La corruption, l'envers des droits de l'homme“, (Hrsg.) M. Borghi, P. Meyer-Bisch, Editions universitaires Fribourg, Schweiz, 1995, S. 7.

Auffassung auch zum weiteren Anstieg der Staatsschulden der afrikanischen Länder [262]. Damit aber verbreitert sich wiederum die bereits bestehende Kluft zwischen den entwickelten und den unterentwickelten Ländern[263].

5.1.3 Die Einverleibung der Macht: Verweigerung des politischen Wechsels

Der politische Wechsel ist und bleibt eines der größten Probleme für den Aufbau einer echten Demokratie, als einzigem System, in dem die Freiheiten besser geschützt werden. Darin liegt nach unserer Auffassung einer der Gründe für das Scheitern des wirksamen Schutzes der Menschenrechte in den hier untersuchten Ländern.

Zwar bekennen sich die Verfassungen im Senegal, in Togo und in Kamerun zur Demokratie[264] und schreiben fest, dass die Souveränität beim Volk liegt[265] und sich somit niemand ihrer bemächtigen kann, doch die togoischen, senegalesischen und kamerunischen Staatsführer haben sich nach jahrzehntelang andauernder, ungeteilter Machtausübung in einer patriarchalischen Denkweise eingerichtet. Sie scheinen zu glauben, Königreiche zu regieren und nicht Republiken, die einen demokratischen Anspruch haben.

Auch wurde, nach den Demokratisierungskämpfen der Bevölkerung zu Beginn der neunziger Jahre, in allen Verfassungen der Grundsatz der Volksregierung verankert, durch das Volk und für das Volk (Art. 1 Abs. 5 Verfassung des Senegal, Art. 2 Abs. 3 der togoischen Verfassung, Art. 2 (1) der kamerunischen Verfassung).

Es wird damit der Bevölkerung eine freie Beteiligung zuerkannt, die es ihr erlaubt, ihre Regierung frei zu wählen, sie zu kontrollieren und erforderlichenfalls wieder abzusetzen. Aber wie so häufig in den meisten afrikanischen Ländern stimmen die verkündeten Rechte und deren tatsächliche Umsetzung nicht überein.

Und so haben es heute, mehr als ein Jahrzehnt nach dem Beginn der Demokratisierungsbewegungen, die Menschen mit einer Staatsführung zu tun, die sich jedem Regierungswechsel verweigert. Mit dem einzigen Ziel des dauerhaften

262 Togo hat Inlandsschulden von mehr als 300 Milliarden CFA-Francs (rund eine halbe Milliarde EURO) und Auslandsschulden in Höhe von 700 Milliarden CFA-Francs (rund 1,2 Milliarden EURO).

263 H.C. Sarossoro, a. a. O., S. 206.

264 Vgl. Art. 1 der togoischen Verfassung, Art. 1 der senegalesischen Verfassung und Art. 1(2) Abs. 2 der kamerunischen Verfassung.

265 Vgl.Art. 2 der senegalesischen Verfassung, Art. 4 der togoischen Verfassung und Artikel 2(1) der kamerunischen Verfassung.

Machterhalts griffen die Machthaber zu allen Mitteln, die ihnen zu Gebote standen, bis hin zu Repression, Gewaltanwendung und Korruption.

Die bittere Bemerkung des – damals noch amtierenden – senegalesischen Präsidenten Abdou Diouf im Jahre 1988, über den Willen zum politischen Wechsel, sowie die Weigerung der Bevölkerung, einen bestimmten Kandidaten zu unterstützen, ist bezeichnend für die Haltung der Regierenden. Bei einer Wahlkampfveranstaltung vor den Präsidentschaftswahlen geißelte er damals heftig „die ungesunde Pseudojugend", die es wage, ihm die Stirn zu bieten, und in autoritärer Weise erinnerte er sie daran, „dass er der Vater aller Senegalesen sei"[266].

Trotz dieser Strategie war der Wille des senegalesischen Volkes, den Wandel zu vollziehen, stärker. So wählte bei den Wahlen im Februar 2000, trotz der Wahlanweisungen durch die Marabuts und der Korruptionsangebote durch die Regierungspartei, die senegalesische Bevölkerung dennoch den Kandidaten ihrer Wahl.

Glücklicherweise respektierte der frühere Präsident Abdou Diouf aber die Wahl des senegalesischen Volkes. So konnte nach vierzig Jahren Herrschaft durch die sozialistische Partei das senegalesische Volk in Frieden und ohne Konflikt seine neue Staatsführung bestimmen. Der senegalesische Staat trat damit in eine neue Ära ein. Damit wurde es möglich, die Demokratie zu verankern und zum besseren Schutz der Menschenrechte im Senegal beizutragen.

Dem togoischen und dem kamerunischen Volk jedoch ist es bisher nicht gelungen, den Wechsel an der Staatsspitze durchzusetzen. In Togo erinnert man sich noch an die Gewaltanwendung und die massiven Menschenrechtsverletzungen, derer sich das Regime von Eyadema und die Regierungspartei schuldig gemacht haben, um im Jahre 1998 den Machtwechsel zu verhindern.

Diese neue Situation ist möglicherweise vergleichbar mit der Situation des afrikanischen Volkes nach dem Kampf für die Unabhängigkeit. Damals, nachdem die Menschen um den Preis ihres Blutes und ihres Lebens den Kolonialherren die Unabhängigkeit entrissen hatten, hatten sie sich gefreut, endlich in den Genuss der Menschenrechte und Grundfreiheiten zu kommen, die ihnen während der Kolonialzeit verweigert worden waren, und tatsächlich an der Staatsführung beteiligt zu sein. Sehr schnell machte diese Unabhängigkeitseuphorie einer bitteren Enttäuschung Platz, denn obgleich die Verfassungen ein demokratisches Aussehen hatten, stimmte die Praxis mit den entsprechenden Grundsätzen nicht überein. So gerieten bei den Staatsführungen, wegen dem Ziel, die nationale Einheit herzustellen, die hohen Grundsätze von Demokratie und Menschenrech-

---

266 Vgl. Jean-François Havard, Ethos „Bul Faale" et Nouvelles Figures de la réussite au Sénégal, in Politique africaine Nr. 82, Juni 2001, S. 75.

ten in Vergessenheit, die nach Erlangung der Unabhängigkeit in den Verfassungen verankert worden waren, und es entstanden Einparteienregime, die auf den Schutz der Menschenrechte und Grundfreiheiten nicht sehr bedacht waren.

Wir haben jedoch die feste Überzeugung, dass sich der politische Wechsel trotz des jüngsten Widerstandes der togoischen und kamerunischen Regierung der politische Wechsel sich durchsetzen wird. Es wird in diesen Ländern dann endlich eine echte Demokratie mit einer wirklich unabhängigen Gerichtsbarkeit geben.

5.1.4 Von der Ineffizienz bis zum völligen Fehlen der richterlichen Gewalt

Ein anderer Grund für den mangelnden Schutz der Menschenrechte ist das Nichtfunktionieren der richterlichen Gewalt.

Zunächst einmal gibt es das Problem der **Dualität der Justiz**. Im traditionellen Afrika war die Justiz eher eine Gelegenheit zur Aussöhnung als ein Moment der Spaltung. Denn der Rechtsstreit stellt eine Störung des sozialen Zusammenhalts dar, und daher wird die Justiz tätig, um die soziale Ordnung zu schützen. Nach der Erlangung der Unabhängigkeit haben außer Kamerun, wo die duale Rechtsprechung beibehalten wurde, alle anderen frankophonen Staaten Afrikas die nach Gewohnheitsrecht entscheidenden Gerichte abgeschafft und ausschließlich den nach geschriebenem Recht entscheidenden Gerichten Zuständigkeit zuerkannt.

Im Senegal wurde allerdings die duale Rechtsprechung im Bereich des Familienrechts beibehalten. Dennoch stellt man fest, dass sich die traditionelle Justiz trotz ihrer Abschaffung weiter parallel neben der modernen Justiz entwikkelt.

Das Problem liegt nun darin, dass die Ausbildung unserer Richter eher auf französisches Recht ausgerichtet ist. Die Unkenntnis unseres Gewohnheitsrechtes[267] aber kann auch zur Behinderung des besseren Schutzes der Menschenrechte führen.

Wir werden hier einen senegalesischen Rechtsprechungsfall anführen, um zu zeigen, wie die Kenntnis des senegalesischen Gewohnheitsrechts es dem Richter ermöglicht hat, die Interessen aller am Rechtsstreit beteiligten Personen zu schützen.

267 Als „Gewohnheitsrecht“ bezeichnet man das nicht geschriebene, ursprünglich afrikanische Recht, das in den afrikanischen Gesellschaften galt, bevor die importierten Rechte übernommen wurden.

Es handelt sich um die Sache Abdourahmane Correa, mit der das frühere Friedensgericht in Dakar befasst wurde[268], die Entscheidung erging am 28. Mai 1980. Der Sachverhalt war folgender: Frau Aissatou Diaw rief das Friedensgericht an, um ein Erbschaftsurteil zu erlangen betreffend ihren Ehemann, Herrn A. Correa, verstorben in Frankreich im Jahre 1977. Frau N.T. N'guet, die Witwe von Correa, gab an, sie habe mit dem Verstorbenen vor dem Standesbeamten in Cochinchine die Ehe geschlossen, aus dieser Ehe seien vier Kinder hervorgegangen, und ihr Mann habe nicht das Recht gehabt, vier Ehefrauen zu haben, da beide die französische Staatsangehörigkeit hatten. Herr Correa hatte jedoch trotzdem nacheinander, im Jahr 1955 und im Jahr 1961, zunächst Frau Maimouna Gueye und dann Aissatou Diaw geheiratet, und aus diesen Verbindungen sind Kinder hervorgegangen. Frau Gueye gibt an, ihre Ehe mit Correa sei in Saint-Louis nach islamischer Wolof-Sitte geschlossen worden. Sollte der Richter zur Beilegung des Konfliktes nun modernes geschriebenes französisches Recht anwenden und wegen Polygamie die Ehen für nichtig erklären, die nach Gewohnheitsrecht geschlossen wurden und somit die Kinder aus dieser Ehe von der Erbschaft ausschließen?

Oder sollte er nach islamischem Wolof-Gewohnheitsrecht entscheiden, also die Rechtmäßigkeit der beiden nach Gewohnheitsrecht geschlossenen Ehen anerkennen und die Kinder aus den beiden anderen Verbindungen am Erbe des Verstorbenen teilhaben lassen?

Eine solche Entscheidung ist für den Richter nicht einfach, denn er muss unser Gewohnheitsrecht kennen und nach Anhaltspunkten im Verhalten der Parteien suchen, an denen er seine Entscheidung ausrichten kann. Im vorliegenden Fall hat sich der senegalesische Richter nach Würdigung des Verhaltens des Verstorbenen zu dessen Lebzeiten für die Anwendung islamischen Wolof-Gewohnheitsrechts entschieden und somit allen Erben des Erblassers Erbansprüche zuerkannt[269].

Man stellt im Falle unserer Länder fest, dass trotz der Vereinheitlichung der Justiz das Gewohnheitsrecht fortbesteht und sich parallel zum modernen geschriebenen Recht, das ein Erbe der Kolonialzeit ist, fortentwickelt. Das Fehlen einer wirklichen Berücksichtigung dieses Umstandes und die aus unserer Sicht unvollständige Ausbildung unserer Richter, die ausschließlich an französischen Ausbildungseinrichtungen ausgebildet werden, ist auch einer der Gründe für das Scheitern des Richters beim Schutz der Menschenrechte.

---

268 Mit dem Gesetz Nr. 84-21 vom 2. Februar 1984 zum Status des Richterstandes, im Journal Officiel der Republik Senegal (JORS), 3. März 1984, S. 127 f. wurde das Friedensgericht Dakar durch das Departementgericht Dakar ersetzt.

269 Amsatou Sow Sidibé, Le pluralisme juridique: exemple du droit sénégalais de successions, in Afrique contemporaine Nr. 156, S. 252.

Ein anderer Grund für die Ineffizienz der Justiz im Bereich der Garantie und des Schutzes der Menschenrechte liegt im **realen Fehlen der richterlichen Unabhängigkeit**.

Obwohl nämlich in den jeweiligen Verfassungen das Prinzip der Unabhängigkeit der richterlichen Gewalt verankert ist (Art. 113 (Togo), Art. 80 (Senegal) und Art. 37 Abs. 2 (Kamerun), ist diese Unabhängigkeit in der Realität nicht garantiert.

Was Togo und Kamerun betrifft, ist vielmehr eine **Unterordnung des Justizapparates unter den Staatschef** festzustellen, eine Vormachtstellung des Präsidenten, die in der Verfassung festgeschrieben ist: in Art. 115 der togoischen Verfassung und Artikel 37 Abs.3 der kamerunischen Verfassung.

Diese Machtposition ist durchaus keine Eigenheit der hier untersuchten Länder; so findet man sie auch in Artikel 100 der Verfassung des Tschad vom 20. Dezember 1989 und in der Verfassung der Elfenbeinküste, wo mit dem Gesetz Nr. 98-387 ein neuer Artikel 58 Abs. 3 eingeführt wurde, in dem ausdrücklich festgeschrieben wurde: „Der Präsident ist Garant der Unabhängigkeit der Richter"[270]. Dieser Umstand veranlasst einen Juristen zu der Feststellung, dass „wahrscheinlich die Beaufsichtigung des Justizapparates - wie jeder staatlichen Behörde - klassisch für die afrikanischen politischen Systeme ist..., wo kaum eine konkurrierende Gewalt geduldet wird"[271]. Um eventuellen Missbräuchen seitens des Staatspräsidenten zu begegnen, soll – so sehen es die Verfassungen vor - dem Präsidenten bei seiner Aufgabe der Hohe Rat der Justiz zur Seite stehen.

Was Togo betrifft, so stellt man eine völlige Missachtung von Recht und Gesetz fest. Die richterliche Gewalt wird vielmehr als Machtinstrument verstanden und nicht als eine staatliche Institution, die dazu dient, im Staatsgebiet Recht zu sprechen. So können die Richter und Staatsanwälte aus Angst um ihre Person nicht mit der Konsequenz vorgehen, die bei einem im Rahmen moderner Justiz geführten Prozess erforderlich wäre, damit wirklich Recht ergeht.

Der Angehörige der Justiz muss also, schwach und ohne Mittel und stets im Visier der Staatsführung, zwangsläufig der Linie der Machthaber folgen.

Das Urteil, das am 03. August 2001 durch Richter Petchelebia in der Sache „Herr Agbéyomé Kodjo gegen Herrn Rechtsanwalt Agboyibor" erging, zeigt einmal mehr die Abhängigkeit der richterlichen Gewalt im Allgemeinen und des togoischen Richters im Besonderen von der Exekutive, das heißt in letzterem Fall von Präsident Gnassingbé Eyadema.

270 Eigene Übersetzung.

271 Alain Moyrand, Destruction et reconstruction d'un appareil judiciare: le cas du Tchad, in Afrique Contemporaine N° 156, S. 48 (eigene Übersetzung).

Der Sachverhalt ist folgender: Kurz nach der Ausrufung der Präsidentschaftswahlen im Juni 1998 wurde Herr Kégbé Mathieu, der Morddrohungen wegen seiner politischen Aktivitäten in der Oppositionspartei CAR erhalten hatte, ohne Gerichtsverfahren durch eine der Regierungspartei (RPT) nahe stehende Miliz hingerichtet, deren Angehörige Militäranzüge trugen. Das Aktionskomitee (CAR) verurteilte in einem Kommunique vom 06. Oktober 1998 die Täter und Anstifter derartiger Verbrechen.

Agbéyomé Kodjo, damals Innenminister, erstattete am 23. Oktober 1998 Anzeige gegen den Präsidenten des CAR, mit der Begründung, das betreffende Kommunique beschuldige ihn, der Anstifter des Mordes am Führer des CAR in der Region Yoto, Mathieu Koffi Kegbé, zu sein. Nirgendwo in dem betreffenden Kommunique jedoch behauptete der CAR, Agbéyomé Kodjo sei der Anstifter dieses Mordes gewesen.

Hier bestand die Aufgabe des Richters nicht darin, Recht zu sprechen und Gerechtigkeit walten zu lassen, sondern es wurde nur von ihm verlangt, irgendwelche geschickten Anschuldigungen zu erfinden, um einen unschuldigen Bürger verurteilen zu können, der zu unbequem geworden war.

Zur Begründung der Verurteilung von Rechtsanwalt Agboyibor sagte Richter Petchelebia: „Da die Verhandlung und die Untersuchung vor Gericht klar gezeigt haben, dass der Angeklagte, der für seine Intelligenz und seine Arglist bekannt ist, sich hinter dem Briefkopf seiner politischen Partei versteckt hat, um ein Kommunique zu veröffentlichen, sich der privaten Zeitungen bedient hat, um seine Botschaft zu verbreiten, die sich gegen die Ehre und den Ruf des Nebenklägers richtet; dass er nicht leugnen kann, sich der privaten Zeitungen zur Verbreitung bedient zu haben; dass die Zeitungen über die Bezeichnungen „Patenschaft“ und „Anstifter“ hinausgegangen sind, die man in den verschiedenen Kommuniques lesen kann, die im Zusammenhang mit den in der Region Yoto begangenen Verbrechen und Vergehen veröffentlicht wurden; dass die „Tribune Africaine“ beispielsweise auf Seite 3 ihrer Ausgabe Nr. 43 vom 03. bis 09. November 1998 ausführte, dass das CAR auf der Verantwortung von Agbéyomé Kodjo Messan besteht; dass, wenn er nicht beabsichtigt hätte, sich der privaten Zeitungen zu bedienen, er gegen die Zeitungen hätte Klage erheben können alleine schon aus dem Grund, dass sie dem CAR Erklärungen zuschreiben, die in den verschiedenen Kommuniques *nicht* enthalten sind; dass, da er dies nicht getan hat, seine Haltung und sein Schweigen gleichbedeutend sind mit einer Bestätigung; dass daraus folgt, dass die verbreitenden Zeitschriften nur das laut gesagt haben, was er böse verschwiegen hat;... ; dass er durch diese Haltung ausreichend beweist, dass er die Absicht hatte, Herrn Agbéyomé ... die Verantwortung für die Verbrechen und Vergehen anzulasten, die im Yoto begangen wurden..."[272].

Diese Entscheidungsgründe machen einige traurige Tatsachen deutlich: Zunächst einmal bestätigte Richter Petchelebia tatsächlich, dass das Kommunique des CAR vom 06. Oktober keinen Absatz enthielt, in dem behauptet wurde, Herr Agbéyomé sei der Anstifter des Mordes im Yoto gewesen. Da er jedoch unbedingt dem Willen des Diktators nachkommen musste, indem er den Oppositionellen verurteilte, ließ er das betreffende Kommunique beiseite und stützte sich auf die Kommentare der Journalisten zu den Erklärungen der politischen Partei CAR. Die vom Richter herangezogenen Presseartikel waren zudem alle erst nach der Anzeige von Agbéyomé vom 23. Oktober 1998 veröffentlicht worden. Und schließlich hatten weder der Anzeigende, noch der Staatsanwalt sich auf Presseartikel berufen und diese auch nicht vor Gericht vorgelegt.

Der Richter jedoch entschied, sein Urteil auf diese Artikel zu stützen.

Liest man dieses Urteil, so könnte man zu dem Schluss kommen, dem Richter fehle es an der richtigen Ausbildung. Damit wäre er nicht befähigt für das Richteramt und für die Aufgabe, staatsbürgerliche Grundrechte zu schützen. Kennt man aber die togoische Realität, so weiß man, dass Richter Petchelebia nur der Staatsführung nicht widersprechen wollte, da er andernfalls möglicherweise bald den von ihm Beschuldigten im Gefängnis Gesellschaft leisten würde[273].

Neben dem Problem der Unterordnung des Justizangehörigen unter die Exekutive ist die Justiz außerdem von Korruption verseucht, die überall in Afrika in der öffentlichen Verwaltung grassiert. Diese Korruption führt nun zudem zu einem Abhängigkeitsproblem gegenüber dem von einem Verfahren Betroffenen selbst. Entsprechend variieren die gerichtlichen Entscheidungen je nachdem, ob es sich um ein Mitglied der Partei, eine wohlhabende, reiche Person handelt oder aber um einen Oppositionellen.

Wie aber kann eine Justiz, die nicht die Gerechtigkeit im Sinn hat, zum tatsächlichen und wirksamen Schutz der Menschenrechte beitragen?

Die Justiz muss langsam ihre Glaubwürdigkeit wieder zurückgewinnen und eine Institution werden, die den Bürger schützt und ihm Sicherheit gibt.

---

272 Eigene Übersetzung.

273 Didier Bigo, Justice et pouvoir politique, in Afrique contemporaine, Nr. 156, S. 174.

5.1.5 *Armut und Unkenntnis der Rechte als Hindernis für die Entfaltung der Menschenrechte*

Es besteht heute keinerlei Zweifel daran, dass Armut, Analphabetismus und Unkenntnis der Rechte Hindernisse für die tatsächliche Umsetzung der Menschenrechte und ihre Entfaltung in Togo, im Senegal und in Kamerun sind. Diese drei Faktoren wiederum haben ihre Ursache in der Unterentwicklung, denn durch sie wird das Vermögen der Länder behindert, den Grundbedürfnissen ihrer Bevölkerung Rechnung zu tragen. Doch wird, anstatt nach den inneren Faktoren zu suchen, die zu dieser Situation führen, die Ursache stets äußeren Faktoren zugeschrieben, wie den Auslandsschulden Afrikas, dem Verfall der Wechselkurse und den Folgen der Globalisierung.

Dies war ganz klar die Position im Jahre 1994 bei der Flüchtlingskonferenz der OAU und des HCR. So erklärte die Konferenz der Staats- und Regierungschefs der OAU, dass es „heute keinen Zweifel daran gibt, dass die internationalen wirtschaftlichen Kräfte zu der in Afrika verbreiteten Armut und zur Verstärkung des Gefälles zwischen Arm und Reich beigetragen haben“[274].

Selbstverständlich führt die extreme Armut der Menschen in unseren Ländern, denen es an der Befriedigung der elementarsten Bedürfnisse, wie Kleidung, ausreichendes Essen und medizinische Versorgung mangelt, dazu, dass sie von ihren bürgerlichen und politischen Rechten abgeschnitten sind. Es muss zugleich aber unterstrichen werden, dass die extreme Armut nicht nur äußere, sondern auch innere Ursachen hat. Wir sind der Auffassung, dass es zu einfach und unverantwortlich ist, wenn Staatsführungen stets nur den Westen, die Industrieländer für alles Übel verantwortlich machen.

Es gibt ohne Zweifel zahlreiche äußere Faktoren, die der derzeitigen Situation in unseren Ländern zugrunde liegen. Jedoch sind endogene Faktoren, wie die unrechtmäßige Bereicherung der Regierungsmitglieder, die Korruption, die in der gesamten öffentlichen Verwaltung ihr Unwesen treibt, und vor allem die Verschwendung öffentlicher Gelder nach unserer Auffassung Faktoren, in der das Elend in unseren Ländern ebenso eine Erklärung findet.

Wir wollen dies am Beispiel Togos veranschaulichen, eines Landes, mit dem die EU aufgrund der massiven Menschenrechtsverletzungen im Jahre 1993 die Zusammenarbeit eingefroren hat. Dadurch verschlechterte sich die Lage der togoischen Bevölkerung, die im Elend erstickt. Ungeachtet dessen aber fährt das Regime Eyadema fort, die öffentlichen Gelder Togos zu verschwenden. So be-

---

274 Dokument von Addis Abeba über die Flüchtlinge in Afrika, verabschiedet von der Konferenz der OAU und des UNHCR, 8.-10. September 1994 (eigene Übersetzung).

zahlte im Jahr 1999 die togoische Regierung, mit dem Ziel, internationale Werbung zu betreiben, 160 Millionen CFA-Francs, also rund 240.000 €, für eine Beilage in der Zeitschrift „Junges Afrika", unter dem Titel „Togo nach der Krise"[275]. Jedoch gelang es auch mit dieser Werbung, für die André Lewin, der ehemalige französische Botschafter in Guinea, heute Mitglied des Aktionärsklubs von „Jeune Afrique", die Verhandlungen geführt hatte, nicht, die Weltöffentlichkeit über die Lage in Togo hinwegzutäuschen.

Heute, in einer Zeit, in der die Arbeitnehmer ihre Gehälter am Ende des Monats nicht erhalten, in den Kliniken selbst das Notwendigste fehlt und die Schulen geschlossen sind, könnte mit diesem Geld eher das Leid des togoischen Volkes ein wenig erleichtert werden. Auch das Elend der Mehrheit der Bevölkerung unseres Landes ist mit dem Fehlen des politischen Willens zu erklären, im Interesse der Bevölkerung zu regieren. Unsere Staatsführungen haben weniger das Wohl der Bevölkerung des Landes im Auge, als ihre persönliche Bereicherung.

Ein weiteres Hindernis für den tatsächlichen Schutz der Menschenrechte ist die Tatsache, dass die Mehrheit der Bürger unserer Länder in völliger Unkenntnis ihrer Rechte ist.

Sowohl in Togo, als auch im Senegal und in Kamerun ist der Prozentsatz der Personen, die nicht lesen und schreiben können, nach wie vor hoch ist. Er liegt in Togo und im Senegal bei über 50 % und in Kamerun unterhalb von 50 %[276].

Tabelle Nr. 5: Anteil der Alphabeten und Analphabeten an der erwachsenen Bevölkerung (Quelle: UNESCO. Stand vom 26. Dezember 2000)

Land	Anteil an Alphabeten bei den Männern	Anteil an Alphabeten bei den Frauen	Anteil an Analphabeten bei den Männern	Anteil an Analphabeten bei den Frauen
TOGO	67 %	33 %	33 %	67 %
SENEGAL	43 %	23 %	57 %	77 %
KAMERUN	73 %	53 %	27 %	47 %

Es ist jedoch zu berücksichtigen, dass die Gruppe der Personen, die des Lesens und Schreibens kundig sind, auch Menschen mit niedriger Schulbildung umfasst, die ebenso wie die Analphabeten nichts über die ihnen zustehenden Rechte wissen.

275 Jeune Afrique, Doppelheft 2014/2015 vom 17. August 1999.
276 Es handelt sich um Personen im Alter von 15 Jahren oder darüber, die lesen und schreiben können.

Während in den westlichen Ländern die Kenntnis der Rechte, die dem Einzelnen zustehen, und die Wachsamkeit der Bürger häufig dazu geführt haben, dass die Verletzung der Freiheiten verhindert wurde, ist in unseren Ländern die Passivität der Regierten die Regel[277]. So wendet sich die Mehrheit der Bevölkerung unserer Länder, die weder die Bedeutung noch den Umfang der Rechtsvorschriften kennt und in Angst vor dem Staat lebt, lieber den traditionellen Rechten zu, um in Ruhe zu leben. Diese Menschen leben damit am Rande des modernen Rechts, in dem Menschenrechte und Grundfreiheiten festgeschrieben sind.

Diese Unwissenheit wird von der öffentlichen Gewalt, genauer gesagt von den Sicherheitskräften, ausgenutzt, die ungestraft Grundrechte und -freiheiten der Bevölkerung verletzen, ohne Furcht, sich dafür vor den Gerichten verantworten zu müssen.

Die Unkenntnis der Menschenrechte, verbunden mit dem Bildungsdefizit, stellt auch einen der Gründe für die Ineffektivität des Menschenrechtsschutzes in unseren Ländern dar, denn die Bevölkerung muss ihre Rechte kennen, um sie geltend machen und im Falle ihrer Verletzung Wiedergutmachung fordern zu können.

In diesem Zusammenhang ist die Arbeit der Menschenrechts-NGOs zu begrüßen, die bei ihren Aktivitäten den Schwerpunkt auf die Erziehung der Menschen zu ihren Rechten und Freiheiten gelegt haben und ihnen helfen, vor Gericht zu klagen, wenn diese verletzt worden sind.

Zu dem Problem der Unkenntnis der Rechte kommt hinzu, dass es im juristischen Arsenal unserer Länder Gesetze gibt, die aus der Kolonialzeit stammen und nie abgeschafft oder an die verschiedenen internationalen Menschenrechtsverträge angepasst wurden, die die jeweiligen Staaten ratifiziert haben oder denen sie beigetreten sind.

Wir wollen dies an einem Beispiel aus dem togoischen Strafrecht veranschaulichen:

Die togoische Verfassung erkennt in Art. 28 Abs. 3 „jedem Bürger die Wahrung seines Privatlebens, seiner Ehre und seiner Würde..."[278] zu; ebenso darf nach Artikel 12 der Allgemeinen Erklärung der Menschenrechte „Niemand ... willkürlichen Eingriffen in sein Privatleben ... ausgesetzt werden".

Das sehr weit gefasste Recht auf Wahrung des Privatlebens umfasst auch das Recht, sexuelle Beziehungen zu einer Person seiner Wahl zu unterhalten und muss sowohl für heterosexuelle, als auch für homosexuelle Beziehungen gelten.

Trotz dieses durch die Verfassung garantierten Rechts bestraft das togoische Strafgesetzbuch in Artikel 88 denjenigen, der „eine unzüchtige oder widernatür-

---

277 Keba Mbaye, a. a. O., S. 68.
278 Eigene Übersetzung.

liche Handlung mit einer Person des gleichen Geschlechts“ begangen hat, und zwar mit einer Freiheitsstrafe von „drei Jahren und außerdem mit einer Geldstrafe von 100.000 bis 500.000 Francs...“[279]. Diese strafrechtliche Bestimmung steht im Widerspruch zur Verfassung und ist ein schwerwiegender Eingriff in das Privatleben der togoischen Bürger.

Nach unserer Kenntnis gibt es keinen Fall, in dem dieser Artikel von einem togoischen Richter angewandt wurde. Dennoch ist es eine Tatsache, dass dieser Artikel nach wie vor in der nationalen Rechtsordnung vorhanden ist und bisher nicht an die internationalen Menschenrechtstexte angeglichen wurde.

5.1.6 Die politisch-ethnischen Konflikte: Hindernis für einen besseren Schutz der Menschenrechte

Da die ethnischen Probleme in Afrika häufig zu bewaffneten Konflikten führen, dessen grausamster bisher der Völkermord in Ruanda war, ist die Frage des Schutzes und der Einhaltung der Menschenrechte ein schwieriges Terrain.

Zunächst einmal ist daran zu erinnern, dass die europäischen Kolonialmächte zur Wahrung ihrer Interessen in Afrika, den afrikanischen Kontinent unter sich aufteilten[280]. Diese Aufteilung, die ohne jede Rücksicht auf die Besonderheiten der Völker erfolgte, hat zur Folge, dass verschiedene Völker zusammenleben müssen, ohne tatsächlich den Willen zu haben, innerhalb der Grenzen desselben Staates zusammenzuleben.

Und obwohl „am Vorabend der Unabhängigkeit ... 1958 die All-African Peoples Conference in Accra die Beseitigung der „künstlichen Grenzen“ gefordert [hatte], die von imperialistischen Mächten in Afrika gezogen worden seien, um die Völker Afrikas zu teilen, insbesondere jene, die ethnische Gruppen und Menschen gleicher Abstammung trennten“ und obwohl im Jahre 1958 Kwame Nkrumah, „die führende afrikanische Stimme seiner Zeit“ die Afrikaner dazu aufforderte, Wege zu finden, „um die künstlichen Grenzen und die Teilungen auszulöschen, die für die Balkanisierung unseres Kontinents verantwortlich sind“[281], erhielten die politischen Führungen nach Erlangung der Unabhängigkeit diese künstlichen Grenzen aufrecht. Und selbst noch in den Jahren 1963 und 1964 verabschiedeten die Staaten der OUA Resolutionen, in denen die Beibehaltung der kolonialen Grenzen empfohlen wurde[282].

---

279 Eigene Übersetzung.
280 Berliner Konferenz von 1884-1885.
281 Heinz Schneppen, Afrikas künstliche Grenzen: Koloniale Erblast oder Gebot der Vernunft?, in VRÜ 31, 1998, S. 317.
282 Ibidem, S. 318.

Um mit Togo zu beginnen: Man zählt dort fast vierzig verschiedene Volksgruppen[283], die in sehr ungleichem Verhältnis im Staatsgebiet verteilt sind. So ist der Süden bevölkert von einer Gruppe miteinander verwandter Kulturgemeinschaften: den Mina, den Ewe und den Ouatchi, die 40 % der Bevölkerung ausmachen. Der Norden hingegen besteht aus zahlreichen Volksgruppen, die auch heute noch nach unterschiedlichen Sitten und Gebräuchen leben und von denen die Kabre 15 % stellen.

Da der togoische Präsident ein Angehöriger der Kabre ist, wurden zwangsläufig die Angehörigen seines Dorfes und seiner Volksgruppe gewissermaßen zu kleinen Staatschefs. Man findet sie an der Spitze aller Wirtschaftssektoren, sowohl im öffentlichen, als auch im privaten Bereich, und zwar ungeachtet fachlicher Kompetenz oder der moralischen Erfordernisse bestimmter Ämter. Auch alle anderen Bürger (in diesem Fall allerdings zu ihrem Nachteil) werden nur noch nach ihrer ethnischen Herkunft beurteilt, unter Ausschluss ihrer Fähigkeiten, ihrer persönlichen Leistungen oder ihrer Ausbildung.

Wir befinden uns hier also in einer Situation der Diskriminierung, die zu Beginn der Demokratisierungsbewegung an verschiedenen Orten auf togoischem Staatsgebiet zu ethnischen Konflikten geführt hat. So zu dem Massaker von Bodjé und Médjé in Kloto, wo ein harmloser Zwischenfall zwischen einem Kabre und einem Ewe Zusammenstöße zwischen der Gemeinschaft der Ewe und der Gemeinschaft der Kabre auslöste. Bei diesen ethnischen Zusammenstößen kam es zu schweren Menschenrechtsverletzungen auf den Plateaus, bei denen vier Menschen getötet und mehrere schwer verletzt worden sein sollen, sowie erheblicher Sachschaden entstanden sein soll; es kam als Folge dieser Stammesbildung zur Flucht von 914 kabrischen Pächtern, die seit Generationen in dieser Region lebten[284].

Kamerun mit seinen mehr als 200 Volksgruppen ist der Knotenpunkt, wo drei große kulturelle Regionen aufeinander treffen: die Guinea-Küste mit ihrer negroiden Bevölkerung, der Westsudan mit den Peuls und den arabischen

283 In Kamerun gibt es mehr als 200 Volksgruppen, davon etwa 136 im ehemaligen frankophonen Ostkamerun und 65 im ehemaligen anglophonen Westkamerun.
Im Senegal sind die wichtigsten Bevölkerungsgruppen die Wolof mit 43,7 %, die Alpulareen mit 23,2 %, die Serer mit 14,8 %, die Joola mit 5,5 %, die Manding mit 4,6 % und die Solinke mit 1,4 %.

284 Diese Bilanz ist einem Schreiben entnommen, das zum damaligen Zeitpunkt von den Geschädigten an das Justizministerium gesandt und in den *Echos* der *CNDH*, Sondernummer Februar 1992, S. 94 veröffentlicht wurde.

Volksstämmen, der Kongo mit den Bantu-Volksstämmen[285]. Diese sind einander so sehr entgegengesetzt, dass nichts sie dafür bestimmte, zusammenzuleben.

Zum kulturellen Gegensatz kommt in Kamerun der religiöse Gegensatz hinzu, der auf die Zeit lange vor der Kolonialisierung zurückgeht: Der Norden des Kamerun ist islamisch, der Süden ist mehrheitlich christlich oder animistisch. Als 1958 der aus dem Norden stammende Ahmadou Ahidjo André-Marie Mbida an der Staatsspitze ablöste, widersetzte sich die Bevölkerung von Zentralkamerun, insbesondere die Ewondo und die stark katholisierten Volksstämme der Machtübernahme durch das Ahidjo-Regime, da Ahidjo für seine Zugehörigkeit zum Islam bekannt war.

Senegal wird, obwohl es nur sechs große nationale Volksgemeinschaften hat, seit 1982 durch einen bewaffneten Konflikt erschüttert, in dem sich die Bewegung der demokratischen Kräfte der Casamance (MFDC), vertreten durch den Volksstamm der Joola (5,5 % der senegalesischen Bevölkerung) und der senegalesische Staat gegenüberstehen. Die Joola werfen der senegalesischen Regierung fehlende Wirtschaftsinvestitionen in der Region, kulturelle Missachtung und Bodenplünderung durch Enteignung des Grundbesitzes der autochthonen Bevölkerung zu Gunsten der Nordsenegalesen vor und halten ihr die Nicht-Senegalität der Casamance entgegen, die Casamance sei eine autonome Einheit, die nie zur Kolonie Senegal gehört habe.

Seit fast zwei Jahrzehnten erleidet die Bevölkerung des Senegal nicht nur die Übergriffe der Streitkräfte des MFDC, sondern auch die der senegalesischen Armee.

Zusammenfassend muss man einräumen, dass wenngleich die Kolonialisierung die Konflikte und Spannungen auf dem afrikanischen Kontinent provoziert oder verschärft haben mag, das vorkoloniale Afrika keine Oase des Friedens war; im übrigen steht außer Zweifel, dass die derzeitige ethnische Konfiguration Afrikas auf Eroberungen und Migrationen zurückgeht, die weit vor der Kolonialisierung liegen.

Später, nach Erlangung der Unabhängigkeit, handelten manche Staatschefs in Afrika dann weiterhin nach der Doktrin der Kolonialherren: „Teile um zu herrschen“[286]. Sie teilten die politischen Institutionen und manchmal das gesamte

---

285 Ibrahim Mouiche, Ethnicité et pouvoir au Nord-Cameroun, in VRÜ 30, 1997, S. 182.

286 Die Doktrin „Teile um zu herrschen“ wurde während der Kolonialzeit zum Prinzip erhoben. So sagte **Lyautey**: „Wenn Sitten und Gebräuche zu wahren sind, dann gibt es auch Hass und Rivalitäten, die man ordnen und zu unseren Gunsten einsetzen muss, indem man sie einander gegenüberstellt, indem wir uns auf die einen stützen, um die anderen zu besiegen“ (eigene Übersetzung), zitiert von Guillaume Pierre, Le

politische System nach Kulturgemeinschaften auf. In diesem Umstand liegt die Ursache für unzählige interne Konflikte, die in zahlreichen afrikanischen Ländern mit dem Beginn der Demokratisierungskämpfe wieder aufflammten.

Diese politisch-ethnischen Konflikte, die unter anderem zur Abwanderung der Bevölkerung führen, stellen zweifellos eines der Hindernisse für einen besseren Schutz der Menschenrechte in unseren Ländern dar.

Wir werden jedoch vor der Analyse der Abwanderungsfrage die Auswirkung der französischen Außenpolitik auf die Menschenrechtssituation in den ehemaligen Kolonien untersuchen.

5.1.7 Die neokolonialistische Politik Frankreichs in den ehemaligen Kolonien als Behinderung für die Entfaltung der Menschenrechte

Seit Jahrzehnten baut Frankreich den „Negerkönig" nach seinem Gutdünken und seinen Interessen auf und demontiert ihn wieder. Die neokolonialistische Politik Frankreichs stellt nach unserer Auffassung ein weiteres Hindernis für die Entfaltung und den Schutz der Menschenrechte in den frankophonen Ländern Schwarzafrikas dar. Der Einfluss Frankreichs ist umso größer, wenn es sich um seine ehemaligen Kolonien in Afrika handelt, und dies gilt vor allem, wenn der afrikanische Präsident oder „Negerkönig" sein Werk ist[287].

Frankreich hat in den ehemaligen afrikanischen Kolonien stets die Militärregime und Diktaturen unterstützt und seine Soldaten in zahlreichen afrikanischen Ländern, so unter anderem in Lomé, in Abidjan, in Dakar und Djibouti, stationiert und militärische Hilfe für den Fall eines internen Konfliktes oder der Destabilisierung angeboten. So hat es sich Frankreich nicht nehmen lassen, Fallschirmsjäger nach Lomé zu entsenden, um das Militärregime im September 1986 vor der so genannten terroristischen Aggression zu schützen und damit die Destabilisierung des Regimes Eyadema zu verhindern. Außerdem ist es Frankreich in der Vergangenheit gelungen, alle Verschwörungen zu vereiteln, die gegen diese Regime gerichtet waren, sowohl von innen als auch von außen.

Die französische Unterstützung wurde auch Anfang der neunziger Jahre fortgesetzt, beim Kampf der Bevölkerung um die Demokratie. Der politische Wechsel wurde damit blockiert, die Bevölkerung der ehemaligen französischen Kolonien Schwarzafrikas daran gehindert, ihr Recht wahrzunehmen, ihre Staatsführung frei zu wählen und ein demokratisches System aufzubauen, als einziges

---

monde colonial, Armand Colin, 1974, S. 146, wieder aufgenommen von Fogui, S. 42.

287 Fulbert Sassou Attisso, a. a. O., S. 67.

System, in dem die Menschenrechte geschützt werden. Der verstorbene Staatspräsident Mitterand ging sogar so weit, bei dem afrikanisch-französischen Treffen in Chaillot zu äußern, „dass jedes afrikanische Land die Freiheit hat, die Demokratie nach seinem Tempo aufzubauen“[288]. Damit verwässerte er die Forderung der Konferenz von Baule, wo der Demokratie eine besondere Vorrangstellung eingeräumt und der Erhalt von Hilfeleistungen an den Aufbau der Demokratie geknüpft worden war. Seit dem Beginn der Demokratisierungsbewegung in der afrikanischen Bevölkerung stellt man fest, dass die französische Position sehr ambivalent ist: Frankreich ist bisher nie so weit gegangen, die Praktiken und die Menschenrechtsverletzungen einiger Diktatoren im frankophonen Schwarzafrika mit Sanktionen zu belegen oder offen zu kritisieren.

Was Togo betrifft, so haben sogar die Massaker an der togoischen Bevölkerung am 25. Januar 1993 in „Fréau-Jardin“, in Lomé[289], die vor den Augen des französischen Ministers für Zusammenarbeit stattfanden, Frankreich nicht daran gehindert, seine Zusammenarbeit mit dem Regime Eyadema fortzusetzen.

Ebenso wurden auch die einseitigen Präsidentschaftswahlen am 25. August 1993, mit denen Staatspräsident Eyadema erneut an die Macht kam, vom Elysée-Palast nicht beanstandet.

Es dauerte bis zu dem gewaltsamen Vorgehen im Juni 1998 und zu wiederholten Sanktionen der Europäischen Union gegen Togo, bis Frankreich schließlich ebenfalls seine Kooperation mit Togo einstellte.

Dies galt jedoch nur im Prinzip und wurde in Wirklichkeit nicht durchgehend eingehalten, denn nach wie vor arbeiten Soldaten und Zivilisten im Rahmen der Kooperation in Togo.

Aufgrund dieser Lage wollen wir der Frage nachgehen, weshalb Frankreich weiterhin bestimmte diktatorische Regime wie dasjenige von Gnassingbé Eyadema oder Paul Biya unterstützt.

In Anbetracht des wirtschaftlichen Scheiterns der meisten afrikanischen Länder, der politischen Instabilität und des Gewichtes der Auslandsschulden kann man zweifelsfrei davon ausgehen, dass es nicht aus wirtschaftlichen Gründen geschieht, wenn Frankreich weiterhin bestimmte Diktaturen im frankophonen Schwarzafrika unterstützt. Außerdem entfällt nach dem Fall der Berliner Mauer die Angst vor dem Kommunismus aus der Zeit des Kalten Krieges, die Frankreich dazu veranlassen könnte, diktatorische Regime wie Eyadema und Biya zu unterstützen.

---

288 Fulbert Sassou Attisso, a. a. O., S. 68.

289 Nach den Massakern vom 25. Januar 1993 stellte die Europäische Union ihre Zusammenarbeit mit Togo ein. Die Europäische Union wiederholte ihre Sanktionen gegen Togo nach dem gewaltsamen Vorgehen der Staatsmacht vom 21. Juni 1998.

Bedenkt man jedoch, dass Staatspräsidenten wie Eyadema und der verstorbene Staatspräsident Houphouet-Boigny an den meisten Machenschaften Frankreichs in der Subregion beteiligt waren, könnte man zu dem Schluss kommen, dass es zur Vermeidung von Skandalen geschieht[290], wenn die politische Klasse Frankreichs hilft, bestimmte afrikanische Diktatoren im Sattel zu halten.

Und so hat sich auch dadurch, dass in Frankreich die politische Rechte an die Macht kam, nicht viel an der Afrika-Politik Frankreichs geändert. Es gelang Staatspräsident Chirac bei seiner Afrika-Rundreise im Juni 1999, die ihn nach Guinea, Kamerun und Togo führte, zwar, dem togoischen Präsidenten die Zusage zu entreißen, dass er bei den Präsidentschaftswahlen des Jahres 2003 nicht mehr kandidieren werde. Anstatt sich aber gegen das gewaltsame Vorgehen im Juni 1998 zu wenden und über die schweren und massiven Menschenrechtsverletzungen in Togo zu sprechen, beschränkte sich der französische Staatspräsident darauf, eher zwischen den Zeilen seinem togoischen Amtskollegen nahe zu legen, sich wenigstens einmal an die Verfassung seines Landes zu halten[291].

Es bleibt die Hoffnung, dass Staatspräsident Eyadema dem Rat seines französischen Amtskollegen folgen und die Macht im Jahre 2003 abgeben wird.

5.2 Folgen der massiven Menschenrechtsverletzungen

Das Fehlen eines wirkungsvollen Schutzes der elementaren Menschenrechte und ihre wiederholte Verletzung führt zu schwerwiegenden Konsequenzen, wie zur Abwanderung der Bevölkerung, und kann sogar zum Zerfall des Staates führen.

---

290 Im Jahre 1979 hatte Bokassa, der damalige Herrscher von Zentralafrika, der durch einen von Frankreich angestifteten Staatsstreich gestürzt wurde, einen Skandal provoziert, indem er seine Beziehungen zum damaligen Staatspräsidenten enthüllte. Damit wurde seine Popularität untergraben, so dass er im Jahre 1981 nicht mehr gewählt wurde.
Im Falle Togos drohte der damalige Außenminister Ouattara Natchaba der sozialistischen Partei Frankreichs von François Mitterrand damit, kompromittierende Akten über die sozialistische Partei zu enthüllen, falls der französische Beauftragte für Außenbeziehungen, Pierre Guidoni, es wagen sollte, Kritik an dem Blutbad von der Armee an der togoischen Bevölkerung verübbten Blutbad vom 25. Januar 1993 zu äußern.

291 In Artikel 59 der togoischen Verfassung heißt es: „Der Staatspräsident wird in allgemeiner, direkter Wahl gewählt, für eine Amtsperiode von fünf Jahren, die nur einmal verlängert werden kann. Kein Staatspräsident darf sein Amt länger als zwei Amtsperioden ausüben“ (eigene Übersetzung).

5.2.1 Die Zwangsmigrationen der Bevölkerung

Es ist Aufgabe der Staaten, ihre Bürger zu schützen. Aber wenn ihre Regierungen ihre Bürger nicht schützen wollen, oder wenn diese mit Verletzungen ihrer Grundrechte konfrontiert sind, sind sie gezwungen, ihr Land zu verlassen, Zwangsmigrationen auf sich zu nehmen, um in anderen Aufnahmeländern Zuflucht zu nehmen.

Im Falle Togos beispielsweise haben die Massaker vom 25. und 30. Januar 1993 in der Hauptstadt die Abwanderung von fast 400. 000 Einwohnern in Nachbarländer (Ghana und Benin) ausgelöst[292]. Aus dem Senegal sollen 17.000 senegalesische Flüchtlinge aufgrund des Casamance-Konflikts nach Guinea-Bissau geflohen sein.[293]

Was den afrikanischen Kontinent betrifft, so entfielen im Januar 1995 von den insgesamt 14.488.700 Flüchtlingen weltweit auf Afrika alleine fast 7 Millionen[294].

Die Genfer Konvention von 1951 erkennt das Recht auf Schutz vor Verfolgung jeder Person zu, die sich „aus der begründeten Furcht vor Verfolgung wegen ihrer Rasse, Religion, Nationalität, Zugehörigkeit zu einer bestimmten sozialen Gruppe oder wegen ihrer politischen Überzeugung, außerhalb ihres Heimatlandes befindet und dorthin nicht zurückkehren kann“[295].

Dieser Schutz nach der Genfer Flüchtlingskonvention wird auch von Togo, Senegal und Kamerun garantiert, die das Abkommen über die Rechtsstellung der Flüchtlinge von 1951 unterzeichnet haben, ebenso wie die Konvention der OAU vom 10. September 1969 zur Regelung der Flüchtlingsprobleme in Afrika.

So haben sie unter anderem während der Konflikte in Liberia, Sierra-Leone, Ruanda und Tschad Flüchtlinge aufgenommen.

Da aber diese Länder selbst sehr arm und verschuldet sind, und zudem Strukturanpassungsprogrammen unterliegen, sind sie nicht in der Lage, sich um die Gesundheits- und Ausbildungsprobleme der Menschen zu kümmern, die auf ihr Staatsgebiet geflüchtet sind.

Dies gilt etwa für den Senegal, wo während der senegalesisch-mauretanischen Krise im Jahre 1989, die zu einer Eskalation der Gewalt zwischen den beiden Völkern führte, fast 60.000 negro-mauretanische Flüchtlinge entlang des gesamten Tals des Senegalflusses Zuflucht gesucht haben. In den ersten Jahre

---

292 Groupes Initiatives, Droits de l'homme, 1992, zitiert durch den Autor in „Evolution der Menschenrechte in Togo“, Universität Heidelberg, 1996, S. 34.

293 Sidiki Kaba, a. a. O., S. 204.

294 R. Degni-Segui, a. a. O., S. 182.

295 Art. 1A ziff.2 des Genfer Abkommen über die Rechtsstellung der Flüchtlinge vom 28. Juli 1951.

wurden diese Flüchtlinge vom Flüchtlingshochkommissariat (UNHCR) der Vereinten Nationen übernommen und von den senegalesischen Behörden unterstützt.

Seit fast sechs Jahren hat sich ihre Situation verschlechtert. Sie leben außer in einem schmerzhaften Exil auch in Armut und sind nicht in der Lage, für die Ausbildung ihrer Kinder zu sorgen.

Die Armut und Unsicherheit in den afrikanischen Aufnahmeländern führt dazu, dass diejenigen Flüchtlinge, die dazu die Mittel haben, nach Europa abwandern und in Ländern wie Frankreich, England, Belgien, Deutschland usw. Asyl beantragen.

In diesem Zusammenhang werden wir hier einen kurzen Überblick über das deutsche und das französische Asylrecht geben, wo es neben dem Recht auf Asyl nach der Genfer Flüchtlingskonvention auch ein verfassungsrechtliches Recht auf Asyl gibt.

Das Recht auf Asyl nach der Genfer Flüchtlingskonvention ist in Frankreich durch ein Gesetz vom 25. Juli 1952 festgeschrieben. Danach wird dem Ausländer, dem Asyl bewilligt wird, der Flüchtlingsstatus zuerkannt. Mit dem gleichen Gesetz wurde das französische Amt zum Schutz der Flüchtlinge und Vertriebenen *(Office Français de Protection des Réfugiés et Apatrides - OFPRA)* gegründet. Es handelt sich um eine Einrichtung der öffentlichen Verwaltung, die für die Prüfung der Anträge von Ausländern auf Zuerkennung des Flüchtlingsstatus nach der Genfer Konvention zuständig ist. Sie kann dem Antragsteller Asyl zuerkennen oder den Antrag auf Asyl ablehnen.

Wird der Flüchtlingsstatus anerkannt, hat der Ausländer Anspruch auf einen Ausweis für einen im Inland ansässigen Ausländer *(Carte de résident)*[296] mit allen damit verbundenen Vorteilen. Wird der Antrag abgelehnt, kann der Ausländer innerhalb einer Frist von einem Monat Rechtsmittel vor einem besonderen Verwaltungsgericht einlegen.

Im deutschen Recht ist es § 51 Abs. 1 des Ausländergesetzes, mit dem jedem Ausländer Asyl garantiert wird, der zu Recht fürchtet, wegen „seiner Rasse, Religion, Staatsangehörigkeit, seiner Zugehörigkeit zu einer bestimmten sozialen Gruppe oder wegen seiner politischen Überzeugung" verfolgt zu werden. Auch hier, wie im französischen System, ist es ein Organ der öffentlichen Verwaltung,

296 Das System der *Carte de résident* ist in der Verordnung *(Ordonnance)* vom 2. November 1945 geregelt.
Nach Art. 15 dieser Verordnung haben dreizehn Kategorien von Ausländern (darunter diejenigen Personen, die den Flüchtlingsstatus erhalten haben) Anspruch auf die *carte de résident*, die zehn Jahre gültig ist und von Rechts wegen verlängert werden kann.

das „Bundesamt für die Anerkennung ausländischer Flüchtlinge“, das über die Anträge entscheidet.

So entscheidet das Bundesamt gemäß § 5 Abs. 2 Asylverfahrensgesetz „über den einzelnen Asylantrag einschließlich der Feststellung, ob die Voraussetzungen des § 51 Abs. 1 des Ausländergesetzes vorliegen“ darüber, ob dem ausländischen Antragsteller Asyl zuerkannt wird oder nicht. Nach § 68 ist „[d]em Ausländer [...] eine unbefristete Aufenthaltserlaubnis zu erteilen, wenn er unanfechtbar als Asylberechtigter anerkannt ist“. Wird der Antrag abgelehnt, besteht die Möglichkeit der Rechtsmitteleinlegung gegen die Entscheidung des Bundesamtes.

Dabei zeigt sich in der Praxis, dass sowohl in Frankreich, als auch in Deutschland rund 90 % der Anträge abgewiesen werden, da es sich, wie bereits dargelegt, bei den meisten Asylbewerbern eher um Wirtschaftsflüchtlinge als um politische Flüchtlinge handelt.

Das verfassungsrechtliche Recht auf Asyl ist im deutschen Recht in Artikel 16 a Abs. 1 des Grundgesetzes verankert, mit dem Wortlaut: „Politisch Verfolgte genießen Asylrecht“. Im französischen Recht in der Präambel der Verfassung von 1946, wo es heißt: „Tout homme persécuté en raison de son action en faveur de la liberté a le droit d'asile sur les territoires de la République“[297].

Man stellt fest, dass sowohl in der deutschen, als auch in der französischen Verfassung dieses Recht auf Asyl sehr eng gefasst ist und nur einer ganz bestimmten Kategorie verfolgter Personen zuerkannt wird.

Die Flüchtlingssituation, gleichgültig ob politisch oder wirtschaftlich begründet, ist für den ganzen afrikanischen Kontinent ein dramatisches Problem. Sie führt dazu, dass die elementarsten Rechte des Menschen nicht wirksam geschützt sind. Dies veranlasst die jungen, fähigen Menschen, die Afrika aufbauen könnten, um jeden Preis in die entwickelten Länder zu flüchten, um zu überleben. Die afrikanischen Ländern müssen also schnell nach Lösungen suchen, um sich ihre junge Bevölkerung zu erhalten, die sie für ihre Entwicklung brauchen.

Das Problem der Abwanderung der Bevölkerung ist jedoch nicht die einzige schwerwiegende Konsequenz der kritischen Menschenrechtssituation. Die wiederholten und massiven Menschenrechtsverletzungen können bis hin zum Zerfall des Staates führen, wie unter anderem im Falle Somalias und Liberias.

297 „Jeder, der wegen seines Einsatzes zugunsten der Freiheit verfolgt wird, genießt in den Gebieten der Republik Asylrecht“ (eigene Übersetzung).

5.2.2 Der Zerfall des Staates

Bevor wir uns der Analyse eines eventuellen Zerfalls des Staates zuwenden, der mit der kritischen Menschenrechtssituation verbunden sein könnte, ist zunächst der Staat im völkerrechtlichen Sinne zu definieren.

5.2.2.1 Die Definition des Staates

Im Völkerrecht kann man von einem Staat nur sprechen „wenn sich ein auf einem bestimmten Gebiet sesshaftes Volk unter einer selbstgesetzten, von keinem anderen Staate abgeleiteten, effektiv wirksamen und dauerhaften Ordnung organisiert hat“[298]. Dies bedeutet, dass ein Staatsgebilde dann vorliegt, wenn die drei Elemente Staatsgebiet, Staatsvolk, Staatsgewalt gegeben sind.

Zunächst zum **Staatsgebiet**. Dies ist die materielle Basis des Staates. Es ist der „gesicherte Raum, in dem das staatlich organisierte Volk seine Herrschaft effektiv ausüben kann und über das ihm die völkerrechtliche Verfügungsgewalt zusteht“[299].

Die Souveränität des Staates ist ausschließlich auf das Staatsgebiet begrenzt. Das Staatsgebiet, als konkrete Manifestation staatlicher Stabilität, ist somit unerlässlich für das Vorhandensein des Staates.

Das Staatsvolk wird gebildet durch die Bewohner des Staatsgebietes. Es handelt sich dabei jedoch nicht um irgendeinen Zusammenschluss von Personen, die jeweils eigene Interessen verfolgen. Es handelt sich vielmehr, nach Simma, um einen „dauerhaften Personenverbund“. Ohne Bevölkerung kann es somit keinen Staat geben.

Schließlich kann die **Staatsgewalt**, das dritte unerlässliche Element für das Vorhandensein des Staates, als Einheit definiert werden, die über politische Macht verfügt und diese tatsächlich über das Staatsgebiet ausübt.

Bei den meisten afrikanischen Ländern stellt man fest, dass eine Regierung zwar besteht, aber die Bevölkerung im Staatsgebiet nicht der tatsächlichen Autorität der Regierung unterliegt. Die Regierung hat nicht die tatsächliche Fähigkeit, alle staatlichen Funktionen auszuüben, einschließlich der Aufrechterhaltung der öffentlichen Ordnung und der inneren Sicherheit. Diese afrikanischen Länder sind intern gescheitert. Man kommt nicht umhin festzustellen, dass es den Regierungen nicht gelingt, sich die Bevölkerung in ihrem Staatsgebiet unterzuordnen.

---

298 Alfred Verdross – Bruno Simma, Universelles Völkerrecht, Theorie und Praxis, 3., völlig neu bearb. Aufl., Berlin 1984, S. 224.

299 Ders, S. 224.

Kann man unter diesen Umständen von einem Zerfall der staatlichen Ordnung sprechen?

5.2.2.2 Ineffizienter Menschenrechtsschutz und wiederholte Menschenrechtsverletzungen als Elemente staatlichen Zerfalls

Das klassische Völkerrecht kennt und regelt die klassischen Formen des Zerfalls staatlicher Ordnung, die zum Verschwinden des Staates zu Gunsten eines anderen führen. Zu diesen klassischen Formen gehören die Teilung eines Landes[300], die Abspaltung eines Landesteiles oder die Annexion eines Staates durch einen anderen.

Derzeit jedoch erlebt man neuere Formen des Zerfalles staatlicher Ordnung, die unbestreitbar mit den schweren und wiederholten Menschenrechtsverletzungen in diesen Ländern zusammenhängen.

Im ersten Fall übt die Regierung, obgleich funktionstüchtig vorhanden, nur eine schwache Kontrolle und eine schwache Autorität über die Bevölkerung in ihrem Staatsgebiet aus. Dies ist z.B. der Fall in Togo: Obgleich dort die Regierung von Präsident Eyadema immer noch im Amt ist und nach wie vor den togoischen Staat auf internationaler Ebene repräsentiert, haben die massiven und laufenden Menschenrechtsverletzungen der letzten Jahre, die Unfähigkeit der Regierung, ein Minimum an Grundfreiheiten, Menschenrechten und Sicherheit zu garantieren, bei der Bevölkerung des Landes zu Ablehnung geführt. Die Regierung ist infolge dessen nicht mehr in der Lage, tatsächliche Autorität über die Bevölkerung im Staatsgebiet auszuüben. Auch bei bestimmten wichtigen Exekutivorganen, wie der Polizei und der Armee, ist sie nicht präsent.

Der togoische Staat hat sich zwar nicht zu Gunsten eines anderen Staates aufgelöst, er wurde auch nicht geteilt, man kann jedoch, angesichts des Verfalls der staatlichen Strukturen den Beginn eines staatlichen Zerfalls bejahen.

Im zweiten Fall bleibt die Regierung ebenfalls formal erhalten, doch ist der Staat dem Angriff von Streitkräften auf einen Teil ihres Staatsgebietes ausgesetzt.

Dies ist der Fall im Senegal, wo die Zentralregierung seit 1982 bewaffneten Konflikten in der Region Casamance gegenübersteht.

Die Regierung hat sehr wenig Autorität in der Region Casamance, die sich de facto unter der Autorität des MDFC befindet.

300 Dies war der Fall bei der Teilung von Österreich-Ungarn in Österreich und Ungarn im Jahre 1919 und bei der UdSSR im Jahre 1991.

Man stellt hier fest, dass der Staat in der Region Casamance völlig versagt hat, die Rechte der Bevölkerung werden Tag für Tag verletzt, nicht nur durch die senegalesische Armee, sondern auch durch die Milizen des MDFC.

Diese Situation besteht nicht nur im Senegal, sie war und ist auch in anderen afrikanischen Staaten anzutreffen, wie im Tschad und in Zaire in den Jahren 1993 und 1994, um nur diese beiden zu nennen.

Diese Lage führt uns zu einigen Empfehlungen im Hinblick auf einen effektiven und verstärkten Menschenrechtsschutz in Afrika im Allgemeinen und im Senegal, in Togo und in Kamerun im Besonderen, damit die inneren Unruhen und die offenen Konflikte verhindert werden, die den afrikanischen Kontinent zum ständigen Brandherd machen.

Kapitel 6: Lösungsvorschläge für einen besseren Schutz der Menschenrechte und eine Konsolidierung der Demokratie

Nach der Analyse der unterschiedlichen Probleme und Ursachen, die dem wirksamen Schutz in den untersuchten Ländern (Senegal, Togo und Kamerun) im Wege stehen, sollen nun am Ende dieser Untersuchung Lösungsvorschläge gemacht werden, um die Menschenrechte in unseren Ländern zu verwirklichen und die Bürger in ihren tatsächlichen Genuss kommen zu lassen.

Zunächst einmal ist eine Änderung der Denkweise der Regierenden der afrikanischen Länder unumgänglich; dann ist eine echte Unabhängigkeit der Justiz herzustellen eines der Grundprinzipien einer funktionierenden Demokratie; die wirtschaftlichen, gesellschaftlichen und kulturellen Rechte sind besser zu schützen, und schließlich muss eine Menschenrechtserziehung der Bevölkerung stattfinden.

6.1 Erfordernis einer Änderung in der Denkweise seitens der Regierenden

Die Staatsoberhäupter unserer Länder werden langsam umdenken und ihren Willen zeigen müssen, die Gesetze, und die von ihnen ratifizierten internationalen Verträge einzuhalten, und sie werden echte Anstrengungen unternehmen müssen, um diese internationalen Abkommen in nationales Recht umzusetzen. Es ist an der Zeit, dass das Verabschieden von Gesetzen und das Ratifizieren von Abkommen nicht mehr zu dem alleinigen Zweck geschieht, das Ansehen der Länder in der internationalen Gemeinschaft zu heben.

Ein Beispiel für die Missachtung internationaler Verträge durch die Regierenden ist der Fall Hissène Habré (Ex-Diktator des Tschad), gegen den im senegalesischen Exil ein Ermittlungsverfahren wegen Folter, Mord , Verschwindenlassen eingeleitet wurde am 04. Februar 2000 durch Demba Kandji, dem vorsitzenden Untersuchungsrichter des Regionalgerichtes *(Tribunal régional hors classe)* Dakar[301], unter Hausarrest gestellt wurde.

---

301 Die Regionalgerichte traten nach dem Gerichtsverfassungsgesetz Nr. 84 – 19 vom 2. Februar 1984 an die Stelle der Erstinstanzgerichte. Danach besteht in jeder Regionalhauptstadt ein Regionalgericht. Da Dakar nicht nur eine Region, sondern auch die Hauptstadt ist, spricht man von „Tribunal régional hors classe" oder Obersten Regionalgericht.

Obwohl der Senegal das Übereinkommen gegen Folter und andere grausame, unmenschliche oder entwürdigende Behandlung oder Strafe[302] ratifiziert hat und als erstes Land der Welt am 2. Februar 1999 das *Römische Statut des Internationalen Strafgerichtshofs* ratifiziert hat[303], gab Staatspräsident Abdoulaye Wade weiterhin dem Prinzip der Solidarität und der Freundschaft unter den afrikanischen Staatschefs den Vorzug vor dem internationalen Abkommen. So erreichte er durch Druck, dass die senegalesischen Richter ihre Zuständigkeit verneinten, und dem Ex-Diktator bot er die Möglichkeit, der internationalen Justiz zu entkommen, indem er ihn zwang, ein anderes Aufnahmeland zu finden.

Es ist ein offenes Geheimnis, dass auf dem afrikanischen Kontinent die Beziehungen der Solidarität und der Freundschaft der Staatschefs untereinander stets gegenüber allem anderen überwiegen. Deshalb richten wir an unsere afrikanischen Staatspräsidenten den Appell zu versuchen, künftig die internationalen Verträge nicht mehr nur als ein Papier zu betrachten, dessen Einhaltung nicht zwingend ist. Sie müssen ihre Denkweise ändern und, wie es die Präambel der Charta der Vereinten Nationen von ihnen verlangt, „Bedingungen [...] schaffen, unter denen [...]die Achtung vor den Verpflichtungen aus Verträgen und anderen Quellen des Völkerrechts gewahrt werden können".

Die afrikanischen Regierungschefs sollen sich außerdem nicht nur an ihre eigenen Verfassungen oder Grundgesetze, sondern auch an die von den nationalen Parlamenten verabschiedeten Gesetze halten. Damit wird verhindert, dass diese Gesetze je nach Gutdünken der Staatschefs geändert werden.

Eine Aufgabe unserer Regierungen bestünde darin, alle bestehenden Gesetze zu erfassen, die alten, überholten Gesetze abzuschaffen, die es nach wie vor in der Rechtslandschaft unserer Länder gibt und die diskriminierend für Frauen oder soziale Minderheiten sind bzw. im Widerspruch zu internationalen Menschenrechtsabkommen stehen, die diese Länder ratifiziert haben.

Schließlich ist unseren Regierungen zu empfehlen, nicht mehr mit subtilen Strategien um das Ansehen in der internationalen Gemeinschaft zu werben, indem sie beispielsweise Menschenrechtsorgane oder –institutionen einrichten, ohne sie aber mit ausreichenden finanziellen und personellen Mitteln auszustatten, und ohne ihnen Unabhängigkeit zu garantieren. Sie müssen guten Willen zeigen und dürfen deren Arbeit nicht behindern, sondern müssen sie in ihrer Tä-

302 Senegal hat das Abkommen am 26. August 1986 unterzeichnet, und am 28. August 1996 wurde das Gesetz Nr. 96-15 verabschiedet, mit dem gemäß Artikel 4 des Abkommens der Straftatbestand der Folter in das senegalesische Strafgesetzbuch aufgenommen wurde.

303 Kamerun hat den *Rome Statute of International Criminal Court* unterzeichnet am 17. Juli 1998; Togo hat weder unterzeichnet, noch ratifiziert.

tigkeit stärken. Außerdem müssen sie lernen, die anderen staatlichen Organe und Institutionen, so auch die rechtsprechende Gewalt, zu respektieren.

6.2 Wahrung und Stärkung der Unabhängigkeit der rechtsprechenden Gewalt

Die rechtsprechende Gewalt ist Garant der Grundrechte (Art. 81 der senegalesischen Verfassung und Art. 113 Abs. 3 der togoischen Verfassung).

Um diese Aufgabe zu erfüllen, muss die rechtsprechende Gewalt frei sein von jeglicher Art von Einflussnahme und Einmischung, das heißt, der Richter muss in der Ausübung seines Amtes unabhängig sein.

Hierzu muss für den Richter das Prinzip der **Unversetzbarkeit** gelten, das heißt, er darf ohne seine vorherige Zustimmung nicht mit einer neuen Aufgabe betraut werden, auch nicht in Form einer Beförderung.

Damit soll verhindert werden, dass die Regierung eine zu große Unabhängigkeit mit einer unangenehmen Versetzung ahnden bzw. opportune Auswechslungen im Hinblick auf eine Entscheidung in einem für sie interessanten Rechtsstreit vornehmen kann.

Dies war zum Beispiel der Fall in Senegal in der Sache des tschadischen Ex-Diktators Habré der Fall, wo der Hohe Rat der Justiz (*Conseil supérieur de la Magistrature*), unter Vorsitz von Staatschef Abdoulaye Wade und seines Justizministers, bei einer unvorhergesehenen Zusammenkunft den Richter Demba Kandji, der das Ermittlungsverfahren gegen den ehemaligen Präsidenten Habré geleitet hatte, versetzte. Außerdem wurde der Vorsitzende der Strafkammer beim Appellationsgericht Dakar, vor dem die Sache Habré anhängig war, zum Staatsrat versetzt[304].

Die Unabhängigkeit des Richters setzt auch **die Garantie einer angemessenen Vergütung** voraus, die Garantie der finanziellen Unabhängigkeit. Nach unserer Auffassung sollten die Gehälter der Richter in regelmäßigen Abständen angeglichen werden, um den Auswirkungen der Inflation in unseren Ländern entgegenzuwirken bzw. sie zu minimieren. Ein finanziell abgesicherter Richter wird weniger leicht zu bestechen sein und kann so seiner Aufgabe, Recht zu sprechen, nachkommen.

304 Aus der Mitteilung, die dem Komitee gegen die Folter vorgelegt wurde durch Rechtsanwalt Reed Brody, Advocacy Director bei Human Rights Watch, am 18. April 2001.

Die Unversetzbarkeit und die Garantie einer angemessenen Vergütung des Richters sind die wichtigsten Garantien für den Schutz seiner persönlichen Unabhängigkeit.

Wir sind jedoch der Auffassung, dass es außer der persönlichen Unabhängigkeit erforderlich ist, eine kollektive Unabhängigkeit der Richter- und Staatsanwaltschaft an sich zu gewährleisten.

So müssen die Richter eine **ausschließliche Zuständigkeit** für alle Rechtssachen haben.

Damit wird die Übertragung der Rechtsprechungszuständigkeit der ordentlichen Gerichte auf Sondergerichte verhindert, die unter dem Vorwand geschaffen werden, es handle sich um Angelegenheiten der „Staatssicherheit".

Im übrigen kann man mit Sidiki Kaba sagen, dass „derjenige unabhängig ist, der es sein will."[305] Insoweit muss der Richter selbst seine Unabhängigkeit wahren, indem er seine Verantwortung unter allen Umständen wahrnimmt und sich jedem Druck oder Einfluss – ob von politischer Seite oder nicht – entzieht.

Die Unabhängigkeit der Justiz ist eines der Grundprinzipien des Rechtsstaates, einer Demokratie.

6.3 Erfordernis einer echten Demokratie

Demokratie bezeichnet eine Regierungsform, in der die politische Macht durch das Volk ausgeübt wird, das also gleichzeitig Regierender und Regierter ist, und zwar ausschließlich zum Wohle des Volkes.

Es ist heute unbestritten, dass die Demokratie das Staatssystem ist, in dem die Grundrechte am besten geschützt werden. „Denn die Demokratie ist ein Gut, ein Wert der natürlichen und unveräußerlichen Bestimmung des Menschen, sein Schicksal selbst in die Hand zu nehmen, sowohl individuell als auch kollektiv".[306]

Nach Mbembé ist die demokratische Staatsform ein System, „wo der Eckstein die Achtung vor dem Leben, der Wille zum Schutz, zur Erhaltung und zur Mehrung des Lebens ist, die Sorge um die Dauerhaftigkeit des Lebens, jedes Lebens, sowie die Übertragung dieser Achtung ... auf [staatliche] Institutionen"[307].

---

305 Sidiki Kaba, a. a. O., S. 272.

306 Etienne-Richard Mbaya, „Demokratieprinzip und Menschenrechte im afrikanischen Kontext", in Brunkhorst Hauke, Wolfgang R. Köhler und Mathias Lutz-Bachmann (Hrsg.), Recht auf Menschenrechte, 1. Aufl., Suhrkamp, 1999, S. 338.

307 Achielle Mbembé, „Des rapports entre la disette, la pénurie et la démocratie en Afrique subsaharienne", in : Mane, Ibrahim (Hrsg.) , Etat, Démocratie, Sociétés et

Denn „nur in einem demokratisch organisierten Staat können ... Bürgerinnen und Bürger den Institutionen und Gerichten die notwendigen Befugnisse geben, womit diese die Missbräuche ihrer Regierung wirksam kontrollieren können“[308].

So lassen in Europa das Statut des Europarates und die EU-Verträge keinerlei Zweifel daran, dass die repräsentative Demokratie die einzige und allein annehmbare Organisationsform der europäischen Gesellschaften ist. In Amerika mag die Situation zwar kontrastreicher sein, als in Europa, nichtsdestotrotz sieht Artikel 3 d) der Charta der Organisation Amerikanischer Staaten (OAS) vor, dass „die Solidarität der amerikanischen Staaten und die hohen Ziele, die sie verfolgen, in diesen Staaten eine politische Organisation erfordern, die auf dem wirksamen Funktionieren der repräsentativen Demokratie beruht.“[309] Die Charta der Organisation für Afrikanische Einheit (*OAU*) vom 25. Mai 1963 enthielt jedoch keine Bestimmung betreffend die Demokratie oder eine andere politische Ideologie. Dies bedeutet, dass der Beitritt eines Staates zur OAU keiner ideologischen Verpflichtung unterlag; ebenso konnte keine Mitgliedschaft eines Staates auf der Grundlage der Charta suspendiert werden.

Ab den neunziger Jahren setzte sich die Demokratie, nachdem sie überall zur herrschenden Realität wurde, gleichzeitig als Philosophie und vor allem als Regelungssystem für das gesellschaftliche Leben durch[310]. So bekannten sich Togo und Kamerun zur demokratischen Staatsform[311] und schlossen sich dem Modell der Gewaltenteilung, der Demokratie und des Mehrparteiensystems an, wobei sie sich damit einverstanden erklärten, dass die Übertragung der Macht durch ordnungsgemäße und transparente Wahlen erfolgen sollte, und den Schutz der Menschenrechte zu einem vorrangigen Ziel machten.

Jedoch blieben Umfang und Wirksamkeit der eingegangenen Verpflichtungen ungewiss. So muss man mehr als ein Jahrzehnt danach feststellen, dass die wohlklingenden Bekenntnisse zu demokratischen Prinzipien nur auf dem Papier bestehen. In Wirklichkeit aber hat sich das autoritäre Regime nur eine demokratische Fassade gegeben.

Culture en Afrique, Ed. Démocraties Africaines, Dakar 1996, S. 45 (eigene Übersetzung).

308 Thomas Fleiner, Was sind Menschenrechte, Zürich 1996, S. 48.

309 Olinga, Alain Didier, „L'impératif démocratique dans l'ordre régional africain“, in Revue Africaine des droits de l'homme et des peuples, Bd. 8 ; Nr. 2 (1999), S. 56 (eigene Übersetzung).

310 Abdou Diouf in Documents d'actualité internationale, Nr. 17, 1. September 1992, S. 330, zitiert von Olinga, in Revue Africaine des Droits de l'Homme et des peuples, Bd. 8; Nr. 2 (1999).

311 In Togo bezieht sich die Verfassung von 1992 in Absatz 5 der Präambel und in Artikel 1 hierauf, in Kamerun Artikel 1 Absatz 2 Satz 2 und 3 des Gesetzes Nr. 96-06 vom 18. Januar 1996, zur Änderung der Verfassung von 1972.

Wir denken, dass auf diese Staaten, die nicht den konkreten Willen haben, echte demokratische Regierungssysteme aufzubauen und somit Rechtsstaaten zu werden, mehr Druck von Seiten der internationalen Gemeinschaft ausgeübt werden muss.

Man weiß durchaus, dass seit einigen Jahren „in den internationalen Beziehungen die Respektierung der Menschenrechte immer schon ein Ziel für sich [war]. Viele Industrieländer (..) erklärten die weltweite Förderung der Demokratie zum Gegenstand ihrer (Außen)-Politik“[312]. So machte der deutsche Staat im Jahre 1982 die Einhaltung der Menschenrechte und den Aufbau einer Demokratie zur Bedingung für die Zusammenarbeit und für den Erhalt der Außenhilfe. So sollten, nach dem Beschluss des Bundestages „(...) die Länder, die versuchen, demokratische Strukturen aufzubauen, (...) besonders gefördert werden (...)“[313].

Auch in den multilateralen Beziehungen wird die Einhaltung der Menschenrechte und der Aufbau eines demokratischen Regierungssystems zur Bedingung, unter der die Vereinbarungen über Zusammenarbeit abgeschlossen werden. Dieses neue Erfordernis in der internationalen Zusammenarbeit veranlasste die Europäische Union zur Änderung von Art. 5 des IV. Abkommens von Lomé von 1989. So wurde „anläßlich der mid-term-review von Lomé IV (1995) (...) das Abkommen im Lichte neuerer Entwicklungen und vor allem des Maastricht-Textes aktualisiert (...). Eines der wesentlichen Ziele der gemeinsamen Außen- und Sicherheitspolitik (Art. J.1. Maastricht), nämlich die Entwicklung und die Stärkung von Demokratie und Rechtsstaatlichkeit, sowie die Achtung der Menschenrechte und Grundfreiheiten (...), findet in der Neufassung des Art. 5 von Lomé IV/2 seinen Niederschlag“.[314]

So wurde in Artikel 9 Abs. 2 Satz 2 des neuen Kooperationsabkommens zwischen den AKP-Staaten und der EU (Abkommen von Cotonou von Juni 2000) diese Verpflichtung der AKP-Staaten erneuert und festgelegt, dass „Demokratisierung, Entwicklung und Schutz der Grundfreiheiten und Menschenrechte in engem Zusammenhang stehen und sich gegenseitig verstärken. Die demokratischen Grundsätze sind weltweit anerkannte Grundsätze, auf die sich die Organisation des Staates stützt, um die Legitimität der Staatsgewalt, die Legalität des staatlichen Handelns, die sich in seinem Verfassungs-, Rechts- und Verwal-

---

312 Hildegard Lingnau/Peter P. Waller, „Förderung von Menschenrechten und Demokratisierung im Rahmen der Entwicklungszusammenarbeit. Erste Erfahrungen unter besonderer Berücksichtigung von EU-Positivmaßnahmen in Afrika“, in Afrika Spectrum 31 (1996), S. 6.

313 Deutscher Bundestag, Drucksache 9/1344, Bonn 1982.

314 Frisch, Dieter: „Zur Zukunft des Lomé-Abkommens, erste Überlegungen zur europäischen Afrika-Politik nach dem Jahr 2000“, in Afrika Spektrum 31 (1996), S. 62.

tungssystem widerspiegelt, und das Vorhandensein von Partizipationsmechanismen zu gewährleisten“[315].

Das neue Abkommen erlegt den Staaten nicht nur die Demokratisierung und die Einhaltung der Menschenrechte als Pflicht auf, sondern sieht auch Sanktionen für die Nichteinhaltung dieser Verpflichtung vor. Gemäß Artikel 96 werden im Einklang mit dem Völkerrecht stehende „geeignete Maßnahmen“ ergriffen, die in einem angemessenen Verhältnis zu der Verletzung stehen, falls eine Vertragspartei „eine Verpflichtung in Bezug auf die Achtung der Menschenrechte, die demokratischen Grundsätze oder das Rechtsstaatsprinzip nach Artikel 9 Absatz 2 nicht erfüllt hat“[316].

Wir hoffen, dass dieser Artikel tatsächlich Anwendung findet und dass die europäischen Partner (vor allem Frankreich, dessen Afrikapolitik sehr ambivalent ist) die Menschenrechtssituation und die Einhaltung der demokratischen Prinzipien nach diesem Artikel in den Staaten Kamerun und Togo überprüfen, so dass geeignete Maßnahmen ergriffen werden, um diese beide Ländern zu verpflichten, die demokratischen Grundsätze einzuhalten und die massiven Menschenrechtsverletzungen in diesen Ländern zu beenden.

Was den Senegal angeht, so besteht dort zwar noch kein echter Rechtsstaat, doch sind von Seiten dieses Staates erhebliche Anstrengungen erkennbar, demokratische Strukturen aufzubauen und die Menschenrechte einzuhalten. Man kann insgesamt sagen, dass dieser Staat konkrete Zeichen seines Willens in Richtung eines Rechtsstaates setzt.

Dazu ist der Hinweis wichtig, dass der Senegal ein hoch verschuldetes Land ist und das erste afrikanische Land war, für das es seit 1981 ein Strukturanpassungsprogramm gab. Und so muss man trotz der Anstrengungen des Landes feststellen, dass die wirtschaftliche und finanzielle Krise, die Verschuldung des Landes und die Strukturanpassungsprogramme diese junge Demokratie schwächen. In dem Maße, in dem sich „die schlechte Wirtschaftssituation für die Masse nicht verbessert, ja sogar verschlechtert, wird der Problemdruck auf die Regierung immer stärker[317].

Die Industrieländer hätten die Möglichkeit, die Auslandsschulden völlig zu streichen, um diesem Land „die Sicherheit, die Stabilität und die Entwicklung der Gesellschaften und der Bürger (...)“[318] zu gewährleisten und einen Beitrag zur Festigung der Demokratie zu leisten.

---

315 Amtsblatt der Europäischen Gemeinschaften, L 317, 42. Jahrgang, 15. Dezember 2000.

316 Amtsblatt der Europäischen Gemeinschaften, a.a.O.

317 Etienne-Richard Mbaya, a. a. O., S. 331.

318 Ibidem, S. 330.

Dazu ist zu erwähnen, dass internationale Finanzinstitutionen wie Weltbank und IWF, mit dem Ziel, den überschuldeten Staaten zu helfen, eine Initiative für hoch verschuldete Länder in die Wege geleitet haben, um den sehr armen Staaten zu helfen, ihre Schulden zu verringern. Wir begrüßen die Aufnahme des senegalesischen Staates in diese Initiative. Er wird, wenn er die Bedingungen der guten Staatsführung, des Kampfes gegen die Korruption und der Reform seines Justizsystems erfüllt hat, Anspruch auf den völligen Erlass der Schulden im Rahmen dieser Initiative haben.

Auf regionaler Ebene kommt es seitens der afrikanischen Staaten zu einem neuen Bewusstsein. Dies zeigt sich in dem Willen der Mitgliedstaaten der OAU beim 36. Gipfel der Organisation[319], die Afrikanische Union zu schaffen, die an die Stelle der OAU treten soll[320], der es leider in ihrer fast vierzigjährigen Existenz nicht möglich war, die Menschenrechte zu schützen und die Konflikte auf dem afrikanischen Kontinent zu beenden. Sie verabschiedeten die Gründungsakte der Afrikanischen Union, die bereits am 26. Mai 2001 in Kraft trat.

In der Präambel erklärten die Mitglieder der OUA ihre Entschlossenheit, „die Menschenrechte und die Rechte der Völker zu fördern und zu schützen, die demokratischen Institutionen und Kultur zu konsolidieren, die gute Staatsführung in einem Rechtsstaat zu fördern..."[321], um den vielfältigen Herausforderungen zu begegnen, mit denen der Kontinent und die Völker konfrontiert sind.

Was den Schutz und die Förderung der Menschenrechte angeht, so müssen sie gemäß der afrikanischen Charta der Menschenrechte und Rechte der Völker erfolgen, sowie nach den anderen einschlägigen Menschenrechtsinstrumenten (Artikel 3 (h)).

Im Hinblick auf die Demokratie ist eines der Definitionskriterien eines demokratischen Systems die Übertragung der Macht durch allgemeine Wahlen; leider ist auf dem afrikanischen Kontinent die gebräuchlichste Weise der Staatsstreich, und dies ist einer der Gründe für politische Konflikte. Und so bestimmt Artikel 30 der Gründungsakte der Union, dass „die Regierungen, die auf nicht verfassungsmäßige Weise an die Macht gelangen, an den Aktivitäten der Union nicht teilhaben können"[322].

Die Aufnahme eines solchen Artikels in die Gründungsakte der Union zeigt den Willen der afrikanischen Länder, die Demokratie auf diesem Kontinent zu

---

319 Der 36. Gipfel der Organisation für Afrikanische Einheit fand vom 04. bis 12 Juli 2000 in Lomé, Togo, statt.

320 Die Organisation für Afrikanische Einheit vom 25. Mai 1963 wird im Juli 2002, beim Gipfel der OAU in Prätoria, zu Gunsten der Afrikanischen Union aufgelöst werden.

321 In Präambel der Gründungsakte der Afrikanischen Union von 12. März 2002.

322 Gründungsakte der Afrikanischen Union, a. a. O.

verteidigen und bestätigt die Position, die 1997 beim Sturz des Staatspräsidenten von Sierra-Leone eingenommen wurde, der ein Jahr zuvor das Amt übernommen hatte. Die OAU lud zum ersten Mal den gestürzten Staatspräsidenten zur Konferenz der Staats- und Regierungschefs in Harare ein und weigerte sich, die Delegation der Putschisten zu empfangen. Bei dieser Konferenz sagte der Generalsekretär der Vereinten Nationen in seiner Rede „(...) Afrika kann die Staatsstreiche gegen die gewählten Regierungen und die illegale Machtergreifung durch Soldatencliquen nicht mehr als vollendete Tatsachen hinnehmen und akzeptieren. (...) Einige werden sagen, dass Militärregime eine Quelle der Stabilität und der Vorhersehbarkeit sind und die wirtschaftliche Entwicklung begünstigen. Dies ist nur eine Illusion (...). Wir wenden uns daher einer neuen politischen Doktrin in Afrika zu: alles zu tun, was in unserer Macht steht, um die Demokratie an das Volk, dem sie von Recht wegen gebührt, zurückzugeben..."[323].

Dem bleibt aber anzufügen, dass bei allen Veränderungen, die auf dem afrikanischen Kontinent zu beobachten sind und bei allen Anstrengungen zum Aufbau der Demokratie ein erfolgreicher Schutz der Menschenrechte - angesichts der Tatsache, dass der größte Teil der Bevölkerung unserer Länder Analphabeten sind und unsere Länder nur wenig demokratische Tradition haben - nur durch die Aufklärung der Bevölkerung möglich ist.

6.4 Die Menschenrechtserziehung der Bevölkerung

Man stellt fest, dass es sehr häufig die völlige Unkenntnis oder die mangelnde Kenntnis der Menschenrechte ist, die zu deren Verletzung führen, auch werden Menschenrechte nicht nur durch den Staat verletzt. Es muss daher, will man einen wirksamen und effizienten Schutz der Menschenrechte erreichen, der Information und Menschenrechtserziehung der Bevölkerung unserer Länder eine wichtige Rolle zukommen.

Die Bedeutung und der Wert der Menschenrechtserziehung wurde sehr früh von der Generalversammlung der Vereinten Nationen erkannt, die bereits im Jahre 1948, in der Präambel der Allgemeinen Erklärung der Menschenrechte, an alle Nationen die Empfehlung richtete, „sich zu bemühen, durch Unterricht und Erziehung" Menschenrechte zu fördern und zu gewährleisten.

Wie soll nun diese Erziehung, die von unbestrittenem Wert ist, im Einzelnen aussehen und in welcher Weise ist sie umzusetzen, damit die erhofften Ziele erreicht werden können?

323 Rede des Generalsekretärs Kofi Annan am 2. Juni 1997 vor der Konferenz; zitiert von Olinga, a.a. O.

Zunächst darf eine Erziehung, die zu einem wirksamen und effizienten Menschenrechtsschutz führen soll, „keine halbierte Menschenrechtserziehung sein...“[324].

Mit Fritzsche sind auch wir der Auffassung, dass Menschenrechtserziehung nicht so aussehen kann, dass sie sich „... nur um die Institutionen des Menschenrechtsschutzes kümmert und dabei die Idee der Menschenrechte nicht vermitteln kann“[325].

Sie darf keine Menschenrechtserziehung sein, „die sich von der vielfältigen politischen und ideologischen Instrumentalisierung der Menschenrechte überwältigen lässt...;

... eine Menschenrechtserziehung, die sich [...] nur auf die Verteidigung der Rechte der anderen, nur auf die Opfer von Menschenrechtsverletzungen konzentriert...“[326]

Diese Menschenrechtserziehung muss auf das Ziel ausgerichtet sein, in unseren Gesellschaften die Stufe der mangelnden Kenntnis der Menschenrechte zu überwinden, zu ihrer Kenntnis und somit zum Bekenntnis zu ihnen hinzuführen; man muss den Einzelnen in eine Situation der Nicht-Verletzung dieser Rechte versetzen, indem man ihn aufklärt und ihm die Werte von Gerechtigkeit und Freiheit vermittelt und ihm Gleichheitsbewusstsein, Verantwortungsbewusstsein und Toleranzbewusstsein nahe bringt.

Die Menschenrechtserziehung muss zunächst in der Familie beginnen. Schon die Eltern müssen ihre Kinder im Geist der Grundwerte einer demokratischen Gesellschaft und der Menschenrechte erziehen.

Diese Aufgabe kommt nach unserer Auffassung in den afrikanischen Gesellschaften der Frau zu, da sie die Aufgabe der Kindererziehung wahrnimmt. Demzufolge kommt die Vermittlung der dauerhaften Werte wie Freiheiten und Menschenrechte an die jungen Menschen ihr zu. Diese informelle Erziehung ist sehr wichtig, da in unseren Ländern nicht alle Kinder eine Schule besuchen. Dabei wurde die entscheidende Rolle der Frauen in der Menschenrechtserziehung bereits im Jahre 1993 durch die Verfasser des internationalen Menschenrechtserziehungsplanes erkannt, die sich nachdrücklich dafür aussprachen, die Frauen einzubeziehen.[327] Im übrigen ist zu unterstreichen, dass im Bereich der Men-

---

324 K. Peter Fritzsche, Menschenrechtserziehung – eine Prävention gegen Rechtsextremismus, in Fritzsche, K. Peter und Georg Lohmann (Hrsg.), Menschenrechte zwischen Anspruch und Wirklichkeit, Ergon Verlag 2000, S. 81.“

325 Ders.

326 Ders.

327 Plan mondial d'éducation aux droits de l'homme et à la démocratie, verabschiedet in Montreal (Kanada) am 11. März 1993, S. 9.

schenrechte „die Erziehung in den Schulen erforderlich ist, aber keine volle Wirkung haben kann, wenn ihr nicht außerschulisch der Weg bereitet wird...“[328].

In jedem Fall aber muss die Erziehung zu den Grundrechten in den Schulen fortgesetzt werden, da „die Schulen Gemeinschaften sind, die im Respekt vor der Würde des Menschen mit gutem Beispiel vorangehen müssen“[329]. In dieser Hinsicht müssen die Staaten bestrebt sein, auf allen Ebenen Unterrichtsprogramme und Fächer zu den Menschenrechten, zu Demokratie und Toleranz aufzunehmen. Werden die Kinder von Beginn an in diesem Geist erzogen, verstehen die Schüler später Begriffe wie Freiheit, Gerechtigkeit, Gleichheit, Würde, Frieden und Demokratie. Diese Erziehung darf nicht dogmatisch, sondern muss praxisnah sein, auf der Grundlage erlebter Erfahrungen.

Im schulischen Bereich leistet bereits jetzt die UNESCO[330] den afrikanischen Staaten beträchtliche Hilfe zur besseren Einhaltung der Menschenrechte, indem sie ihnen hilft, die Förderung der Einhaltung der Menschenrechte in ihre staatlichen Unterrichtsprogramme aufzunehmen. Sie gibt den Staaten gegenüber Empfehlungen zur Ausrichtung einer Menschenrechtserziehung ab; außerdem arbeitet sie an der Erprobung von Unterrichtsprogrammen, erarbeitet neue Methoden und sieht die verwendeten pädagogischen Materialien durch.

Damit die beträchtliche Arbeit der UNESCO für die Erziehung zu einer echten Menschenrechtskultur Früchte trägt, muss es unseren Staaten allerdings gelingen, den Zugang aller zum Unterrichtswesen zu ermöglichen; der kostenlose Unterricht und die Grundschulpflicht müssen eingehalten werden.

Da die Menschenrechtserziehung das einzige wirksame Mittel ist, um Menschenrechtsverletzungen zu verhindern und die Anzahl der Verstöße zu reduzieren, muss sie auf die Kategorie der Bürger ausgedehnt werden, die mit der Aufrechterhaltung der öffentlichen Ordnung betraut ist, wie Polizisten und Gendarmen. Bei diesen muss ein Bewusstsein für Menschenrechte und Menschenwürde geweckt und geschärft werden, und es müssen die Mittel für die Einhaltung bereitgestellt werden.

Schließlich müssen die Führer der politischen Parteien auf die Erziehung ihrer aktiven Mitglieder zur Einhaltung der Menschenrechte und einer demokrati-

---

328 Olivier Veyrat, „Evolution de la société et l'éducation à travers les droits de l'homme“, Dissertation, Genf 1993, S. 66 (eigene Übersetzung).

329 Jean Baptiste Konde Mbom, „Nouvelle problématique de l'éducation au respect de la dignité humaine en droit international des droits de l'homme“ in : Revue de la Commission Africaine des droits de l'Homme et des peuples, Bd. 9, Nr. 1, 2000, S. 34 (eigene Übersetzung).

330 UNESCO - United Nations Educational, Scientific and Cultural Organization - Unterorganisation der Vereinten Nationen für Erziehung, Wissenschaft und Kultur.

schen Kultur achten. Sie müssen lernen, ihren politischen Ideen und ihren politischen Programmen ohne Einsatz von Gewalt zum Durchbruch zu verhelfen.

Und nicht zuletzt ist es wichtig, dass die Menschenrechtserziehung Hand in Hand gehen muss mit Anstrengungen unserer Regierungen zur Hebung des Lebensstandards der Bevölkerung, denn „je mehr Energie der Mensch darauf verwenden [muss], das schiere Überleben zu sichern, desto weniger [ist] er imstande, ihm zustehende bürgerliche und politische Freiheitsrechte zu nutzen“[331].

6.5 Hinarbeiten auf eine bessere Einhaltung der wirtschaftlichen, sozialen und kulturellen Menschenrechte

Diese Rechte der zweiten Generation sind die Rechte auf Nahrung, Gesundheit, Wohnung, Bildung und Arbeit. Sie sind ebenso wichtig wie die bürgerlichen und politischen Rechte und erfordern einen wirksamen Schutz, der von den Staatsführungen häufig vernachlässigt wird. Aus diesem Grund wurde im neuen AKP-EU-Abkommen von Cotonou vom 23. Juni 2000 wiederum die Unteilbarkeit, die Universalität und die Interdependenz der Menschenrechte betont. Aus diesem Grund wiederholen die Länder der EU an die AKP-Länder die Aufforderung, sie müssten sich dafür einsetzen, „... sämtliche Grundfreiheiten und Menschenrechte zu fördern und zu schützen, und zwar sowohl die wirtschaftlichen, sozialen und kulturellen als auch die bürgerlichen und politischen Rechte“[332]. Dies ist von ganz wesentlicher Bedeutung, denn wie Norman Weiß sagt, fangen „Menschenrechte ... eben nicht erst auf der Polizeiwache an, sondern bereits nach dem Frühstück“[333].

Der Schutz dieser Rechte muss eines ihrer ständigen Anliegen sein.

Artikel 2 des internationalen Paktes über wirtschaftliche, soziale und kulturelle Rechte verpflichtet jeden Vertragsstaat „unter Ausschöpfung aller seiner Möglichkeiten Maßnahmen zu treffen, um nach und nach mit allen geeigneten

331 Mohr, 1995, S. 1955 ff., zitiert von Norman Weiß, Wirtschaftliche, soziale und kulturelle Menschenrechte – vergessene Menschenrechte?, in Fritzsche, K. Peter und Georg Lohmann (Hrsg.), Menschenrechte zwischen Anspruch und Wirklichkeit, Ergon Verlag 2000, S. 43.

332 Artikel 9 (2) des Abkommens von Cotonou (Partnerschaftsabkommen zwischen den Mitgliedern der Gruppe der Staaten in Afrika, im Karibischen und im Pazifischen Raum einerseits und der Europäischen Union und ihren Mitgliedstaaten andererseits, unterzeichnet in Cotonou am 23. Juni 2000), ABl. EU, L 317, 42. Jg., 15. Dez. 2000.

333 Norman Weiß, a. a. O., S. 43.

Mitteln, vor allem durch gesetzgeberische Maßnahmen, die volle Verwirklichung der in diesem Pakt anerkannten Rechte zu erreichen".

Angesichts der Tatsache, dass die Menschenrechte universell, unteilbar und interdependent sind, kann die Verletzung einer Kategorie von Menschenrechten in Kettenreaktion eine Verletzung der anderen Menschenrechte nach sich ziehen. Für einen besseren Schutz dieser Rechte müssten in diesen Ländern zunächst einmal die staatlichen Reichtümer und Ressourcen gleich und gerecht unter den Bürgern aufgeteilt werden, damit jeder Einzelne seine sozialen und kulturellen Rechte wahrnehmen kann, denn die ungleiche Verteilung der staatlichen Ressourcen führt zu einer Diskriminierung unter den Bürgern und dazu, dass der größte Teil der Bevölkerung im Elend versinkt.

Dann müssen die in der Art von Fürsten herrschenden Regierungschefs im Interesse ihrer Bevölkerung regieren und der Versuchung widerstehen, nur auf ihre persönliche Bereicherung bedacht zu sein. Denn es ist untragbar, dass der größte Teil der Bevölkerung im Elend lebt und nicht in der Lage ist, die elementarsten Bedürfnisse zu befriedigen und gleichzeitig bestimmte Bürger aufgrund ihrer Zugehörigkeit zur Regierungspartei ohne Angst vor Bestrafung öffentliche Gelder an sich reißen können.

Weiter muss ein energischer Kampf gegen die Korruption geführt werden, die in den öffentlichen Ämtern aller unserer Staaten verbreitet ist und verhindert, dass Bürger in den Genuss ihrer wirtschaftlichen, sozialen und kulturellen Rechte kommen.

Um dieses Ziel zu erreichen, müssen Reformen durchgeführt werden, zur „Begrenzung der Funktionen des Staates auf die Regelung der produktiven Tätigkeiten und die Verwaltung der typisch öffentlichen Güter, sowie zur Privatisierung und Liberalisierung der öffentlichen Aktivitäten und des Innen- und Außenhandels"[334].

Unsere drei Staaten müssen die Einhaltung des Grundsatzes der guten Staatsführung im Auge haben, indem sie transparent und verantwortlich handeln und die Beteiligung der Bevölkerung in öffentlichen Angelegenheiten unterstützen.

Die Regierungen im Senegal, in Togo und in Kamerun müssen das Problem der Jugendarbeitslosigkeit in Angriff nehmen und Chancengleichheit beim Zugang zum Arbeitsmarkt für alle Bürger garantieren. Denn sonst kommt es dazu, dass die Mehrheit der jungen Menschen mit einer abgeschlossenen Berufsausbildung, die ihre Kenntnisse und ihre Anstrengungen in den Dienst der Entwick-

334 Matthias Meyer, „Corruption et coopération au développement : que faire pour réduire l'incidence ?" , in : M. Borghi, P. Meyer-Bisch (Hrsg.), La corruption l'envers des droits de l'homme, Fribourg Suisse, 1995, S. 144.

lung ihres Landes stellen sollten, zu „Emigrationskandidaten" werden.[335] Tatsächlich wollen alle das Land verlassen, um in den Vereinigten Staaten, in Europa oder in anderen afrikanischen Ländern ihr Glück zu versuchen.

Um dieses Problem zu bekämpfen, müssen unsere Länder ihre makroökonomische Politik neu ausrichten, indem sie auf ein anhaltendes Wirtschaftswachstum hinarbeiten, eine Entwicklung im privaten Sektor, eine Steigerung auf dem Arbeitsmarkt, einen besseren Zugang zu den Produktionsmitteln und die gerechte Verteilung des Ergebnisses dieses Wachstums.

Die Regierenden unserer Länder müssen sich der wirtschaftlichen Situation des Staates anpassen und andere Prioritäten setzen.

In Togo beispielsweise hätte die Regierung Eyadema, anstatt in einer völlig angespannten Haushaltslage den OAU-Gipfel zu organisieren, einen Teil der Rückstände an die staatlichen Bediensteten bezahlen können, die seit Monaten keine Gehälter bekommen haben.

Schließlich müssten diese Länder, für einen besseren Schutzes der wirtschaftlichen und sozialen Rechte, ihre Binnenmärkte öffnen und die regionale Integration fördern, wie in den verschiedenen Vereinbarungen oder Wirtschaftskooperationsverträgen vereinbart, die auf regionaler Ebene bestehen; dazu gehören als wichtigste: der *ECOWAS*-Vertrag *(Economic Community of West African States)*[336], wo es in Artikel 3 Abs. 1 heißt: „the aims of the Community are to promote co-operation and integration, leading to the establishment of an economic union in West Africa in order to raise the living standards of its peoples, and to maintain and enhance economic stability, foster relations among Member States and contribute to the progress and development of the African Continent"; und der Gründungsvertrag der UEMOA (*Union Economique et Monétaire Ouest Africaine*- Westafrikanische Wirtschafts- und Währungsunion)[337], deren in Artikel 4 definierten Ziele sind:

„a) Verstärkung der Wettbewerbsfähigkeit der wirtschaftlichen und finanziellen Aktivitäten der Mitgliedstaaten im Rahmen eines offenen und auf Wettbe-

335 Der französische Ausdruck „candidats d'émigration" wird verwendet von Sidiki Kaba, in: Droits de l'homme au Sénégal, a.a.O., S. 348.

336 Die ECOWAS wurde im Jahre 1975 gegründet und ist eine regionale Gemeinschaft, bestehend aus fünfzehn Ländern.

337 Die UEMOA wurde gegründet mit dem Vertrag vom 10. Januar 1994, der an die Stelle des UMOA-Vertrages (*Union Monétaire Ouest-Africaine* – Westafrikanische Währungsunion) trat, die 1962 gegründet worden war. Sie umfasst 8 Länder Westafrikas: Burkina Faso, Côte d' Ivoire, Mali, Niger, Sénégal, Togo und Guinnae-Bissau.

werb beruhenden Marktes und einer rationalisierten und harmonisierten Rechtsumgebung;

b) Sicherung der Konvergenz der Leistungen und der Wirtschaftspolitik der Mitgliedstaaten durch Einführung eines multilateralen Überwachungsverfahrens;

c) Schaffung eines gemeinsamen Marktes zwischen den Mitgliedstaaten, basierend auf der Freizügigkeit von Personen, Gütern, Dienstleistungen und Kapital und Niederlassungsrecht der Personen, die eine selbständige oder nichtselbständige Tätigkeit ausüben, sowie auf einem gemeinsamen Außentarif und einer gemeinsamen Handelspolitik;

d) Koordinierung der nationalen sektorenbezogenen Politik, durch gemeinsame Aktionen und gegebenenfalls gemeinsame Politik, insbesondere in folgenden Bereichen: Menschliche Ressourcen, Raumordnung, Verkehrswesen und Telekommunikation, Umwelt, Landwirtschaft, Energie, Industrie und Bergbau;

e) Harmonisierung der Gesetzgebung der Mitgliedstaaten und insbesondere des Steuersystems in dem für die Funktionstüchtigkeit des gemeinsamen Marktes erforderlichen Maß."[338]

Angesichts der Tatsache, dass der institutionelle Rahmen bereits besteht, ist unseren Ländern nur die Empfehlung nahe zu legen, einen ausreichenden politischen Willen aufzubringen, um das Funktionieren der Westafrikanischen Wirtschafts- und Währungsunion zu ermöglichen. Eine solche wirtschaftliche Integration würde nicht nur in unseren Ländern dazu beitragen, die weitere Verschlechterung des Lebensstandards ihrer Bevölkerung zu verhindern, sondern es ihnen auch ermöglichen, den Herausforderungen der Globalisierung wirksam zu begegnen.

338 Art. 4 des UEMOA- Vertrag von 10. Januar 1994.

Schlussfolgerung, Ausblick

Die Untersuchung der Menschenrechtssituation in Togo, Senegal und Kamerun in dieser Studie hat gezeigt, dass zwar zunächst einmal alle diese Länder die wichtigen internationalen Instrumente zum Schutz der Menschenrechte ratifiziert haben bzw. ihnen beigetreten sind; auch auf regionaler Ebene sind sie Mitgliedstaaten der Afrikanischen Charta der Menschenrechte und Rechte der Völker von 1981; und schließlich haben sie diese verschiedenen Übereinkommen und Verträge in ihre jeweiligen Verfassungen aufgenommen. Dennoch klaffen nach wie vor Realität und Rechtsvorschriften weit auseinander. Dies erklärt sich häufig aus einer systematischen Weigerung und dem fehlenden Willen, die Gesetze und Übereinkommen zu den Menschenrechten auch tatsächlich anzuwenden, eine Feststellung, die nicht nur für die hier untersuchten Länder, sondern für die meisten Länder Afrikas gilt.

Nehmen wir das Beispiel Togo, so gibt „leider der amtierende Präsident wenig Anlaß zur Hoffnung", den Menschenrechten und dem Schutz der Menschenrechte zur Verwirklichung verhelfen, „da er sämtliche Versuche, demokratische Strukturen zu erreichen, systematisch seit seiner Machtergreifung verhindert hat"[339].

Man stellt in diesem Zusammenhang fest, dass die internationalen Übereinkommen nur als Papier betrachtet werden, das nur angewandt wird, soweit es der Regierung dient. Die Staatsspitze dieses Landes denkt nur daran, Reichtümer anzuhäufen, auf Kosten der zum überwiegenden Teil in erschreckender Armut lebenden Bevölkerung. Den gegenüber der internationalen Gemeinschaft und gegenüber den eigenen Bürgern bestehenden Verpflichtungen schenkt sie keine Beachtung.

Die Situation in Kamerun unterscheidet sich nicht wesentlich von der Situation in Togo.

Im Senegal wird, trotz der Anstrengungen, die im Bereich des Menschenrechtsschutzes unternommen werden, die Verwirklichung der Menschenrechte gebremst durch die Armut, das Elend und die mangelnde Informaton. Und so untergraben diese Mißstände „die Glaubhaftigkeit von Staat und Ordnung..."[340].

---

339 Vgl.: Kafui Afanou, „Evolution der Menschenrechte in Togo", Magisterarbeit, Heidelberg, 1996, S. 37.

340 Fleiner, Thomas, a.a.O., S. 159.

Überdies bestehen noch verschiedene veraltete Gesetze, die nicht im Einklang mit bestimmten Menschenrechtsprinzipien stehen, wie sie in den internationalen Menschenrechtsinstrumenten garantiert sind.

Daneben entstanden auf regionaler Ebene seit einigen Jahren neue Initiativen durch die Afrikaner selbst, um die Probleme zu lösen, mit denen der Kontinent konfrontiert ist. Eine dieser Initiativen ist die NEPAD (Neue Partnerschaft für Afrikas Entwicklung)[341], eine durch die afrikanischen Regierungen gegenüber ihren Bevölkerungen übernommene Verpflichtung, die Demokratie und eine gesunde Wirtschaftsführung zu konsolidieren und den Frieden, die Sicherheit und Entwicklung im Dienste des einzelnen zu fördern. Die afrikanischen Regierungschefs, die persönlich der Gründung und Umsetzung dieser Initiative vorstanden, bestanden auf der Bedeutung der guten Staatsführung und der Menschenrechte als grundlegenden Bedingungen für den Aufbau Afrikas.

Am 8. Juli 2002 haben außerdem die afrikanischen Regierungschefs in Durban (Südafrika) die Afrikanische Union ins Leben gerufen, die an die Stelle der OUA trat.

Dieses Engagement der afrikanischen Regierungschefs ist sehr zu begrüßen. Doch bleibt zu hoffen, dass sie sich vor der Vorstellung hüten, die Union werde nach ihrer Gründung ohne weitere Anstrengungen von ihrer Seite zur Realität werden. Denn die Umsetzung dieses Vorhabens erfordert, wie Kofi Annan, der Generalsekretär der Vereinten Nationen sagte, „viel Kraft und einen eisernen politischen Willen“.[342]

Doch bei dieser Aufgabe benötigt Afrika die Hilfe der Industrieländer und insbesondere der G8-Länder, die den in Afrika zur Förderung und zum Schutz der Menschenrechte unternommenen Anstrengungen erhöhte Aufmerksamkeit schenken müssen.

Sie müssen die Anstrengungen unterstützen, die von einigen afrikanischen Staaten (wie Senegal, Südafrika, Mali usw.) unternommen werden, ihre Verpflichtungen im Bereich der Menschenrechte einzuhalten. Die Industrieländer sollten auch die afrikanischen Länder in den Anstrengungen unterstützen, die sie unternehmen, um die Gleichberechtigung der Geschlechter und die Stärkung der Autonomie der Frau zu fördern.

Abschließend ist die Feststellung wichtig, dass nur durch Bildung eine Annäherung an die wichtigen Ziele, wie die Gleichberechtigung für Mädchen und Frauen, möglich ist. Auch hier sind die Industriestaaten gefordert, Hilfestellung

341 *NEPAD (New Partnership for Africa's Development).*
342 Ansprache beim Gründungsgipfel der Afrikanischen Union; http://www.un.org/News/fr-press/docs/2002/SGSM8298.doc.htm, S. 2.

zu leisten. Damit die Initiative „Bildung für alle“ in die Wirklichkeit umgesetzt werden kann.

Literaturverzeichnis

A. Monographien und Aufsätze

Afanou, Kafui Ayaba, Evolution der Menschenrechte in Togo, Magisterarbeit, Universität Heidelberg 1996

Agbodjan, Têtèvi Dodzi, Violations graves et répétées des droits de l'homme, troubles et tensions internes, un processus de désintégration étatique?, Mémoire , Institut des Droits de l'Homme de Lyon, Juin 1996

Ameganvi, Manavi Isabelle, Infractions à caractère ou d'inspiration politique et amnestie au Togo, Mémoire, Université du Bénin, année 1989-1990

Ankumah, Evelyn A., La Commission Africaine des Droits de l'Homme et des Peuples: pratique et procédures, Société Africaine de Droit International et comparé, London 1997

Attisso, Fulbert Sassou, La problématique de l'alternance politique au Togo, éd. Harmattan, 2001

Ayompe, Clara Enow, Empowerment of women through ownership of land and Access to justice at the Hurcled Center, University of Buea, August 1998

Baumann, Herbert/ M. **Ebert**(Hrsg), Die Verfassungen der frankophonen und lusophonen Staaten des subsaharischen Afrikas, Berlin 1997

Becet, Jean- Pierre, Les droits de l'homme: Dimensions nationales et internationales, Economica, Paris 1982

Benedek, Wolfgang/ W. **Heinz**(Hrsg), Les systèmes régionaux de protection des droits de l'homme en Afrique, Amérique et en Europe, (Fondation Friedrich-Naumann), Strasbourg 1992

Borghi, M.; P. **Meyer- Bisch**(Hrsg.), La corruption l'envers des droits de l'homme, Editions Universitaires Fribourg Suisse 1995

Brunkhorst, Hauke; Wolfgang R. **Köhler** und Mathias **Lutz-Bachmann** (Hrsg.), Recht auf Menschenrechte, 1. Aufl. Suhrkamp, 1999

Carver, R. and P. **Hunt**, National Human Rights Institutions in Africa, Ed. African Centre for Democracy and Human Rights Studies; occasional paper No. 1, Sepember 1991

Degni- Segui, René, Les Droits de l'Homme en Afrique Noire Francophone (Théories et Réalités), Abidjan 1998

Ders., L'accès à la justice et ses obstacles, VRÜ 1995

Degni-Segui et L. **Jungmann**, Rapports sur la situation des droits de l'homme en Afrique de l'Ouest, Ed. Fondation Hanns Seidel, 1995
Djila Rose, La contribution à l'étude de la protection de la liberté individuelle au Cameroun depuis 1990, Juris Périodique Nr. 26 , 1996
Dupuy, Pierre-Marie, Droit international public, 2è édition, Dalloz 1993
Duverger, Maurice, Les institutions politiques et droit constitutionnel, P.U.F., Thémis (2 Bd), 1990
Eckhard, Karin, Togo: Stecken gebliebene Demokratisierung à l'africaine, in KOMMUNE, 19. Jahrgang Nr. 4/01 April 2001
Eyike, Vieux, Le juge pénal camerounais et la protection des droits de l'homme, Séminaire national de jeunes magistrats du 25-29 mai 1998, Yaoundé 1998
Fleiner, Thomas, Was sind Menschenrechte, Pendo-Verlag, Zürich 1996
Fogui, Jean- Pierre, L' intégration politique au Caméroun: Une analyse centre-périphérie, L.G.D.J., Paris 1990
Fritzsche, K. Peter und Goerg **Lohmann** (Hrsg.), Menschenrechte zwischen Anspruch und Wirklichkeit, Ergon Verlag, 2000
Gaham, Hamid, Les institutions nationales, REF, N°. AFR. NI. Hr Conf/YDE/ 96/ PPR. 2
Gaillard, Phillipe, Le Caméroun, Tome II, Ed. l'Harmattan, Paris 1989
Glèlé, M.A., La constitution ou loi fondamentale, Encyclopédie Juridique de l'Afrique, (E.J.A.) Tome 1
Gonidec, P.F.; **Breton** J.-M, La république unie du Caméroun, 2ème Editions Berger-Levrault, Paris 1976
Heidelmeyer, Wolfgang, Die Menschenrechte: Erklärungen, Verfassungsartikel, Internationale Abkommen, 4. erneuerte und erweiterte Aufl. Paderborn; München; Wien: Schöningh 1997
Heinz, Wolfgang S., Menschenrechte in der Dritten Welt, München, 1986
John Anja und **Messeletch** Worku, Malawi, Namibia und Sambia: Menschenrechte, Rechtsstaatselemente und Minderheiten-/ Gruppenschutz in den geltenden Verfassungen, Bochum 1999
Kaba, Sidiki, Les Droits de l'homme au Sénégal, Collection XAAM SAA YOON, 1997
Ders., L'avenir des droits de l'Homme en Afrique à l'aube du XXI è Siècle, Ed. Panafricain Systèmes productions/ Le Nouvel Horizon, 1996
Konde Mbom, Jean- Baptiste, Nouvelle problématique de l'éducation au respect de la dignité humaine en droit international des droits de l'homme, Revue de la Commission Africaine des Droits de l'Homme et des Peuples, tome 9, Nr. 1, 2000

Ders., Le contrôle international de l'application de la Charte africaine des droits de l'homme et des peuples, thèse de Doctorat, Université Pierre Mendes France Grenoble 2, Juillet 1996

Krisch , Nico, the Establishment of an African Court on Human and Peoples' Right, ZaöRV, Band 58. Nr.3, S.713- 732

Kuoh, Christian- Tobie, Mon témoignage: Le Caméroun de l'indépendance (1958- 1970), éd. KARTHALA, Paris 1990

Lebreton, Gilles, Libertés publiques et droits de l'Homme, 5ème éd. Dalloz, Paris, 2001

Leclerc Henri, Commentaire de l'article 19 de la Déclaration Universelle des droits de l'homme, Journal le Monde, cahier spécial, Décembre1998

Mane, Ibrahim (Hrsg.), Etat, Démocratie, Sociétés et Culture en Afrique, Editions Démocraties Africaines, Dakar 1996

Massengo-Tiassé, Maurice, Comment peut-on vivre libre en Afrique? Edition Michel de Maule, 1988

Massina, Palouki, Droits de l'Homme, libertés publiques et sous- développement au Togo, Nouvelles Editions Africaines du Togo,1997

Mbarga, Emile, Constitutions et documents politiques du Cameroun, Presbook Cameroun, 1976

Mbaye, Keba, Les droits de l'homme en Afrique, Pedone, Paris 1992

Mboj, M. El Hadj (Hrsg.), Manuel pratique des droits de l'Homme au Sénégal, Edition I.D.H.P., 1996

Mevoungou Nsana, Roger, La constitution du 18 Janvier 1996 et le droit Pénal au Cameroun, Revue de la Commission Africaine des Droits de l'Homme et des Peuples, Tome 7, Nr. 2 (1998)

Mouiche Ibrahim, Ethnicité et pouvoir au Nord – Cameroun, in VRÜ, 30 (1997)

Mveng, Engelbert, Histoire du Cameroun, CEPER, 1985

Ndi Mbarga, Valentin, Ruptures et continuités au Cameroun, éd. Harmattan, 1993

Nguema, I., Violence, Droits de l'homme et développement en Afrique, in Revue Nord- Sud XXI; Nr. 8, 1996

Niang, Kaly, L'impact de l'intervention des organismes de défenses des droits de l'homme au Sénégal, Mémoire, Université Cheick Anta Diop, Dakar, Année 1997-98

Norris, Carolyn, Promesse en l'Air: la liberté d'expression au Cameroun depuis 1995, in document du NGO „ Article 19 Centre Against Censorship", October 1999; http://www.article19.org/docimages/458.htm

Ntumba Luaba Lumu, Renouveau constitutionnaliste, Etat de Droit et Communauté de droit en Afrique in Revue de la Commission Africaine des Droits de l'Homme et des Peuples, tome 7, Nr. 2 (1998)

Olinga, Alain Didier, L'impératif démocratique dans l'ordre régional africain, Revue de la Commission Africaine des Droits de l'Homme et des Peuples, tome 8, Nr. 2 (1999)

Österdahl, Inge, The juridiction Ratione Materiae of the African court of Human and peoples' rights: a comparative critique, in Revue de la Commission Africaine des Droits de l'homme et des Peuples, tome 7, Nr. 2 (1998)

Ouguergouz, Fatsah, La Charte Africaine des Droits de l'Homme et des Peuples, P.U.F., 1993

Owona, J., Les Droits de l'Homme, in Encyclopédie Juridique de l'Afrique, N.E.A. 1982

Schaber, Thomas, Internationale Verrechtlichung der Menschenrechte: Eine reflexive institutionentheorische Analyse des Menschenrechtsregimes der Vereinten Nationen, Nomos Verlag, Baden- Baden 1996

Schneppen Heinz, Afrikas künstliche Grenzen: koloniale Erblast oder Gebot der Vernunft?, in VRÜ 31, 1998

Scholler, Heinrich, Grundkonflikte der Realisierung der Menschenrechte in der afrikanischen Verfassunswirklichkeit, in Staat, Verwaltung und Recht in Afrika, 1960 bis 1985, Schriftenreihe der Hochschule Speyer, Bd. 99, (Hrsg.) Hans S. Illy und B. Otto Bryde, Berlin 1987

Shaidi, P.L., Systèmes pénaux en Afrique et conditions en prisons, Bericht des regionalen Bildungsseminars über die Führung von Gefängnissen, Kampala, 7- 11 November 1994

Tepi, Samuel, Les mutilations sexuelles des mineures au Cameroun : de la politique criminelle à la prévention sociale , in Revue de la Commission Africaine des Droits de l'Homme et des Peuples, tome 8, Nr. 2 (1999)

Teuber, Günter Max, Managementprobleme afrikanischer „ Non Government Organisations", PETER LANG, 1994

Tine, Alioune, La cour pénale internationale: l'Afrique face au défi de l'impunité, Dakar-Yoff, juin 2000

Tonndorf, Uwe, Menschenrechte in Afrika: Konzeption, Verletzungen und Rechtsschutz im Rahmen der OAU, Arnold-Bergstraesser-Institut Freiburg, 1997

Udombana, N.J., Towards the African Court of Human and peoples' rights: Better late than never, in Revue de la Commission Africaine des Droits de l'Homme et des Peuples, Tome 8, Nr. 2 (1999)

Verdross, Alfred - Bruno **Simma**, Universelles Völkerrecht, Theorie und Praxis, 3. Völlig neu bearb. Aufl- Berlin, 1984

Wolfrum, Rüdiger (Hrsg), Handbuch Vereinte Nationen, 2.neu bearb. Auf., München, 1991

B. Broschüren, Dokumente und Zeitschriften

Accord de Partenariat ACP-CE, Cotonou le 23 juin 2000, Courrier ACP-UE, édition spéciale Bruxelles, Septembre 2000

Actes du premier colloque des instances africaines de régulation de la Communication, Cotonou, 1996

Afrique Contemporaine: „ La justice en Afrique", Nr. 156 Spécial, 4è trimestre 1990

Amnesty International:

- Rapports annuels (Version francaise) des années 1992; 1994; 1995; 1996; 1997
- Jahresbericht von 1998; 1999; 2000; 2001; 2002

Amnesty International: „ Organization of African Unity: Making Human Rights a Reality for Africans", AI Index: IOR 63/01/98 , August 1998

Amnesty International: „ Togo: état de terreur"; AFR 57/ 01/99F du 5 mai 1999

Amnesty International: „ Sénégal: la terreur en Casamance", AFR 49/ 01/ 98/F

Convention de Lomé IV, Courrier ACP-C.E.E., Nr. 120, Mars/ Avril 1990

Document du NGO ACAFEJ: Guide pratique des droits de la femme camerounaise, Yaoundé 1996

Document du NGO Conscience Africaine : Rapport d'observation de la Radio nationale, Yaoundé 1997

Document du NGO XIX international Centre Against Censorship : Cameroon , a transition in crisis, october 1997

Document du International Centre for Human rights and democratic development : Compaign against Impunity : portrait and plan of action , in Essays on Human Rights and Democratic Development, Montréal, 1997

Document du gouvernement camerounais: "Memorandum sur les droits de l'homme au Cameroun" http://www.spm.gov.cm/grands_dossiers/droits/d_homme.htm

Document du NGO Human Rights Watch: Communication présentée au Comité contre la torture, le 18 avril 2001 par Reed Brody (Advocacy Director); http://www.hrw.org/french/themes/habre-cat.html

Document du NGO HURCLED : Proposal for Funding, November 1998-December 1999

Documents du NGO Groupe de Défense des Droits de l'Homme : Le guide de base des citoyens Camerounais et des résidents N° 1 et Nr. 2

Document de la Fondation Suédoise pour les droits de l'homme: La situation actuelle des organisations des droits de l'homme en Afrique Sub-saharienne , 1995

Document des Nations Unies : Rapport de la Commission d'enquête internationale pour le Togo , E/ CN.4/ 2001/ 134
Document des Nations Unies : Rapport sur la visite du rapporteur spécial au Cameroun, E/ CN, 4/ 2000/ 9 Add. 2
Document du NGO Observatoire International des Prisons; Délégation régionale pour l'Afrique: Les conditions de détentions des personnes incarcérées en Afrique, Kampala, Ouganda, 1996
Document du NGO RADDHO:
- Rapport sur la prison au Sénégal, Dakar, Avril 1995
- Observateur des droits de l'homme(bulletin d'information de la Raddho), Nr. 00 Spécial Mai 2001

Echos de la CNDH, Nr. Spécial de février 1992
FIDH:
- Rapport annuel 1999
- Cameroun: Peur au ventre et chape de plomb, hors série Nr. 309, juillet 2001
- Togo: des pratiques totalitaires, rapport hors série Nr. 269, janvier 1999

Guide sur le droit international relatif aux réfugiés, Nr. 2, Genève 2001
Jeune Afrique, numéro double 2014 / 2015 du 17 août 1999
La Nouvelle Marche(quotidien togolais) du 28 octobre 1977
L'Aurore (hebdomadaire togolais d'information) du 15 au 21 juillet 1998, n° 026
Le Combat du peuple (hebdomadaire togolais d'information et d'analyse), du 06 au 10 décembre 1999, Nr. 232 ; du 13 au 17 décembre 1999, Nr. 233
Le Regard (hebdomadaire togolais d'information) du 09 au 15 novembre 1999, Nr. 157; du 07 au 13 mars, Nr. 171
Le Reporter des temps nouveaux (journal togolais), Nr. 65 du 29 10. 1999; Nr. 74 du 19 mai 2000
L' événement (hebdomadaire togolais) du 10 Mai 2000, n° 040
Livre blanc du Centre de recherche, d'information et de formation pour la femme (CRIFF/ GF2D) : « Femmes togolaises Aujourd'hui et demain, Lomé 1995
Mémorandum de la Presse priviée au gouvernement sur les problèmes de la presse camerounaise du 21 février 1998, inédit
NYAWO (organe togolais d'information et de formation du parti des travailleurs), Nr. 64 Mai 2000
Politique Africaine: figures de la réussite et imaginaires politiques, Nr. 82, éd. Karthala, Juin 2001
Rapports annuels du Comité Sénégalais des Droits de l'Homme, années 1997-1998

Rapport de l'Union Interafricaine des Droits de l'Homme: Les droits de l'homme en Afrique historiques réalités et perspectives, année 1995-1996
Revue Nord- Sud XXI, Nr. 8, 1996
WALF(journal sénégalais), Nr. 2040 du 31 décembre 1998 au 1er janvier 1999
WIDA (bulletin d'information de l'Unifem, bureau régional pour l'Afrique Francophone et le Maghreb), Nr.13; Nr. 14; Nr. 15
Wildaf west Africa, news letter n° 3 août 1998
Yoon Wi (Bulletin du Centre d'informations juridiques du Radi), N° spécial, 1997

Anhang

Protocol to the African Charter on Human and Peoples' Rights on the Establishment of an African Court on Human and Peoples' Rights

The Member States of the Organization of African Unity hereinafter referred to as the OAU, States Parties to the African Charter on Human and Peoples' Rights:

Considering that the Charter of the Organization of African Unity recognizes that freedom, equality, justice, peace and dignity are essential objectives for the achievement of the legitimate aspirations of the African peoples;

Noting that the African Charter on Human and Peoples' Rights reaffirms adherence to the principles of human and peoples' rights, freedoms and duties contained in the declarations, conventions and other instruments adopted by the Organization of African Unity, and other international organizations;

Recognizing that the twofold objective of the African Charter on Human and Peoples' Rights is to ensure on the one hand promotion and on the other protection of human and peoples' rights, freedoms and duties;

Recognizing further, the efforts of the African Commission on Human and Peoples' Rights in the promotion and protection of human and peoples' rights since its inception in 1987;

Recalling resolution AHG/Res.230 (XXX) adopted by the Assembly of Heads of State and Government in June 1994 in Tunis, Tunisia, requesting the Secretary-General to convene a Government experts' meeting to ponder, in conjunction with the African Commission, over the means to enhance the efficiency of the African Commission and to consider in particular the establishment of an African Court on Human and Peoples' Rights;

Noting the first and second Government legal experts' meetings held respectively in Cape Town, South Africa (September, 1995) and Nouakchott, Mauritania (April, 1997), and the third Government legal experts' meeting held in Addis Ababa, Ethiopia (December, 1997), which was enlarged to include Diplomats;

Firmly convinced that the attainment of the objectives of the African Charter on Human and Peoples' Rights requires the establishment of an African Court on Human and Peoples' Rights to complement and reinforce the functions of the African Commission on Human and Peoples' Rights.

HAVE AGREED AS FOLLOWS:

Article 1

ESTABLISHMENT OF THE COURT

There shall be established within the Organization of African Unity an African Court on Human and Peoples' Rights (hereinafter referred to as "the Court"), the organization, jurisdiction and functioning of which shall be governed by the present Protocol.

Article 2

RELATIONSHIP BETWEEN THE COURT AND THE COMMISSION

The Court shall, bearing in mind the provisions of this Protocol, complement the protective mandate of the African Commission on Human and Peoples' Rights (hereinafter referred to as "the Commission") conferred upon it by the African Charter on Human and Peoples' Rights (hereinafter referred to as "the Charter");

Article 3

JURISDICTION

1. The jurisdiction of the Court shall extend to all cases and disputes submitted to it concerning the interpretation and application of the Charter, this Protocol and any other relevant Human Rights instrument ratified by the States concerned.

2. In the event of a dispute as to whether the Court has jurisdiction, the Court shall decide.

Article 4

ADVISORY OPINIONS

1. At the request of a Member State of the OAU, the OAU, any of its organs, or any African organization recognized by the OAU, the Court may provide an opinion on any legal matter relating to the Charter or any other relevant human rights instruments, provided that the subject matter of the opinion is not related to a matter being examined by the Commission.

2. The Court shall give reasons for its advisory opinions provided that every judge shall be entitled to deliver a separate or dissenting decision.

Article 5

ACCESS TO THE COURT

1. The following are entitled to submit cases to the Court

a. The Commission;

b. The State Party which has lodged a complaint to the Commission;

c. The State Party against which the complaint has been lodged at the Commission;

d. The State Party whose citizen is a victim of human rights violation;

e. African Intergovernmental Organizations.

2. When a State Party has an interest in a case, it may submit a request to the Court to be permitted to join.

3. The Court may entitle relevant Non Governmental Organizations (NGOs) with observer status before the Commission, and individuals to institute cases directly before it, in accordance with article 34 (6) of this Protocol.

Article 6

ADMISSIBILITY OF CASES

1. The Court, when deciding on the admissibility of a case instituted under article 5 (3) of this Protocol, may request the opinion of the Commission which shall give it as soon as possible.

2. The Court shall rule on the admissibility of cases taking into account the provisions of article 56 of the Charter.

3. The Court may consider cases or transfer them to the Commission.

Article 7

SOURCES OF LAW

The Court shall apply the provisions of the Charter and any other relevant human rights instruments ratified by the States concerned.

Article 8

CONSIDERATION OF CASES

The Rules of Procedure of the Court shall lay down the detailed conditions under which the Court shall consider cases brought before it, bearing in mind the complementarity between the Commission and the Court.

Article 9

AMICABLE SETTLEMENT

The Court may try to reach an amicable settlement in a case pending before it in accordance with the provisions of the Charter.

Article 10

HEARINGS AND REPRESENTATION

1. The Court shall conduct its proceedings in public. The Court may, however, conduct proceedings in camera as may be provided for in the Rules of Procedure.
2. Any party to a case shall be entitled to be represented by a legal representative of the party's choice. Free legal representation may be provided where the interests of justice so require.
3. Any person, witness or representative of the parties, who appears before the Court, shall enjoy protection and all facilities, in accordance with international law, necessary for the discharging of their functions, tasks and duties in relation to the Court.

Article 11

COMPOSITION

1. The Court shall consist of eleven judges, nationals of Member States of the OAU, elected in an individual capacity from among jurists of high moral character and of recognized practical, judicial or academic competence and experience in the field of human and peoples' rights.
2. No two judges shall be nationals of the same State.

Article 12

NOMINATIONS

1. States Parties to the Protocol may each propose up to three candidates, at least two of whom shall be nationals of that State.
2. Due consideration shall be given to adequate gender representation in the nomination process.

Article 13

LIST OF CANDIDATES

1. Upon entry into force of this Protocol, the Secretary-General of the OAU shall request each State Party to the Protocol to Present, within ninety (90) days of such a request, its nominees for the office of judge of the Court.
2. The Secretary-General of the OAU shall prepare a list in alphabetical order of the candidates nominated and transmit it to the Member States of the OAU at least thirty days prior to the next session of the Assembly of Heads of State and Government of the OAU hereinafter referred to as "the Assembly".

Article 14

ELECTIONS

1. The judges of the Court shall be elected by secret ballot by the Assembly from the list referred to in Article 13 (2) of the present Protocol.

2. The Assembly shall ensure that in the Court as a whole there is representation of the main regions of Africa and of their principal legal traditions.

3. In the election of the judges, the Assembly shall ensure that there is adequate gender representation.

Article 15

TERM OF OFFICE

1. The judges of the Court shall be elected for a period of six years and may he re-elected only once. The terms of four judges elected at the first election shall expire at the end of two years, and the terms of four more judges shall expire at the end of four years.

2. The judges whose terms are to expire at the end of the initial periods of two and four years shall be chosen by lot to be drawn by the Secretary-General of the OAU immediately after the first election has been completed.

3. A judge elected to replace a judge whose term of office has not expired shall hold office for the remainder of the predecessor's term.

4. All judges except the President shall perform their functions on a part-time basis. However, the Assembly may change this arrangement as it deems appropriate.

Article 16

OATH OF OFFICE

After their election, the judges of the Court shall make a solemn declaration to discharge their duties impartially and faithfully.

Article 17

INDEPENDENCE

1. The independence of the judges shall be fully ensured in accordance with international law.

2. No judge may hear any case in which the same judge has previously taken part as agent, counsel or advocate for one of the parties or as a member of a national

or international court or a commission of enquiry or in any other capacity. Any doubt on this point shall be settled by decision of the Court.

3. The judges of the Court shall enjoy, from the moment of their election and throughout their term of office, the immunities extended to diplomatic agents in accordance with international law.

4. At no time shall the judges of the Court be held liable for any decision or opinion issued in the exercise of their functions.

Article 18

INCOMPATIBILITY

The position of judge of the Court is incompatible with any activity that might interfere with the independence or impartiality of such a judge or the demands of the office, as determined in the Rules of Procedure of the Court.

Article 19

CESSATION OF OFFICE

1. A judge shall not be suspended or removed from office unless, by the unanimous decision of the other judges of the Court, the judge concerned has been found to be no longer fulfilling the required conditions to be a judge of the Court.

2. Such a decision of the Court shall become final unless it is set aside by the Assembly at its next session.

Article 20

VACANCIES

1. In case of death or resignation of a judge of the Court, the President of the Court shall immediately inform the Secretary General of the Organization of African Unity, who shall declare the seat vacant from the date of death or from the date on which the resignation takes effect.

2. The Assembly shall replace the judge whose office became vacant unless the remaining period of the term is less than one hundred and eighty (180) days.

3. The same procedure and considerations as set out in Articles 12, 13 and 14 shall be followed for the filling of vacancies.

Article 21

PRESIDENCY OF THE COURT

1. The Court shall elect its President and one Vice-President for a period of two years. They may be re-elected only once.

2. The President shall perform judicial functions on a full-time basis and shall reside at the seat of the Court.

3. The functions of the President and the Vice-President shall be set out in the Rules of Procedure of the Court.

Article 22

EXCLUSION

If a judge is a national of any State which is a party to a case submitted to the Court, that judge shall not hear the case.

Article 23

QUORUM

The Court shall examine cases brought before it, if it has a quorum of at least seven judges.

Article 24

REGISTRY OF THE COURT

1. The Court shall appoint its own Registrar and other staff of the registry from among nationals of Member States of the OAU according to the Rules of Procedure.

2. The office and residence of the Registrar shall be at the place where the Court has its seat.

Article 25

SEAT OF THE COURT

1. The Court shall have its seat at the place determined by the Assembly from among States parties to this Protocol. However, it may convene in the territory of any Member State of the OAU when the majority of the Court considers it desirable, and with the prior consent of the State concerned.

2. The seat of the Court may be changed by the Assembly after due consultation with the Court.

Article 26

EVIDENCE

1. The Court shall hear submissions by all parties and if deemed necessary, hold an inquiry. The States concerned shall assist by providing relevant facilities for the efficient handling of the case.

2. The Court may receive written and oral evidence including expert testimony and shall make its decision on the basis of such evidence.

Article 27

FINDINGS

1. If the Court finds that there has been violation of a human or peoples' right, it shall make appropriate orders to remedy the violation, including the payment of fair compensation or reparation.

2. In cases of extreme gravity and urgency, and when necessary to avoid irreparable harm to persons, the Court shall adopt such provisional measures as it deems necessary.

Article 28

JUDGEMENT

1. The Court shall render its judgement within ninety (90) days of having completed its deliberations.

2. The judgement of the Court decided by majority shall be final and not subject to appeal.

3. Without prejudice to sub-article 2 above, the Court may review its decision in the light of new evidence under conditions to be set out in the Rules of Procedure.

4. The Court may interpret its own decision.

5. The judgement of the Court shall be read in open court, due notice having been given to the parties.

6. Reasons shall be given for the judgement of the Court.

7. If the judgement of the Court does not represent, in whole or in part, the unanimous decision of the judges, any judge shall be entitled to deliver a separate or dissenting opinion.

Article 29

NOTIFICATION OF JUDGEMENT

1. The parties to the case shall be notified of the judgement of the Court and it shall be transmitted to the Member States of the OAU and the Commission.

2. The Council of Ministers shall also be notified of the judgement and shall monitor its execution on behalf of the Assembly.

Article 30

EXECUTION OF JUDGEMENT

The States parties to the present Protocol undertake to comply with the judgement in any case to which they are parties within the time stipulated by the Court and to guarantee its execution.

Article 31

REPORT

The Court shall submit to each regular session of the Assembly, a report on its work during the previous year. The report shall specify, in particular, the cases in which a State has not complied with the Court's judgement.

Article 32

BUDGET

Expenses of the Court, emoluments and allowances for judges and the budget of its registry, shall be determined and borne by the OAU, in accordance with criteria laid down by the OAU in consultation with the Court.

Article 33

RULES OF PROCEDURE

The Court shall draw up its Rules and determine its own procedures. The Court shall consult the Commission as appropriate.

Article 34

RATIFICATION

1. This Protocol shall be open for signature and ratification or accession by any State Party to the Charter.

2. The instrument of ratification or accession to the present Protocol shall be deposited with the Secretary-General of the OAU.

3. The Protocol shall come into force thirty days after fifteen instruments of ratification or accession have been deposited.

4. For any State Party ratifying or acceding subsequently, the present Protocol shall come into force in respect of that State on the date of the deposit of its instrument of ratification or accession.

5. The Secretary-General of the OAU shall inform all Member States of the entry into force of the present Protocol.
6. At the time of the ratification of this Protocol or any time thereafter, the State shall make a declaration accepting the competence of the Court to receive cases under article 5 (3) of this Protocol. The Court shall not receive any petition under article 5 (3) involving a State Party which has not made such a declaration.

7. Declarations made under sub-article (6) above shall be deposited with the Secretary General, who shall transmit copies thereof to the State parties.

Article 35

AMENDMENTS

1. The present Protocol may be amended if a State Party to the Protocol makes a written request to that effect to the Secretary-General of the OAU. The Assembly may adopt, by simple majority, the draft amendment after all the States Parties to the present Protocol have been duly informed of it and the Court has given its opinion on the amendment.

2. The Court shall also be entitled to propose such amendments to the present Protocol as it may deem necessary, through the Secretary-General of the OAU.

3. The amendment shall come into force for each State Party which has accepted it thirty days after the Secretary-General of the OAU has received notice of the acceptance.

STATUS OF RATIFICATION

LIST OF COUNTRIES WHICH HAVE SIGNED, RATIFIED/ACCEDED TO THE PROTOCOL TO THE AFRICAN CHARTER ON HUMAN AND PEOPLES' RIGHTS ON THE ESTABLISHMENT OF AN AFRICAN COURT ON HUMAN AND PEOPLES' RIGHTS

(as at 12 September 2002)

No	Country	Date of Signature	Date of Ratification	Date Deposited
1.	Algeria	13/07/99		
2.	Angola			
3.	Benin	09/06/98		
4.	Botswana	09/06/98		
5.	Burkina Faso	09/06/98	31/12/98	23/02/99
6.	Burundi	09/06/98		
7.	Cameroun			
8.	Cape Verde			
9.	Central African Rep.			
10.	Chad			
11.	Comoros	09/06/98		
12.	Congo	09/06/98		
13.	Cote d'Ivoire	09/06/98		
14.	Dem. Rep. of Congo	09/09/99		
15.	Djibouti			
16.	Egypt	17/02/99		
17.	Equatorial Guinea	09/06/98		
18.	Eritrea			
19.	Ethiopia	09/06/98		
20.	Gabon	09/06/98		
21.	Gambia	09/06/98	30/06/99	15/10/99
22.	Ghana	09/06/98		
23.	Guinea			
24.	Guinea Bissau	09/06/98		
25.	Kenya			
26.	Lesotho	29/10/99		
27.	Liberia	09/06/98		
28.	Libya	09/06/98		
29.	Madagascar			
30.	Malawi	09/06/98		
31.	Mali	09/06/98	10/05/00	20/06/00
32.	Mauritania	22/03/99		
33.	Mauritius	09/06/98		

34.	Mozambique			
35.	Namibia	09/06/98		
36.	Niger			
37.	Nigeria			
38.	Rwanda	09/06/98		
39.	Sahrawi Arab Dem. Republic			
40.	Sao Tome & Principe			
41.	Senegal	09/06/98	29/08/98	30/10/98
42.	Seychelles	09/06/98		
43.	Sierra Leone	09/06/98		
44.	Somalia			
45.	South Africa	09/06/99	03/07/02	03/07/02
46.	Sudan	09/06/99		
47.	Swaziland			
48.	Tanzania	09/06/98		
49.	Togo	09/06/98		
50.	Tunisia	09/06/98		
51.	Uganda	18/02/02	16/02/01	06/06/01
52.	Zambia	09/06/98		
53.	Zimbabwe	09/06/98		

ADOPTED : - **by the 34th Ordinary Session of the Assembly of Heads of State & Government of the OAU, Ouagadougou, Burkina Faso, from 8 to 10 June, 1998. According to Article 34 (3), the Protocol shall come into force thirty days after fifteen instruments of ratification or accession have been received.**

CAME INTO FORCE : ....

Kolibri 360 GmbH
Ferdinand-Jühlke-Straße 7
99095 Erfurt, Deutschland
produktsicherheit@kolibri360.de

Druck:
CPI Druckdienstleistungen GmbH
im Auftrag der
Kolibri 360 GmbH
Ferdinand-Jühlke-Str. 7
99095 Erfurt